60초 안에 끝내는 인적성 추리

SD에듀
(주)시대고시기획

추리60초 공돌이 옥선생

저자의 말

안녕하세요, '60초 안에 끝내는 인적성 추리'의 저자 공돌이 옥선생입니다. 현재 저는 직장인으로 살아가고 있지만, 누구나 그렇듯 취준생 시절 서류, 필기, 실무면접, 임원면접 등의 단계에서 숱한 실패를 맛보며 힘든 시기를 겪었습니다. 이러한 경험을 통해서 취업으로 향하는 여러 전형 중에서도 필기시험이 가장 큰 쟁점이라는 걸 깨달았습니다. 서류를 통과하고 필기시험이라는 산까지 넘고 나면 면접에서는 실질적으로 경쟁률이 3:1, 5:1 정도로 낮아져 합격 가능성은 매우 높아지게 됩니다.

인적성, NCS 등의 필기시험은 대학교에서 배운 내용과 전혀 상관없는 내용이므로 모두가 동등한 위치에서 시작한다는 점, 문제의 난도가 높지 않으며 풀이 속도 및 정확성이 중요하다는 점에서 풀이 방법만 이해한다면 누구나 성취할 수 있는 길이라는 강점이 있습니다.

이런 생각을 바탕으로 취업 준비생들에게 좀 더 효율적이고 올바른 공부 방법을 알려줄 수 있기를 바라며 오랜 시간 쌓아온 노하우를 써내려가게 되었습니다.

책을 집필하게 된 계기

1. 친절하지 않은 문제 해설집

취업 준비를 하면서 수십 권이 넘는 문제집을 풀었지만, 그 중 문제에 대해 정확한 해설을 해주는 경우는 몇 번 보지 못했습니다. 물론 한두 권 정도는 설명이 친절한 해설집이 있었지만, 이는 이해를 돕기 위한 해설이었을 뿐 실제 시험에서 사용하기 어려운 방법들이었습니다. 빠르고 정확하게 풀어야 하는 인적성 시험에서 해설집의 내용처럼 정석으로 문제를 푸는 것은 권하고 싶지 않습니다. 너무나 많은 시간이 소요되기 때문입니다. 대부분의 취업 준비생은 책으로 공부하기보다는 스터디를 통해서 비법을 공유하며, 풀이 시간을 단축하곤 합니다. 스터디를 통해 많은 스킬을 얻는 것은 물론 좋은 방법입니다. 그러나 추리 영역에 대한 기본기가 없는 사람들이라면, 밑 빠진 독에 물 붓기임을 명심하길 바랍니다. 튼튼한 뼈대가 받쳐주지 않는 스킬은 실전에서 적용할 수 없습니다. 이 책을 통해서 정석 과정을 제대로 연습한 후 자신만의 스킬을 연마하길 바랍니다.

2. 값비싼 유료 강의

처음 인적성 공부를 시작했다면 경제적으로 여유가 있는 한 유료 강의를 듣는 것을 추천합니다. 돈을 내고 듣는 만큼 공부를 할 때 불필요한 정보 수집 등의 시행착오를 줄여줄 수 있습니다. 하지만 취업 준비생들에게 수십만 원씩 들어가는 강의를 선뜻 선택하는 것은 참 어려운 일입니다. 이 책이 값비싼 유료 강의를 완벽하게 대체한다고는 단언하지 않겠습니다. 그러나 학습 가이드가 되어줄 수 있는 내용을 담고 있다는 건 분명합니다.

PREFACE

대부분의 수험생은 풀이 스킬들을 활용하여 문제를 3초, 5초 만에 푸는 기술을 배우길 원할 것입니다. 그러나 우리는 반드시 그 '기술 또는 비법'을 실제 시험에서 사용할 수 있는지에 대해 확인해야 합니다. 많은 스킬을 알고 있는 것은 문제의 난도가 높거나 많은 생각을 요구하는 시험에서 유리한 옵션일 수 있으나, 짧은 시간 안에 많은 문제를 풀어야 하는 인적성, NCS에서는 좋은 방법이 아닐 수도 있습니다. 그래서 대기업 인적성 시험을 준비하는 수험생들이 하나의 풀이 방법으로 다양한 유형의 문제를 풀 수 있도록 옥선생의 쉽고 빠른 풀이법을 만들었습니다. 저는 이 방법을 통해 어떤 문제가 나오든 답을 찾을 수 있었고, 이를 통해 다수의 기업 필기시험에 합격했습니다.

옥선생의 풀이 방법이란?

옥선생의 쉽고 빠른 풀이법의 가장 큰 특징은 여러 가지의 유형을 모두 같은 과정으로 푼다는 것입니다. 다양한 유형의 문제를 모두 같은 풀이 방법으로 풀어야 하는 이유는 다음과 같습니다.

첫째 풀이 방법을 고심해 떠올리지 않아도 됩니다.
둘째 반복 연습을 통해 풀이 시간을 단축할 수 있습니다.
셋째 실제 시험에서 당황하지 않을 수 있습니다.

누군가는 "풀이 방법을 떠올리는 데 얼마나 걸린다고 굳이 시간을 줄이나?"라고 생각할지도 모르겠습니다. 그러나 인적성을 풀이할 때 가장 주의해야 하는 점 중 하나가 '생각하는 시간'입니다. '생각하는 시간'은 손이 움직이는 시간보다 더 많은 시간이 할애된다는 것을 유의해야 합니다.

사실 세 번째 이유가 가장 큰 요소입니다. 시험장에서 몸에 익은 풀이 방식으로 답이 나오지 않을 때 우리는 당혹감을 느끼고, 이는 시험 전체에 영향을 미치게 됩니다. 옥선생의 쉽고 빠른 풀이법은 각 Step을 통해 무심코 놓칠 수 있는 부분을 순차적으로 점검함으로써 이러한 변수로부터 자유로워질 수 있게 해줍니다.

저 옥선생이 경험에서 우러나온 노하우를 쏟아낸 풀이법은 수험생들에게 실질적인 도움을 줄 수 있는 정도(正道)이자 지름길이며, 훌륭한 코치입니다. 이 책에 나오는 각각의 Step이 하나뿐인 정답은 아니기 때문에, 이를 바탕으로 본인만의 Step을 만들어 보는 것도 문제를 이해하고 실력을 높이는 좋은 방법입니다.

추리60초
공돌이
옥선생

옥선생 풀이방법 한눈에 보기

PART 1 명제추리

삼단논법

Step 1 주어진 명제가 '(모든 or 어떤) A는 B다' 형식으로 구성됐는지 판단한다!
Step 2 명제를 간단한 수식으로 표현한다!
Step 3 여러 개의 명제를 하나의 수식으로 표현한다!
Step 4 간단히 표기된 수식을 보고 정답을 고르도록 한다!

전제 찾기 문제(주연 / 부주연 활용)

Step 1 주어진 명제가 '(모든 or 어떤) A는 B다' 형식으로 구성됐는지 판단한다.
Step 2 결론에 있는 요소들을 □, ○로 표시를 해준다.
Step 3 전제에도 각 요소마다 도식(□, △, ○)을 표현한다.
Step 4 명제들의 긍정(+) / 부정(−)을 표현한다.
Step 5 전제 2의 긍정 부정 여부를 확인한다.
Step 6 명제의 각 요소에 주연, 부주연을 표현한다.
Step 7 결론에 주연인 도식(□, ○)은 전제에서도 반드시 주연이어야 한다.
Step 8 적어도 1개 이상 주연인 도식(△)이 있어야 한다.

결론 찾기 문제(벤다이어그램 활용)

Step 1 벤다이어그램을 그려준다!
Step 2 벤다이어그램에 명제 요소들을 적어준다!
Step 3 주어진 전제의 내용을 벤다이어그램에 소거와 체크 표시를 해준다!
Step 4 보기를 확인하며 정답 체크!

SOLUTION

PART 2 논리게임

사람 찾기

Step 1 문제를 읽고 조건들을 파악한다.
Step 2 가정 대상을 선정한다.
Step 3 가정과 조건의 모순 여부를 파악한다.
Step 4 모순 발생 여부 확인!

Step 4에서 가정이 잘못됐을 경우(모순 발생) 다음 보기로 Step 2부터 다시 진행한다.

원탁 문제

Step 1 원탁 모양 그리기
Step 2 조건 도식화하기
Step 3 원탁 모양에 조건 적용하기
Step 4 정답 고르기

순서 찾기

Step 1 사람 인원 파악 후 표기하기
Step 2 조건 도식화하기
Step 3 표에 도식 작성하기
Step 4 답 고르기

기타 논리게임

Step 1 문제의 조건 확인 후 표의 가로 & 세로축 구상하기
Step 2 조건 도식화하기
Step 3 표에 도식 작성하기
Step 4 정답 고르기

옥선생 풀이방법 한눈에 보기

PART 3 수추리

기본 수추리

Step 1 꼬인 관계 여부 확인!
Step 2 각 항들의 두 가지 관계 파악!
① 홀수, 짝수항들의 관계 파악하기!
② 각 요소 전후 관계 확인
Step 3 특수 수열 확인하기!
Step 4 군 수열 확인하기!

응용 수추리

Step 0 문자를 숫자로 치환!
Step 1 꼬인 관계 여부 확인!
Step 2 각 항들의 두 가지 관계 파악!
① 홀수, 짝수항들의 관계 파악하기!
② 각 요소 전후 관계 확인
Step 3 특수 수열 확인하기!
Step 4 군 수열 확인하기!

PART 4 도식추리

하나의 도식으로 바로 답을 구하는 경우

Step 1 한 가지 도형의 규칙을 찾는다.
Step 2 한 가지 도식의 규칙을 찾는다.

Case별로 도식을 추론해야 하는 경우

Step 1 순서를 바꾸는 도식을 찾는다!
Step 2 값 + 위치 변경으로 구성된 도식을 찾는다!
Step 3 값을 변경하는 도식의 규칙이 무엇인지 추론한다!
Step 4 나머지 도식의 규칙들을 찾는다.

추리60초 공돌이 옥선생

도서 활용하기

이론으로 유형 익히기

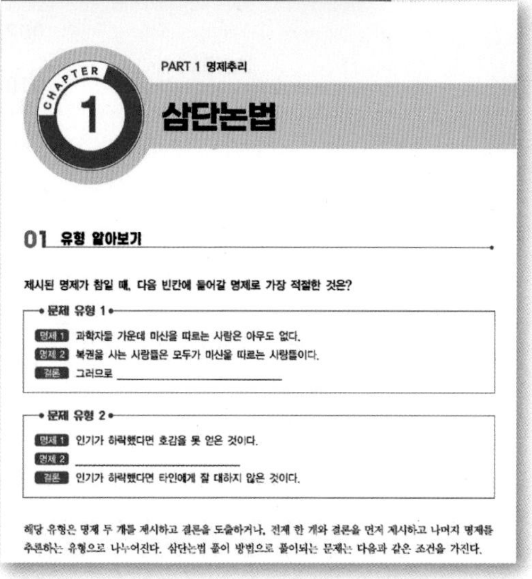

PART 1 명제추리

CHAPTER 1 삼단논법

01 유형 알아보기

제시된 명제가 참일 때, 다음 빈칸에 들어갈 명제로 가장 적절한 것은?

문제 유형 1

명제 1 과학자들 가운데 미신을 따르는 사람은 아무도 없다.
명제 2 복권을 사는 사람들은 모두가 미신을 따르는 사람들이다.
결론 그러므로 ____________

문제 유형 2

명제 1 인기가 하락했다면 호감을 못 얻은 것이다.
명제 2 ____________
결론 인기가 하락했다면 타인에게 잘 대하지 않은 것이다.

해당 유형은 명제 두 개를 제시하고 결론을 도출하거나, 전제 한 개와 결론을 먼저 제시하고 나머지 명제를 추론하는 유형으로 나누어진다. 삼단논법 풀이 방법으로 풀이되는 문제는 다음과 같은 조건을 가진다.

상세한 이론과 해설로 유형을 익히고, 기본기를 잡을 수 있도록 하였다.

연습문제로 복습하기

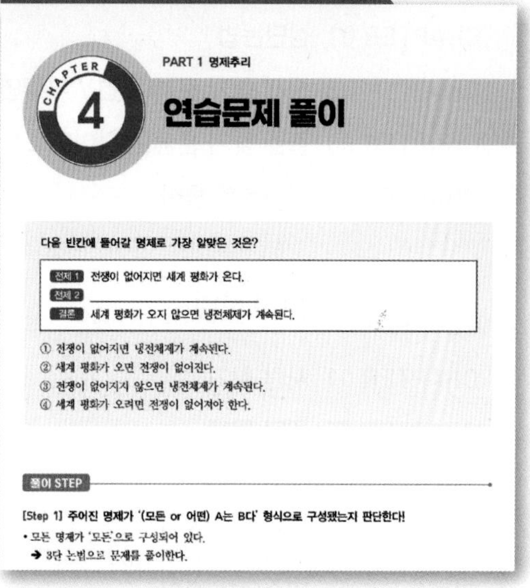

PART 1 명제추리

CHAPTER 4 연습문제 풀이

다음 빈칸에 들어갈 명제로 가장 알맞은 것은?

전제 1 전쟁이 없어지면 세계 평화가 온다.
전제 2 ____________
결론 세계 평화가 오지 않으면 냉전체제가 계속된다.

① 전쟁이 없어지면 냉전체제가 계속된다.
② 세계 평화가 오면 전쟁이 없어진다.
③ 전쟁이 없어지지 않으면 냉전체제가 계속된다.
④ 세계 평화가 오려면 전쟁이 없어져야 한다.

풀이 STEP

[Step 1] 주어진 명제가 '(모든 or 어떤) A는 B다' 형식으로 구성됐는지 판단한다!
• 모든 명제가 '모든'으로 구성되어 있다.
→ 3단 논법으로 문제를 풀이한다.

다양한 유형의 문제를 풀며 앞서 익힌 이론을 적용해 볼 수 있도록 하였다.

실전문제로 대비하기

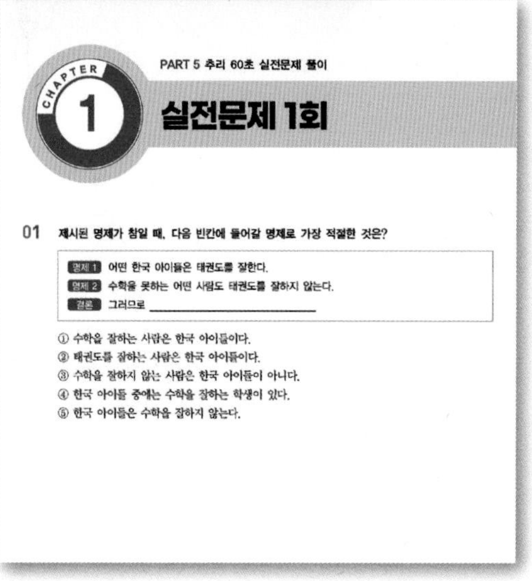

PART 5 추리 60초 실전문제 풀이

CHAPTER 1 실전문제 1회

01 제시된 명제가 참일 때, 다음 빈칸에 들어갈 명제로 가장 적절한 것은?

명제 1 어떤 한국 아이들은 태권도를 잘한다.
명제 2 수학을 못하는 어떤 사람도 태권도를 잘하지 않는다.
결론 그러므로 ____________

① 수학을 잘하는 사람은 한국 아이들이다.
② 태권도를 잘하는 사람은 한국 아이들이다.
③ 수학을 잘하지 않는 사람은 한국 아이들이 아니다.
④ 한국 아이들 중에는 수학을 잘하는 학생이 있다.
⑤ 한국 아이들은 수학을 잘하지 않는다.

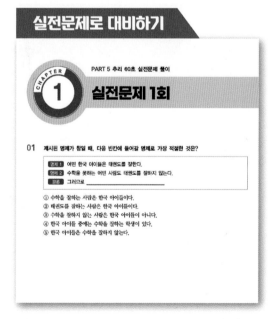

실전문제 3회분으로 실제 필기시험을 대비할 수 있게 하였다.

꼼꼼한 정답 및 해설

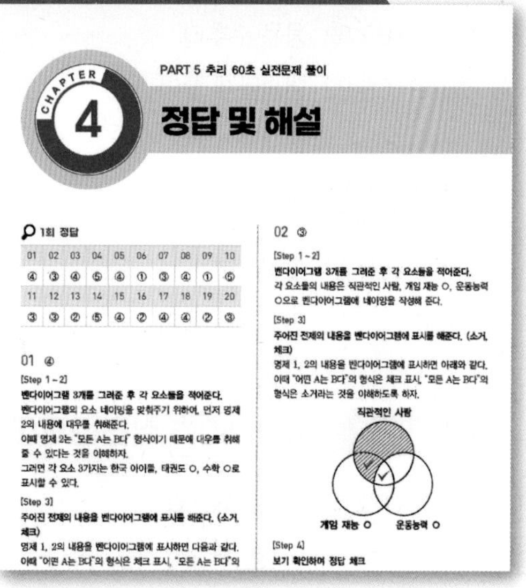

PART 5 추리 60초 실전문제 풀이

CHAPTER 4 정답 및 해설

1회 정답

01	02	03	04	05	06	07	08	09	10
④	③	④	⑤	④	①	③	④	①	⑤
11	12	13	14	15	16	17	18	19	20
③	③	②	⑤	④	②	④	④	②	③

01 ④

[Step 1～2]
벤다이어그램 3개를 그려준 후 각 요소들을 적어준다.
벤다이어그램의 요소 네이밍을 맞춰주기 위하여, 먼저 명제 2의 내용에 대우를 취해준다.
이때 명제 2는 "모든 A는 B다" 형식이기 때문에 대우를 취해 줄 수 있다는 것을 이해하자.
그러면 각 요소 3가지는 한국 아이들, 태권도 O, 수학 O로 표시할 수 있다.

[Step 3]
주어진 전제의 내용을 벤다이어그램에 표시를 해준다. (소거, 체크)
명제 1, 2의 내용을 벤다이어그램에 표시하면 다음과 같다.
이때 "어떤 A는 B다"의 형식은 체크 표시, "모든 A는 B다"의

02 ③

[Step 1～2]
벤다이어그램 3개를 그려준 후 각 요소들을 적어준다.
각 요소들의 내용은 직관적인 사람, 게임 재능 O, 운동능력 O으로 벤다이어그램에 네이밍을 작성해 준다.

[Step 3]
주어진 전제의 내용을 벤다이어그램에 표시를 해준다. (소거, 체크)
명제 1, 2의 내용을 벤다이어그램에 표시하면 아래와 같다.
이때 "어떤 A는 B다"의 형식은 체크 표시, "모든 A는 B다"의 형식은 소거라는 것을 이해하도록 하자.

[Step 4]
보기 확인하여 정답 체크

빈틈없는 정답 및 해설로 혼자서도 학습할 수 있게 하였다.

추리60초
공 돌 이
옥 선 생

이 책의 차례

60초 안에 끝내는 인적성 추리

PART 1
명제추리

인적성 시험에서 나오는 명제 유형은 대표적으로 세 가지가 있다.

유형 1 삼단논법

유형 2 전제 찾기

유형 3 결론 찾기

이번 PART에서는 명제 문제에 어떤 유형과 특징이 있는지 파악하고, 각 유형별로 어떻게 풀이할지 알아보도록 한다.

PART 1 명제추리

CHAPTER 1

삼단논법

01 유형 알아보기

제시된 명제가 참일 때, 다음 빈칸에 들어갈 명제로 가장 적절한 것은?

문제 유형 1

명제 1 과학자들 가운데 미신을 따르는 사람은 아무도 없다.
명제 2 복권을 사는 사람들은 모두가 미신을 따르는 사람들이다.
결론 그러므로 ______________________

문제 유형 2

명제 1 인기가 하락했다면 호감을 못 얻은 것이다.
명제 2 ______________________
결론 인기가 하락했다면 타인에게 잘 대하지 않은 것이다.

해당 유형은 명제 두 개를 제시하고 결론을 도출하거나, 전제 한 개와 결론을 먼저 제시하고 나머지 명제를 추론하는 유형으로 나누어진다. 삼단논법으로 풀이되는 문제는 다음과 같은 조건을 가진다.

[조건] 제시된 명제가 모두 '모든 A는 B다' 형식으로 구성되어 있는 경우

그러나 명제 중 '모든'이라는 단어가 없더라도 형식상으로는 '모든 A는 B다'로 표현될 수 있으니 유의해야 한다. 예를 들어 '어떤 A도 B하지 않는다'의 경우, '어떤'이라는 단어가 들어갔지만 '모든 A는 B다'의 형식을 갖춘다고 할 수 있다.

이때 '어떤 A는 B다'라는 명제 형식은 삼단논법이 아니라 다른 방법(벤다이어그램, 주연 / 부주연)으로 문제를 풀어야 한다. 이 방법은 추후에 알아보도록 하자.

기본 개념

'모든 A는 B다'로 판단 가능한 예시

Ex1 술을 많이 마시면 간에 무리가 간다. ➔ (모든 A는 B다)

Ex2 스트레스를 많이 받으면 술을 많이 마신다. ➔ (모든 A는 B다)

Ex3 어떤 꼼꼼한 사람은 시간 관리를 잘한다. ➔ (어떤 A는 B다)

Ex4 스트레스를 많이 받는 사람 중 술을 많이 마시는 사람이 있다. ➔ (어떤 A는 B다)

Ex5 하루에 두 끼를 먹는 어떤 사람도 뚱뚱하지 않다. ➔ (모든 A는 B다)

➔ 이런 경우 '어떤'이라는 단어가 들어가 있지만 '-도'와 구성되어 '모든 A는 B다'라는 구조를 가지고 있다.

즉, **Ex5**의 명제는 '하루에 두 끼를 먹는 모든 사람은 뚱뚱하지 않다'와 같은 의미로 볼 수 있다.
위처럼 단순히 '어떤'이라는 단어에 집중하기보다는 명제의 의미를 정확하게 파악하는 것이 중요하다.

Thinking Box

같은 유형의 문제라도 명제의 형식을 조금만 바꿔주면 난이도가 올라간다.
즉, 어려워 보이는 문제일지라도 명제의 형식을 뜯어 보면 실마리를 풀 수 있다.

02 옥선생의 Step by Step 풀이법

순서대로 풀어보기

[Step 1] 주어진 명제가 '(모든 or 어떤) A는 B다' 형식으로 구성됐는지 판단한다!

- 모든: 다음 단계로 넘어가세요.
- 어떤: 삼단 논법이 아닌 (주연 / 부주연 or 벤다이어그램)을 사용하세요.

[Step 2] 명제를 간단한 수식으로 표현한다!

> Ex 스트레스를 많이 받으면 술을 많이 마신다.
> ➔ (스트레스 ○ → 술 ○)

위처럼 하나의 명제를 직관적으로 파악할 수 있도록 다시 적는다. 이렇게 수식으로 정리한 후에는 명제의 내용은 보지 않고 수식으로만 문제를 풀이할 수 있어야 한다. 이때 직관적으로 표기하는 것이 중요하다.

[Step 3] 여러 개의 명제를 하나의 수식으로 표현한다!

> 명제 1 스트레스를 많이 받으면 술을 많이 마신다. (스트레스 ○ → 술 ○)
> 명제 2 술을 많이 마시면 건강이 안 좋아진다. (술 ○ → 건강 ×)
> ➔ 스트레스 ○ → 술 ○ → 건강 ×

두 개의 명제 중 연결할 수 있는 부분(술 ○)을 연결시켜 하나의 수식으로 표현하도록 한다. 이때 겹치는 부분이 없다면 대우를 사용하여 연결 부분을 만들 수 있으니 다양한 예제 문제들을 접해보도록 하자.

[Step 4] 간단히 표기된 수식을 보고 정답을 고르도록 한다!

Step 3에서 작성한 수식을 바탕으로 참인 보기를 선정한다.

> Ex 스트레스 ○ → 술 ○ → 건강 ×
> 보기 1 스트레스를 많이 받으면 건강이 안 좋아진다. (참) ➔ 스트레스 ○ → 건강 ×
> 보기 2 건강한 사람은 스트레스를 많이 받지 않는다. (참) ➔ 건강 ○ → 스트레스 ×

위 보기는 모두 참이며, 보기 2는 주어진 수식에 대우를 적용한 것이다. '모든 A는 B다'의 형식을 갖춘 명제는 대우를 취할 수 있다는 것에 항상 유의하도록 하자.

대표 예제 1

제시된 명제가 참일 때, 다음 빈칸에 들어갈 명제로 가장 적절한 것은?

명제 1 과학자들 가운데 미신을 따르는 사람은 아무도 없다.
명제 2 복권을 사는 사람들은 모두가 미신을 따르는 사람들이다.
결론 그러므로 ______________________________

① 미신을 따르는 사람들은 모두 복권을 산다.
② 미신을 따르지 않는 사람 중 복권을 사는 사람이 있다.
③ 과학자가 아닌 사람들은 모두 미신을 따른다.
④ 복권을 사는 사람이라면 과학자가 아니다.
⑤ 복권을 사지 않는다면 미신을 따르는 사람이 아니다.

풀이 STEP

[Step 1] 주어진 명제가 모두 '모든 A는 B다' 형식으로 구성됐는지 판단한다!

명제 1, 2에서 명제 중에 '모든 A는 B다' 형식이 아닌 것을 판단한다.
각 명제들을 '모든 A는 B다' 형식으로 표현하려면 다음과 같이 정리할 수 있다.

명제 1 모든 과학자는 미신을 따르지 않는다.
명제 2 모든 복권을 사는 사람들은 미신을 따르는 사람이다.

명제 1 같은 경우 '모든'이라는 단어가 없지만, '아무도'라는 키워드가 모두를 의미하기 때문에 '모든 A는 B다' 형식으로 볼 수 있다. 즉, 모든 명제들이 '모든 A는 B다'의 형식이므로 해당 문제들은 삼단논법으로 풀이한다면 쉽게 답을 찾을 수 있다.

[Step 2] 명제를 간단한 수식으로 표현한다!

위 명제들을 직관적으로 표현해 보자. 자신이 알아보기 쉬운 방법으로 표시하면 된다. 단, 수식으로 나타냈을 때 의미가 모호하거나 표식을 보고 원래 명제를 떠올리지 못한다면 표기 방식을 바꾸기를 권장한다.

명제 1 과학자 ○ ➔ 미신 ×
명제 2 복권 ○ ➔ 미신 ○

[Step 3] 여러 개의 명제를 하나의 수식으로 표현한다!

이번 Step에서는 복잡하게 나뉜 명제들을 간단하게 만들어보자. 각각의 독립적인 요소 중에서 묶을 수 있는 부분을 결합하여 하나의 수식으로 표현하자. 독립적인 명제(명제1, 2)를 연결함으로써 명제 간의 상관관계를 더 빠르게 파악할 수 있다. 위 명제에서는 미신이라는 요소가 명제 1, 2에 중복으로 들어가 있다. 그렇기 때문에 이 요소를 연결시켜 하나의 요소로 만들어 볼 수 있다.

그런데 이 단계에서 한 가지 의문점이 발생한다. 독립적인 요소를 연결시키려고 하였으나 명제 1의 '미신 ×', 명제 2의 '미신 ○'라는 각각의 요소가 다른 값을 가지고 있기 때문이다.
하지만 걱정하지 말자. 이렇게 요소의 값들이 다를 때는 적절하게 대우를 사용해주면 된다. 명제 2 '모든 복권을 사는 사람들은 미신을 따르는 사람이다.'에 대우를 취해 보도록 하자.

명제 2 미신 × ➔ 복권 × (명제 2의 대우 값)

이런 식으로 대우를 취해준다면 명제 1과 명제 2 각각의 독립적인 요소를 결합하여 작성할 수가 있다.

명제 결합 과학자 ○ ➔ 미신 × ➔ 복권 ×

만약 인적성 문제에 익숙하거나, 위 방법이 숙달된 독자라면 Step 2 ~ 3을 한 번에 진행하여 풀이 속도를 높이도록 연습하자.

[Step 4] 간단히 표기된 수식을 보고 정답을 고르도록 한다!

이제 보기를 보고 정답만 고르면 된다. 정답을 고르기 앞서 결합된 명제에서도 **대우를 사용할 수 있다는 것**에 주의하여 문제를 풀어보도록 하자.

명제 결합 과학자 ○ ➔ 미신 × ➔ 복권 ×
대우 명제 과학자 × ← 미신 ○ ← 복권 ○

정답 ④

① 미신을 따르는 사람들은 모두 복권을 산다.
⇒ 미신 ○ ➔ 과학자 ×라는 것만 확인할 수 있음 (대우 조건)

② 미신을 따르지 않는 사람 중 복권을 사는 사람이 있다.
⇒ 미신 × ➔ 복권 ×

③ 과학자가 아닌 사람들은 모두 미신을 따른다.
⇒ 과학자× ➔ ?
과학자가 아닌 사람은 어떤 결과가 나오는지 위 명제로 확인할 수 없다.

④ 복권을 사는 사람이라면 과학자가 아니다.
⇒ 복권 ○ ➔ 과학자 ×(대우 조건) (참)

⑤ 복권을 사지 않는다면 미신을 따르는 사람이 아니다.

⇒ 복권 × ➔ ?

복권을 사지 않는 사람은 어떤 결과가 나오는지 위 명제로는 확인할 수 없다.

Thinking Box

Step 2에서 각 명제들을 도식화할 때 다른 명제들을 확인하면서 한 번에 결합해 보자. 그러면 똑같은 명제를 쓰는 수고로움이 줄어들 것이다.

대우 명제를 따로 적지 않는 것이 문제 풀이 속도를 높이는 데 더 효과적이다.
Step 3에서 결합 명제를 적었기 때문에, 대우 명제는 적지 않고 머릿속으로 생각하여 풀이하도록 연습해 보도록 하자.

대표 예제 2

마지막 명제가 참일 때, 다음 빈칸에 들어갈 명제로 가장 적절한 것은?

명제 1 인기가 하락했다면 호감을 못 얻은 것이다.
명제 2 ______________________
결론 인기가 하락했다면 타인에게 잘 대하지 않은 것이다.

① 타인에게 잘 대하면 호감을 얻는다.
② 호감을 얻으면 인기가 상승한다.
③ 타인에게 잘 대하면 인기가 하락한다.
④ 호감을 얻으면 타인에게 잘 대한다.
⑤ 타인에게 잘 대하지 않으면 호감을 얻지 못한다.

풀이 STEP

[Step 1] 주어진 명제가 모두 '모든 A는 B다' 형식으로 구성됐는지 판단한다!

먼저 명제 1과 결론의 명제 형식이 '모든 A는 B다'인지 판단한다. 문제에서 주어진 명제들은 모두 '모든 A는 B다'의 형식을 가지고 있기 때문에 <u>삼단논법</u>을 사용하여 예제 2를 풀이한다.

[Step 2] 명제를 간단한 수식으로 표현한다!

각 명제를 직관적인 수식으로 표현해 보면 다음과 같다.

명제 1 인기↓ ➔ 호감 ×
결론 인기↓ ➔ 타인 ×

[Step 3] 여러 개의 명제를 하나의 수식으로 표현한다!

해당 문제는 결론 찾기 문제가 아니라, 하나의 전제 명제와 결론을 보고 나머지 명제(전제)를 도출해내는 유형이다. 즉, 제시된 명제 1과 결론을 바탕으로 전제 2를 도출해 낼 수 있어야 한다.
우선 우리는 '명제 2에서 어떤 조건이 추가되어야 결론을 도출해 낼 수 있을까?'라는 의문을 품어야 한다. 이 상황에서 우리는 다음과 같은 생각을 할 수 있다.

첫째: '타인'이라는 요소는 명제 2에 반드시 들어가야 한다.
(이유: 결론에 타인이라는 요소가 존재하기 때문)
둘째: '타인'이라는 요소는 주어부 / 술어부 중 어디에 들어가야 할까?

이를 바탕으로 '타인'이라는 요소를 인기 혹은 호감과 어떻게 결합해야 할지 생각해 보자.

- Case 1) 인기와 결합한 명제가 나온 경우

  명제 2: 인기↓ ➔ 타인 ×라는 명제가 나올 수 있으나 이는 결론의 명제와 일치한다. 그러므로 답이 될 수 없다.

- Case 2) 호감과 결합하여 명제가 나오는 경우

  명제 2: 호감 × ➔ 타인 ×라는 명제가 나올 수 있다. 명제 1과 명제 2를 하나의 도식으로 표현하면 다음과 같다.

> **결합 명제** 인기 ↓ ➔ 호감 × ➔ 타인 ×

이 결합된 명제를 보고 우리는 결론 명제인 "인기↓ ➔ 타인 ×"를 도출할 수 있다.

[Step 4] 간단히 표기된 수식을 보고 정답을 고르도록 한다.

Step 3까지 진행했다면, Step 3에서 추론했던 명제 2(호감 × ➔ 타인 ×)를 보기에서 찾으면 문제 풀이 과정은 끝이다. 단, 보기 내용은 대우를 취해서 나올 수 있음에 주의하자.

정답 ①

① 타인에게 잘 대하면 호감을 얻는다.

- 도식화: 타인 ○ ➔ 호감 ○
- 이는 우리가 Step 3에서 추론한 명제의 대우 명제이다.

따라서 1번이 정답인 것을 확인할 수 있다.

CHAPTER 2

전제 찾기 문제(주연 / 부주연 활용)

01 유형 알아보기

주연 / 부주연을 활용하는 유형은 **전제 찾기 문제**에서 유용하게 사용된다. CHAPTER 1에서 명제들이 '모든 A는 B다' 형식으로 나온 경우 **삼단논법**으로 풀이하였다. 그러나 시험에 자주 출제되는 유형은 대부분 삼단논법으로 풀 수 없는 문제들이다. 이런 유형들은 다른 명제 문제들에 비해 난이도가 높지만, **주연 / 부주연** 풀이법을 활용하면 좀 더 빠르고 정확하게 풀 수 있다. 그렇기 때문에 이 풀이법은 반드시 정확하게 숙지하길 바란다.

Thinking Box

주연 / 부주연 문제는 전제 찾기 문제의 유형에만 사용된다는 것을 반드시 기억하자.

주연 / 부주연의 풀이 방법을 쓰기 위해서는 다음과 같은 조건이 필요하다.

[조건]
- 전체 찾기 문제
- 제시된 명제 중 적어도 1개가 '어떤 A는 B다' 형식으로 구성되어 있는 경우

이 두 조건에 충족할 경우 주연 / 부주연을 활용하여 문제를 풀 수 있다. 그렇다면 '어떤 A는 B다'라는 명제는 어떤 것들이 있는지 확인해 보자.

기본 개념

'어떤 A는 B다'로 되어 있는 명제는 뭐가 있을까?

Ex1 맛이 있는 어떤 것은 가격이 비싸다. → (어떤 A는 B다)

Ex2 스트레스를 많이 받는 사람 중 술을 많이 마시는 사람이 있다. → (어떤 A는 B다)

Ex3 꼼꼼한 사람 중 일부는 시간 관리를 잘한다. → (어떤 A는 B다)
→ '꼼꼼한 사람 중 일부'라는 의미는 어떤 꼼꼼한 사람을 의미한다.

Ex4 대형마트 물건은 편의점보다 싸다. → (모든 A는 B다)

전제 찾기 문제 중 제시된 명제가 위처럼 '어떤 A는 B다' 형식으로 나온다면 그 문제들은 모두 **주연 / 부주연**의 형식으로 풀이하도록 한다. 즉, 문제에서 주어진 명제들이 '어떤 A는 B다'인지 '모든 A는 B다'인지 판단할 수 없다면 이 문제 풀이법은 사용할 수 없다.

02 옥선생의 Step by Step 풀이법

순서대로 풀어보기

[Step 1] 주어진 명제가 모두 '어떤 A는 B다' 형식으로 구성됐는지 판단한다!
(주연/부주연 문제 풀이는 전제 찾기 문제에서 활용되는 점을 기억하자!)

[Step 2] 결론에 있는 요소들을 □, ○로 표시를 해준다!

[Step 3] 전제에도 각 요소마다 도식(□, △, ○)을 표현한다!

[Step 4] 명제들의 긍정(+), 부정(−)을 표현한다.

[Step 5] 전제 2의 긍정/부정 여부를 확인한다!

[Step 6] 명제의 각 요소에 주연, 부주연을 표현한다!

[Step 7] 결론에 주연인 도식(□, ○)은 전제에서도 반드시 주연이어야 한다!

[Step 8] 적어도 한 개 이상 주연인 도식(△)이 있어야 한다!

주연/부주연 풀이법은 어떻게 활용할 수 있을까? 각 Step들을 하나씩 확인하며 풀이 방법을 이해해 보도록 하자. 기본 문제에서는 보기 소거법보다는 각 스텝에서 해야 하는 문제 표식 방법에 집중할 것이다. 문제 해결 단계가 많아 보이나, 독자들의 이해를 위해 과정들을 세분화한 것으로 실제 문제 풀이에서는 여러 Step들을 한 번에 처리할 수 있다.

대표 예제 1

제시된 명제가 모두 참일 때, 다음 빈칸에 들어갈 명제로 가장 적절한 것은?

전제 1	보기 좋지 않은 것은 가격이 비싸지 않다.
전제 2	________________________________
결론	맛이 있는 어떤 것은 가격이 비싸지 않다.

Thinking Box

문제 풀기 전 생각하기

Q1. 어떤 유형이지?

A. 아! 전제 찾기 문제다!

Q2. 명제 스타일은?

A. '어떤 A는 B다' 형식이네?

Q3. 어떤 식으로 풀까?

A. '주연 / 부주연'으로 풀면 되겠네!

풀이 STEP

[Step 1] 주어진 명제가 모두 '어떤 A는 B다' 형식으로 구성됐는지 판단한다!
(주연 / 부주연 문제 풀이는 전제 찾기 문제에서 활용되는 점을 기억하자!)

- Yes: Step 2로 넘어간다.
- No: '모든 A는 B다'의 형식인 경우 삼단논법으로 문제를 푼다.

➔ 위 대표 예제는 결론에서 '맛이 있는 어떤 것은 가격이 비싸지 않다.'라고 되어있다. 이는 '어떤 A는 B다'의 형식이므로 주연 / 부주연을 활용하여 풀 수 있는 유형에 해당된다. 그러므로 다음 Step으로 넘어가 문제를 풀이하도록 하자.

[Step 2] 결론에 있는 요소들을 □, ○로 표시를 해준다!

사실 Step 2 ~ 3은 명제에 도식(□, ○)을 표시하는 것으로 실제 문제 풀이에서는 거의 동시에 진행된다. 그러나 독자들의 이해를 위해 풀이 Step들을 세분화 하였다. 그렇다면 실제 문제에서는 도식들을 어떻게 표시하는지 확인해 보자.

결론 맛이 있는 어떤 것은 가격이 비싸지 않다.
➔ 요소 1. 맛이 있는 것
➔ 요소 2. 가격이 비싸지 않다.
각 요소들을 □, ○로 표시해 주면 아래와 같다.
맛이 있는 어떤 것은 가격이 비싸지 않다.

각 요소들의 □, ○ 표시는 독자가 편한대로 표현해 주면 된다. **그러나 이때 꼭 주의해야 할 사항은 전제와 결론에 공통적으로 나오는 각 요소 값(□, ○)들을 일치시켜야 한다는 것이다.** 위 문제에서는 전제 1과 결론 모두 '가격이 비싸지 않다'로 같은 값을 갖고 있기 때문에 특별히 대우 활용과 같은 추가적인 작업은 진행하지 않았다. 추후 예제 및 연습 문제들을 통해 다양한 케이스들에 대해 연습할 예정이며, 지금은 문제 풀이 과정을 이해하는 것에 집중하도록 한다.

[Step 3] 전제에도 각 요소마다 도식(□, △, ○)을 표현한다!

결론에 표시한 도식을 바탕으로 전제에도 각 요소들을 도식으로 표현한다.

전제 1 보기 좋지 않은 것은 가격이 비싸지 않다.
전제 2 ____________________
결론 맛이 있는 어떤 것은 가격이 비싸지 않다.

Step 2에서 각 요소들을 □, ○로 표시하였다. 이때 결론에 있는 요소 중 전제 1에 겹치는 내용을 고려하여 도식을 표시하였다.
위 예시에서는 결론에 있는 ○표시(가격이 비싸지 않다)는 전제 1에서도 존재하기 때문에 전제 1에 있는 '가격이 비싸지 않다' 부분도 ○로 표시한다.
전제 1의 나머지 요소인 '보기 좋지 않은 것'은 결론에 나오지 않는 요소이다. 이때 **결론에 나오지 않은 요소는 △ 표시**를 해주도록 한다.

[Step 4] 명제들의 긍정(+), 부정(−)을 표현한다.

이번 Step에서는 명제들의 서술부를 보며 **'긍정과 부정'**을 판단할 것이다. 여기서 말하는 긍정과 부정의 의미는 술어부에 표시된 도식의 긍정과 부정을 나타낸다.

독자의 이해를 돕기 위해 다음 두 가지 Case를 확인하도록 하자.
• Case 1) ○ 도식을 '가격이 비싸다'에 표시한 경우

맛이 있는 어떤 것은 가격이 비싸지 않다.

➔ ○ 도식은 '가격이 비싸다'를 의미한다. 그러나 주어진 명제에서는 '가격이 비싸지 않다'라고 적혀있다. 즉, ○(가격이 비싸다)의 반대(비싸지 않다)를 의미하므로 부정(−)을 의미한다고 할 수 있다.

• Case 2) ○ 도식을 '가격이 비싸지 않다'에 표시한 경우

> 맛이 있는 어떤 것은 가격이 비싸지 않다.

➔ ○ 도식은 '가격이 비싸지 않다'를 의미한다. 그리고 뒤에 추가로 부정의 의미가 붙어있지 않으므로 위 명제는 긍정(+)이라고 알 수 있다.

따라서 주어진 기본 문제에 긍정 / 부정을 표시하게 되면 다음과 같다.

> **전제 1** 보기 좋지 않은 것은 가격이 비싸지 않다. (+) 긍정
> **전제 2** ____________________
> **결론** 맛이 있는 어떤 것은 가격이 비싸지 않다. (+) 긍정

이렇게 같은 명제임에도 어떻게 요소들을 표시하는지에 따라서 긍정 / 부정의 결과가 달라지는 것을 확인할 수 있다. '그렇다면 같은 문제를 풀더라도 풀이 방식이 다를 수 있다는 것인가?'라는 의문이 들 수 있을 것이다. 물론 도식 표시가 다르다면 해설에 차이가 있을 수 있지만, 도식을 정확하게 표시했다면 그 문제의 답은 달라지지 않는다. 그러므로 반드시 도식 표시를 정확하게 하고 다음 Step으로 넘어가 문제 풀이를 시작해야 한다.

[Step 5] 전제 2의 긍정 / 부정 여부를 확인한다!

전제 2의 긍정 / 부정 결과는 전제 1 & 결론의 긍정 / 부정 조합으로 결정된다. 전제 1과 결론의 긍정 / 부정을 표시했다면 다음 표를 보고 전제 2 술어의 긍정과 부정을 결정할 수 있다.

구분	Case 1 전제	Case 2	Case 3	Case 4
전제 1	긍정(+)	긍정(+)	부정(−)	부정(−)
전제 2	긍정(+)	부정(−)	긍정(+)	×
결론	긍정(+)	부정(−)	부정(−)	긍정(+)

위 표의 Case 1의 내용을 확인해 보면, 전제 1의 내용이 긍정(+), 결론의 내용이 긍정(+)이다. 이런 경우 전제 2의 내용은 긍정이 된다.
즉, 문제에서 전제 1과 결론이 모두 긍정인 경우 전제 2도 긍정이 된다는 의미이다. 위 표를 보며 Case 2, 3도 확인해 보길 바란다.
그런데 위 표에서 유의해야 할 점이 한 가지 있다. Case 4를 확인해 보면 전제 1이 부정, 결론이 긍정이라는 것을 알 수 있다. 이런 경우의 Case는 **존재하지 않기** 때문에 Step 2, 3에서 도식을 잘못 표시한 것이니 도식 표시를 다시 한 번 살펴보기 바란다.

Thinking Box

학창시절 배웠던 양수, 음수의 곱셈을 생각해보면 어렵지 않게 이해할 수 있다.
양수(+)×음수(−)=음수(−)
양수(+)×양수(+)=양수(+)

양수를 긍정, 음수를 부정으로 대치하여 생각해 보자.

그렇다면 주어진 기본 문제에서 전제 2의 주연 / 부주연 여부를 확인해 보자.

전제 1 보기 좋지 않은 것은 가격이 비싸지 않다. (+) 긍정
전제 2 ______________________ (+) 긍정
결론 맛이 있는 어떤 것은 가격이 비싸지 않다. (+) 긍정

주어진 문제에서 전제 1과 결론은 긍정(+)이였다. 그러므로 이는 위 표에서 Case 1에 해당되고, 전제 2의 명제는 '**긍정**'이라는 것을 도출할 수 있다.

이렇게 긍정 / 부정 여부를 확인하는 것만으로도 문제의 보기를 빠르게 소거할 수 있으니 반드시 활용해 보도록 하자. 실제 소거 방법은 예제 및 연습 문제를 통해 설명하도록 하겠다.

[Step 6] 명제의 각 요소에 주연 / 부주연을 표현한다!

이번 Step에서는 명제에 주연과 부주연을 표시할 예정이다. 주연 / 부주연은 명제의 각 요소(주어부, 술어부)에 표시를 하게 된다. 그 전에 주연 / 부주연이 무엇인지에 대해 알아보자.

주연과 부주연은 주어부와 술어부의 형태를 보고 결정하게 된다. 다음 표를 보며 문제의 명제들의 주연 / 부주연을 확인해 보도록 하자.

	주어부	술어부
주연	모든	부정
부주연	어떤	긍정

주어부 요소가 '모든'으로 시작된 경우 **주연**이 되고, '어떤'으로 시작되면 **부주연**이 된다.
술어부의 경우, 술어부의 내용이 '부정'이라면 **주연**이 되고, '긍정'이라면 **부주연**이 된다.

위 말이 이해하기 어렵다면 다음의 내용을 보며 주연 / 부주연을 확인해 보자.

전제 1	보기 좋지 않은 것은 가격이 비싸지 않다.	(+) 긍정
전제 2	______________	(+) 긍정
결론	맛이 있는 어떤 것은 가격이 비싸지 않다.	(+) 긍정

전제 1의 명제의 주어부, 술어부를 확인해 보면 다음과 같다.

- 주어부: 보기 좋지 않은 것 ➔ **주연(모든)**
- 술어부: 가격이 비싸지 않다. ➔ **주연(부정)**

주어부는 '보기 좋지 않은 것'으로, 이는 '보기 좋지 않은 **모든** 것'으로 해석될 수 있다. 그리고 위 표를 참고해 보면 **주어부의 '모든' 형식**은 **주연**이라고 판단할 수 있다.
다음 술어부를 확인해 보자. '가격이 비싸지 않다'로 **부정**을 나타내고 위 표를 참고해 보면 술어부에서 '부정' 형식은 **주연**이 된다.
이처럼 주연과 부주연을 판단했으면 직관적으로 파악하기 위해 다음 그림처럼 빗금을 칠하도록 한다.

전제 1	보기 좋지 않은 것은 가격이 비싸지 않다.	(+) 긍정
전제 2	______________	(+) 긍정
결론	맛이 있는 어떤 것은 가격이 비싸지 않다.	(+) 긍정

여기서 혼돈하지 말아야 할 사항은 Step 5에서의 각 **도식의 긍정, 부정**과는 다르다는 점이다. 도식의 긍정 부정은 위에서 살펴본 바와 같이 표식을 어떻게 하느냐에 따라 변경될 수 있다. 그러므로 주어진 명제가 긍정문인지 부정문인지 확인하여 주연 / 부주연 여부를 판단하도록 한다. 다시 말해, 술어부에 '~ 한다.'의 형식이 나오면 긍정(부주연), '~하지 않다.' 형식이라면 부정(주연)으로 이해하도록 한다.

[Step 7] 결론에서 주연인 도식(□, ○)은 전제에서도 반드시 주연이어야 한다!

이번 Step에서 확인할 부분은 결론에서 주연인 요소는 전제에서도 주연이라는 것이다. 이 내용이 어떻게 적용되는지 주어진 문제에서 확인해 보자. 주어진 문제에서 결론 명제의 술어부는 주연인 것을 알 수 있다. 그러므로 전제 1, 2에 ○ 요소가 나오는 경우 주어부, 술어부 여부와 상관없이 반드시 주연이어야 한다. 위 문제에서는 전제 1에서 ○ 요소가 나왔고 전제 1에서도 주연인 것을 확인할 수 있다.

정확한 이해를 돕기 위해 한 가지 예를 들어 확인해 보자.
만약, **□ 요소가 주연(모든)이었다면**, 전제 2에 나오는 □ 요소는 반드시 주연으로 표시되어야 한다. 즉 전제 2의 □ 요소는 주어부에 있을 경우 '맛이 있는 모든 것'이거나, 술어부에 있을 경우 '맛이 없다'로 나와야만 한다.

[Step 8] 적어도 한 개 이상 주연인 도식(△)이 있어야 한다!

이번 Step에서는 전제 명제에서 표시한 도식(△)의 주연 여부를 파악할 것이다. Step 3에서 결론에 나오지 않는 요소를 △로 표시하기로 약속하였다. 그러므로 전제 1, 2에는 반드시 △ 요소가 두 개 들어가게 되며, 그 중 적어도 한 개(두 개 가능)는 반드시 주연으로 되어 있어야 한다.
위 예시에서는 전제 1의 △ 도식은 '모든' 형식으로 주연이다. 이는 Step 8의 △ 도식은 적어도 한 개 이상 주연이라는 조건을 만족했으므로 전제 2의 △ 도식은 주연이든 아니든 상관없다. 그러나 전제 1의 △ 도식이 주연이 아니었다면, 전제 2의 △ 도식은 반드시 주연이어야 한다는 점을 꼭 기억하자.

주연 / 부주연 문제에 대한 기본적인 개념에 대해 모두 설명하였다. 이제 예제 문제를 통해 좀 더 정확하게 개념들을 이해하고, 실제 시험에서 사용할 수 있는 팁도 알아보자. 각 예제 문제들은 위에서 설명했던 여덟 가지 Step으로 풀이할 것이다. Step이 많아 보일 수 있으나 일련의 과정들을 세분화한 것으로, 각 Step당 시간은 초 단위로 소요되니 이 방법을 반드시 숙지하도록 하자.

대표 예제 2

제시된 명제가 모두 참일 때, 다음 빈칸에 들어갈 명제로 가장 적절한 것은?

전제 1	고양이를 좋아하지 않는 사람은 유행에 민감하지 않은 사람이다.
전제 2	______________________________
결론	고양이를 좋아하는 어떤 사람은 쇼핑을 좋아한다.

① 고양이를 좋아하는 모든 사람은 유행에 민감하다.
② 유행에 민감한 어떤 사람은 쇼핑을 좋아한다.
③ 쇼핑을 좋아하는 모든 사람은 고양이를 좋아하지 않는다.
④ 유행에 민감하지 않은 어떤 사람은 쇼핑을 좋아한다.
⑤ 고양이를 좋아하지 않는 모든 사람은 쇼핑을 좋아한다.

풀이 STEP

[Step 1] 주어진 명제가 '(모든 or 어떤) A는 B다' 형식으로 구성됐는지 판단한다!

주어진 명제 중 결과 내용이 '어떤'으로 표기가 되어있기 때문에, 해당 유형은 주연 / 부주연 방식으로 문제를 풀 것으로 결정한다.

Thinking Box

문제 풀기 전 생각하기

Q1. 어떤 유형이지?
  A. 아! 전제 찾기 문제다!
Q2. 명제 스타일은?
  A. '어떤 A는 B다' 형식이네?
Q3. 어떤 식으로 풀까?
  A. '주연 / 부주연'으로 풀면 되겠네!

[Step 2] 결론에 있는 요소들을 □, ○로 표시를 해준다!

주어부와 술어부에 □, ○ 표시를 하게 되면 다음과 같다.

□: 고양이를 좋아하는 사람
○: 쇼핑을 좋아한다.
결론 고양이를 좋아하는 어떤 사람은 쇼핑을 좋아한다.

[Step 3] 전제에도 각 요소마다 도식(□, △, ○)을 표현한다!

결론의 도식 내용을 바탕으로 전제에도 도식을 작성해 준다.
그런데 이때 한 가지 문제가 발생한다. 결론의 □ 도식(고양이를 좋아하는 사람)과 비슷한 내용이 전제 1에 있으나, 결론에서는 '고양이를 **좋아하는 사람**'이고, 전제 1에서는 '고양이를 **좋아하지 않는 사람**'으로 같은 내용이 아니다. 그렇기 때문에 이는 같은 도식(□)으로 표현할 수 없다.

이때 해결 방법은 '대우'를 활용하는 것이다. 대우를 활용하여 전제 1의 요소들의 값을 다음과 같이 변경할 수 있다.

> AS – IS: 기본 전제 1. 고양이를 좋아하지 않는 사람은 유행에 민감하지 않은 사람이다.
> TO – BE: 대우 전제 1. 유행에 민감한 모든 사람은 고양이를 좋아한다.

Thinking Box

> '어떤 A는 B다'는 대우를 취할 수 없다. 그렇기 때문에 '어떤'이 들어간 명제를 기준으로 도식 표현을 해야 한다.

이렇게 주어진 전제 1의 명제에 대우를 취하게 되면 결론 도식 □값과 같은 내용으로 만들 수 있다. 그 후 대우를 취한 명제에 도식을 표시하게 되면 다음과 같다.

> **전제 1** 유행에 민감한 모든 사람은 [고양이를 좋아한다.]
> **전제 2** ____________________
> **결론** [고양이를 좋아하는 어떤 사람]은 (쇼핑을 좋아한다).

이렇게 문제의 도식을 표시했다면 빠른 문제 풀이를 통해 보기를 소거해보자.

- **Tip 1. 전제와 결론에는 각 요소가 반드시 2개만 들어가야 한다.**
  소거 방식은 매우 간단하다. 이 유형의 경우 각 도식(□, △, ○)들은 2번씩 나오게 되어있다. 그러므로 결론과 전제에 2번이 나온 도식 값은 보기에 나올 수 없다는 것이다.
  이 내용을 위 문제에 적용을 하게 되면 □ 도식(고양이)이 주어진 문제에서 2번 나왔음을 포착할 수 있다. 따라서 □ 도식(고양이)은 보기에서 나올 수 없다. 그러면 이제 보기를 한 번 확인해 보자.

  보기 1, 3, 5번을 확인해 보면 □ 도식(고양이)에 대한 내용이 있으므로 정답이 될 수 없고, 정답은 2번과 4번 중 있다는 것을 알 수 있다.
  그러나 최근에는 도식의 수로 소거되는 문제들이 줄어들고 있으며, 이런 Tip들은 문제 풀이 속도를 올리는 데 도움을 줄 뿐이니 전적으로 의지해서는 안 된다.

[Step 4] 명제들의 긍정(+), 부정(−)을 표현한다!

이번 Step에서는 술어 도식의 긍정과 부정을 판단해보자.
각 명제의 술어의 도식 부분을 확인해 보면 다음과 같다.

> **전제 1** 고양이를 좋아한다. (도식: □) ➔ 긍정
> **결론** 쇼핑을 좋아한다. (도식: ○) ➔ 긍정

이를 문제에 표시를 하면 아래와 같다.

> **전제 1** 유행에 민감한 모든 사람은 고양이를 좋아한다. (+) 긍정
> **전제 2** ______________________
> **결론** 고양이를 좋아하는 어떤 사람은 쇼핑을 좋아한다. (+) 긍정

Thinking Box

> 실제 문제를 풀 때는 (+), (−)만 적어주자.
> 글자 작성을 최소화하는 것이 문제 풀이 속도를 높이는 데 크게 기여할 것이다.

[Step 5] 전제 2의 긍정 / 부정 여부를 확인한다!

Step 5에서는 전제 1과 결론의 긍정 / 부정 여부를 바탕으로 전제 2의 긍정 / 부정 여부를 판단하게 된다. 먼저 다음 표를 참고하여 전제 2의 긍정 여부를 확인해 보면 전제 1과 결론 2가 모두 긍정인 경우 전제 2의 술어 부분은 긍정이라는 것을 알 수 있다. 따라서 전제 2의 술어 부분은 긍정이라는 것을 파악할 수 있다.

> **전제 1** 유행에 민감한 모든 사람은 고양이를 좋아한다. (+) 긍정
> **전제 2** ______________________ (+) 긍정
> **결론** 고양이를 좋아하는 어떤 사람은 쇼핑을 좋아한다. (+) 긍정

- **Tip 1: 전제 2의 긍정 / 부정 여부와 보기의 긍정 / 부정 여부를 비교하라. (전제 2 vs 보기)**
  이렇게 전제 2의 술어 부분이 긍정이라는 것을 알았다면 보기 중 술어 부분이 '부정'인 보기를 소거해 보자. 이전 Step에서 보기 1, 3, 5번을 모두 소거하였지만 해설을 위해 3번 보기를 확인해 볼 것이다.
  - 보기 3번: 쇼핑을 좋아하는 모든 사람은 <u>고양이를 좋아하지 않는다.</u>
    보기 3번의 술어 부분은 '고양이를 좋아하지 않는다'(부정)로 확인할 수 있다. 그러므로 보기 3번은 예상한 긍정 / 부정 값과 다르기 때문에 정답이 될 수 없다. 나머지 보기들은 긍정이므로 보기를 소거할 수 없다.

• **Tip 2: 도식의 값(□, △, ○)이 다른 경우 정답으로 선택될 수 없다.**

Step 3에서 표시한 도식(□, △, ○)의 값이 보기와 일치하지 않는다면 그것은 오답이 된다. 단, 이때 대우 변경을 통해 도식을 변경할 수 있다면 그것은 답으로 선택될 수 있으니 주의하자.

– **보기 4번: 유행에 민감하지 않은 어떤 사람은 쇼핑을 좋아한다.**

➔ 전제 1 △ 도식을 확인해 보면 '유행에 민감한 사람'을 의미한다. 하지만 전제 2에서는 '유행에 민감하지 않은 사람이기 때문에 △ 도식을 사용할 수 없다.

이처럼 정답이 아닌 보기들을 소거하게 되면 정답이 2번인 것을 확인할 수 있다. 실제 시험에서도 모든 Step을 진행하지 않더라도 답을 구할 수 있는 경우가 대부분이다. 그렇기 때문에 각 단계별로 소거할 수 있는 보기들을 빠르게 제거하면 문제 풀이 속도를 높일 수 있다.

Step 5에서 정답은 구했으나 이해를 돕기 위해 나머지 Step도 진행하도록 하자.

Thinking Box

문제 소거 Tip

Tip 1: 전제와 결론에는 각 요소가 반드시 두 개만 들어가야 한다.

Tip 2: 전제 2의 긍정/부정 여부와 보기의 긍정/부정 여부를 비교하라.

Tip 3: 도식의 값(□, △, ○)이 다른 경우 정답으로 선택될 수 없다.

[Step 6] 명제의 각 요소에 주연/부주연을 표현한다!

이번 Step에서는 주어부, 술어부에 주연/부주연을 표시할 것이다. 표시를 하기에 앞서 주어부와 술어부의 각 요소가 무엇인지 확인해 보면 다음 표와 같다.

	주어부	술어부
전제 1	유행에 민감한 모든 사람	고양이를 좋아한다.
결론	고양이를 좋아하는 어떤 사람	쇼핑을 좋아한다.

위 표를 참고해 보면 주어부에서는 '모든' ➔ 주연, '어떤' ➔ 부주연으로 결정되며, 술어부는 '부정' ➔ 주연, '긍정' ➔ 부주연으로 결정된다.

따라서 위 명제에서 전제 1의 주어부는 '**주연**'이고, 나머지는 '**부주연**'이 되는 것을 알 수 있다.

전제 1 유행에 민감한 모든 사람은 고양이를 좋아한다. (+) 긍정

전제 2 ______________________ (+) 긍정

결론 고양이를 좋아하는 어떤 사람은 쇼핑을 좋아한다. (+) 긍정

[Step 7] 결론에서 주연인 도식(□, ○)은 전제에서도 반드시 주연이어야 한다!

주연 / 부주연을 표시했다면 결론의 주연 / 부주연 여부를 확인해야 한다. 이 문제의 경우 결론 명제들은 모두 부주연으로 구성되어 있다. 그러므로 전제에 있는 도식(□, △)들은 반드시 주연일 필요가 없다. 따라서 7번 Step은 따로 진행할 것이 없다.

만약, 도식(○)이 '쇼핑을 좋아하지 않는다'였다면 전제 2에서 ○ 도식은 주연으로 나와야 할 것이다.

[Step 8] 적어도 한 개 이상 주연인 도식(△)이 있어야 한다!

이번 단계는 도식(△)의 주연 개수를 확인하는 단계이다. 전제 1에서 △ 도식은 주연인 것을 확인할 수 있다. 이미 한 개의 △ 도식이 주연으로 존재하므로, 전제 2에서는 △ 도식이 주연이든 부주연이든 상관없다는 것을 추론할 수 있다.

지금까지 주연 / 부주연을 통해 전제 찾기 문제를 자세히 해설해 보았다. 실제 글로 읽었을 때 분량이 많고 Step이 복잡하다고 생각할 수 있겠지만, 앞서 말했듯 각 Step별로 소요되는 시간은 매우 적다. 또 풀이 속도뿐 아니라 풀이 정확도를 높이는 데도 매우 효과적이기 때문에 반드시 이 풀이 방법을 익혀 두길 바란다.

결론 찾기 문제(벤다이어그램 활용)

01 유형 알아보기

CHAPTER 3에서는 두 가지의 전제를 바탕으로 결론을 도출하는 유형을 다룰 것이다. 이 유형의 경우 벤다이어그램을 활용한다면 문제를 쉽게 풀이할 수 있다. 하지만 기존에 알고 있던 벤다이어그램의 모양이나 표기 방식과 다를 수 있으니 해당 내용을 정확히 숙지하기 바란다.

• 벤다이어그램 이해

문제 풀이 방법을 설명하기에 앞서 벤다이어그램의 표기 방법에 대해서 설명할 것이다. 명제는 크게 두 가지 형식('모든 A는 B다' & '어떤 A는 B다')으로 구성되어 있다. 그렇다면 이 두 가지 형식들을 어떻게 벤다이어그램으로 표기할 것인지 알아보자.

• 모든 A는 B다

'모든 A는 B다'는 B라는 명제 안에 A가 포함되어 있다는 것을 의미한다. 그렇기 때문에 우리는 중고등학교 시절에 다음 그림과 같이 표현하고는 했다.

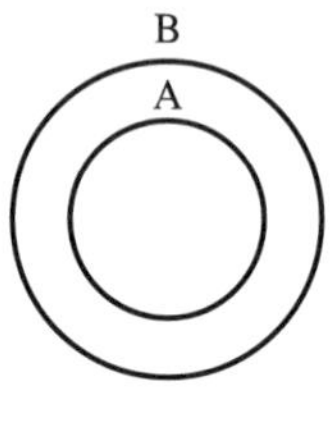

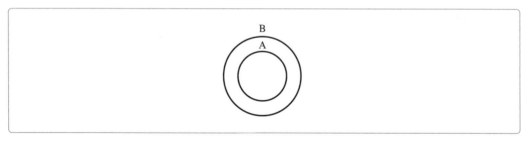

그러나 이런 식으로 벤다이어그램을 그리게 되면 세 개의 요소가 나오는 문제에서 실수할 확률이 높아지고, 여러 Case의 벤다이어그램을 그려야 하기 때문에 문제 풀이 속도가 느려지기 마련이다.

이런 문제를 해결하기 위해 '모든 A는 B다' 형식의 명제들은 다음과 같은 형식으로 표현하기로 약속한다. 이후 모든 문제들은 이 방식으로 풀이할 것이다.

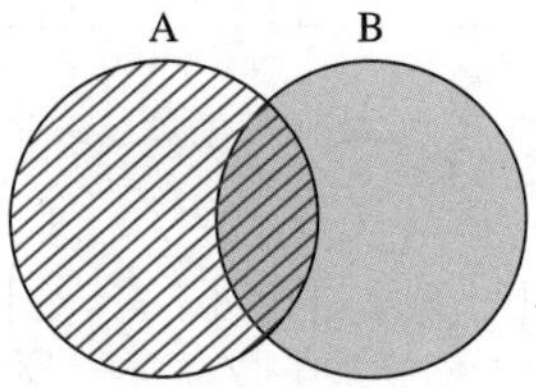

이 벤다이어그램에서 유의해야 할 점은 빗금으로 표시된 부분은 제거된 것을 의미한다는 것이다. 즉, 위 벤다이어그램에서 빗금 표시된 부분은 공란을 의미하며, A집합은 A와 B의 교집합 부분을 의미하고, 벤다이어그램에서 A는 B에 포함된다는 것을 이해해야 한다.
이를 바탕으로 '모든 A는 B다'를 표시해보면 다음 그림과 같다. 벤다이어그램의 요소가 세 개인 것은 두 개인 것과 차이가 없으므로 각자 이해해 보도록 하자.

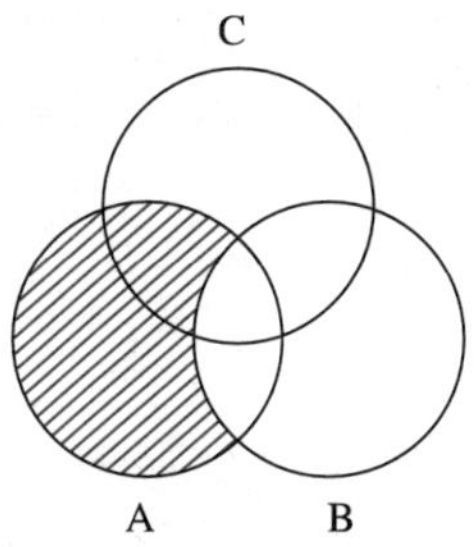

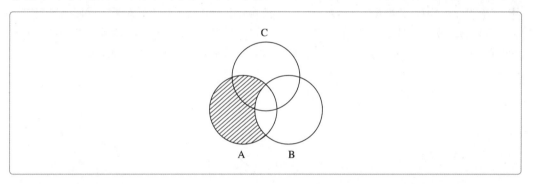

대부분의 인적성 시험에서는 각 요소가 세 개인 것, 즉 벤다이어그램이 세 개인 경우가 자주 출제되기 때문에 해당 그림에 대해 정확히 이해하길 바란다.

• 어떤 A는 B다

'어떤 A는 B다'의 의미는 A의 값들 중에 어떤 것들은 B에 포함된다는 의미이다. 즉, A에 포함된 값들 중 적어도 한 개는 B에 포함된다는 것이다. 우리는 이런 표현들을 직관적으로 이해하기 위해 벤다이어그램에 체크(✓) 표시를 할 것이다.

먼저 벤다이어그램의 요소가 두 개인 경우에 대해 알아보도록 하자. 각 요소가 두 개인 경우 먼저 벤다이어그램 두 개를 겹쳐서 그리기로 하였다. 그 후 체크 표시를 통해 교집합이 존재함을 표기해 주면 된다. 이 과정들을 수행하게 되면 다음 그림처럼 벤다이어그램을 완성할 수 있다.

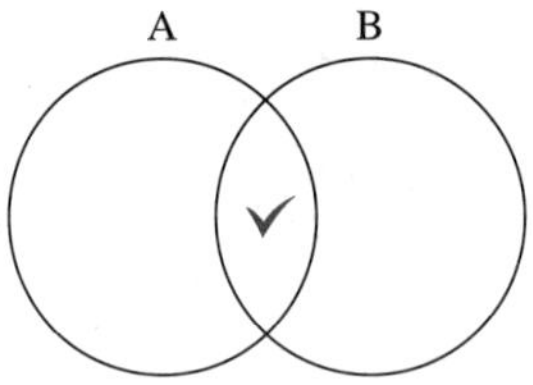

이 도식은 '어떤 A는 B다'라는 것을 의미하며, A의 값들 중 적어도 한 개는 체크 표시 안에 존재한다는 것을 뜻한다.

그렇다면 벤다이어그램의 요소가 세 개인 경우는 어떨까? 이 경우는 요소가 두 개인 경우와 차이가 있으니 차이점을 정확히 이해하길 바란다. 요소가 세 개일 경우에도 똑같이 체크 표시를 통해 교집합을 확인할 것이다. 하지만 요소가 세 개인 경우 교집합의 영역이 세분화 되기 때문에 이 부분을 고려해야 한다. 예시를 통해 이해해 보도록 하자. 다음과 같이 요소가 세 개인 벤다이어그램이 있다고 가정해 보자.

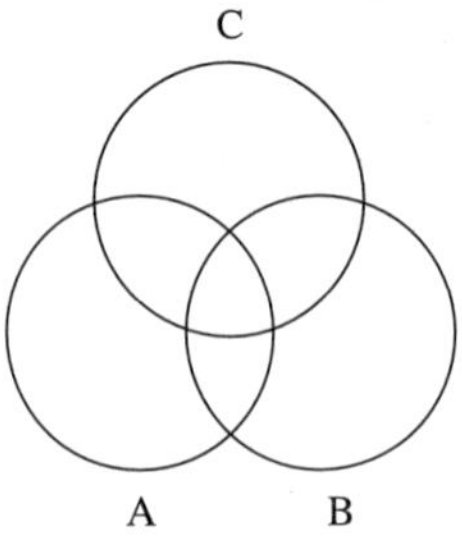

이때 '어떤 A는 B다'를 벤다이어그램에 표시하려면 어떻게 해야 할까? A와 B의 교집합에 체크 표시를 해야 하는데, C로 인해서 A와 B의 교집합이 두 부분으로 나눠지는 것을 확인할 수 있다. 분명히 두 영역은 서로 다른 영역을 의미하며 이 부분을 구분 짓는 것이 필요하다. 이를 구분하기 위해 두 개의 체크 표시를 사용하여 각 교집합의 여부를 표현할 것이다. 단, 두 개의 체크 표시를 한 경우 표시된 영역에 값들이 **적어도 한 개만** 존재하면 된다는 점을 꼭 기억하자. 즉 표시된 영역에 모든 값이 들어갈 필요는 없고, 한 개 이상(한 개 or 두 개)만 존재하면 된다는 것이다. 위와 관련된 Case는 예제 문제 & 연습문제를 통해 다루고자 한다.

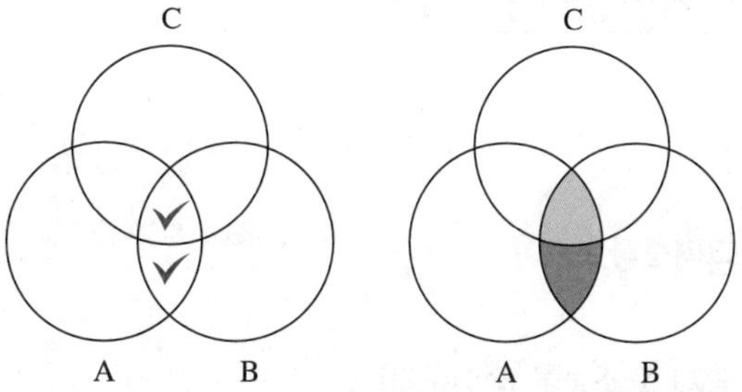

[벤다이어그램 표시 정리]

구분	벤다이어그램 개수	
	2개	3개
모든 A는 B다	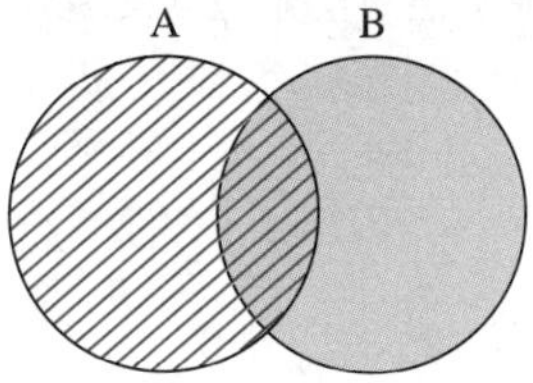	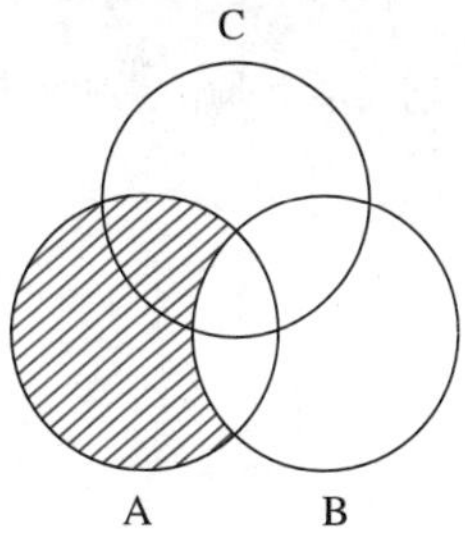
어떤 A는 B다	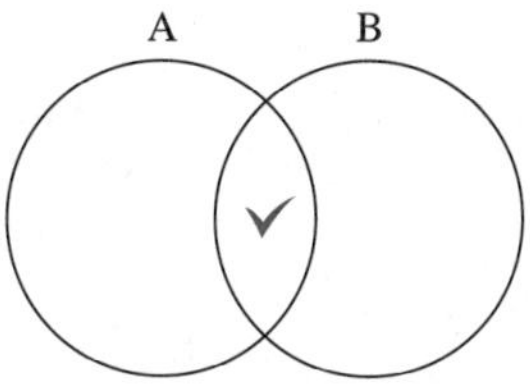	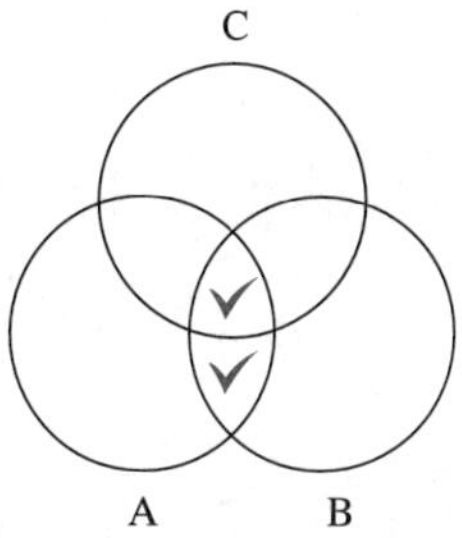

이 두 가지 방법(소거, 체크)에 대해 모두 이해하였다면 이제 문제 풀이에 대한 기초 지식은 모두 배운 것이다. 이제부터는 풀이 Step을 이해하고 예제 및 연습문제를 통해 반복 학습을 해 보자. 혹여 위 내용에 대해 이해하지 못하였다면, 예제 문제들을 통해 이해할 수 있으니 포기하지 말고 풀이 방법을 보며 이해도를 높이도록 하자.

02 옥선생의 Step by Step 풀이법

순서대로 풀어보기

[Step 1] 벤다이어그램을 그려준다!

[Step 2] 벤다이어그램에 명제 요소들을 적어준다!

[Step 3] 주어진 전제의 내용으로 벤다이어그램에 소거와 체크 표시를 해준다!

[Step 4] 보기를 확인하며 정답을 체크한다!

벤다이어그램 결론 찾기 문제에서 각 Step이 어떻게 사용되는지 문제를 통해 좀 더 자세하게 알아보자.

대표 예제 1

제시된 명제가 모두 참일 때, 다음 빈칸에 들어갈 명제로 가장 적절한 것은?

전제 1 모든 과일은 맛이 있다.
전제 2 맛이 있는 어떤 것은 가격이 비싸다.
결론 ______________________

① 과일은 맛도 있고 가격도 비싸다.
② 맛이 있으면 과일이다.
③ 과일은 가격이 비쌀 수도 있고, 비싸지 않을 수도 있다.
④ 맛이 있는 과일은 가격이 비싸다.
⑤ 가격이 비싸면 과일이다.

Thinking Box

문제 풀기 전 생각하기

Q1. 어떤 유형이지?
A. 아! 결론 찾기 문제다!
Q2. 명제 스타일은?
A. '어떤 A는 B다' 형식이네?
Q3. 어떤 식으로 풀까?
A. '벤다이어그램'으로 풀면 되겠네!

풀이 STEP

[Step 1] 벤다이어그램 세 개를 그려준다!

전제 두 개가 주어지고 이를 통해 결론을 내는 문제들은 고민 없이 벤다이어그램 세 개를 그려주면 된다. 이때 모든 명제의 형식이 '모든 A는 B다'를 나타내면 삼단논법을 통해 문제를 풀도록 한다.

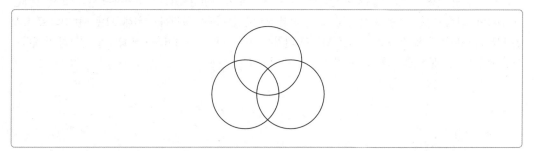

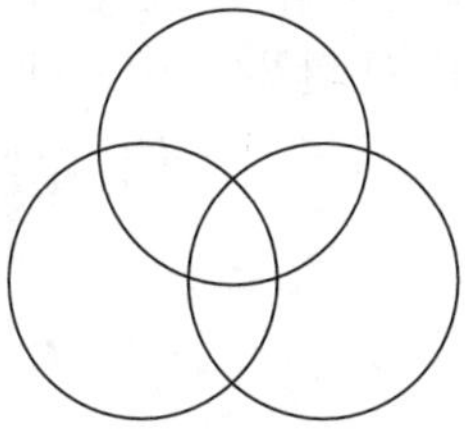

[Step 2] 벤다이어그램에 명제 요소들을 적어준다!

첫 번째 Step에서 벤다이어그램을 그렸다면 각 벤다이어그램이 어떤 명제를 의미하는지 표시해야 한다. 각 요소는 주어진 명제를 활용하여 적어주는데, 주어진 명제들은 모두 '모든 A는 B다' 혹은 '어떤 A는 B다' 형식으로 나오게 된다. 이때 A와 B가 벤다이어그램의 이름이 되는 것이다.

[문제 예시]

• 모든 과일은 맛이 있다. ➔ 모든 A는 B다. (A=과일, B=맛이 있다)

• 맛이 있는 어떤 것은 가격이 비싸다. ➔ 어떤 A는 B다. (A=맛이 있다, B=가격이 비싸다)

주어진 문제에서 각 요소를 확인해 보면 총 세 가지가 나오는 것을 확인할 수 있다.

1. 과일
2. 맛이 있다.
3. 가격이 비싸다.

이 세 가지 요소들을 벤다이어그램에 표시하면 다음과 같다.

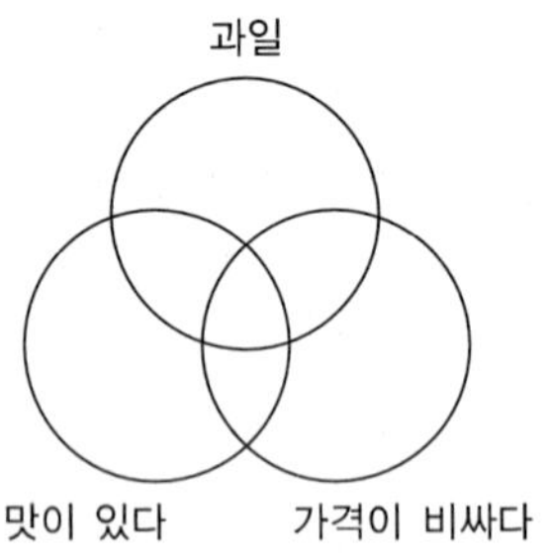

여기서 **주의해야 할 점은 두 개의 명제 중 공통으로 나오는 요소의 형태가 일치해야 한다**는 것이다. 위 문제에서 공통된 요소로는 '맛이 있다'가 있다. 위 문제에서는 첫 번째, 두 번째 요소 값들이 '맛이 있다'로 일치하기 때문에 문제가 되지 않지만, 첫 번째 전제가 대우 명제로 출제됐다면 문제가 발생한다.
만약 첫 번째 명제가 대우를 취하여 문제에 주어졌다면 전제 1의 내용은 '맛이 없는 모든 것은 과일이 아니다.'가 되고 이 명제의 요소를 다음과 같이 표시했을 것이다.

맛이 없는 모든 것은 과일이 아니다. ➔ 모든 A는 B다. (A=맛이 없다, B=과일이 아니다)

그런데 이때 첫 번째 명제의 A값(맛이 없다)은 두 번째 명제 A값(맛이 있다)과 충돌하게 된다. 그렇기 때문에 벤다이어그램에 요소 값을 표시할 수 없다. 따라서 이런 문제들을 해결하기 위해 **'모든 A는 B다'로 표시된 명제에 대우**를 취해 각 요소 값들을 반드시 일치시켜야 한다. 벤다이어그램에 요소를 정확히 표현하지 못한다면 정확한 문제 풀이를 할 수 없으니 꼭 주의하길 바란다.

[Step 3] 주어진 전제의 내용으로 벤다이어그램에 소거와 체크 표시를 해준다!

각 요소들을 표시했다면, 이제 주어진 명제들을 벤다이어그램에 표기해준다.

- 모든 과일은 맛이 있다.
  ➔ '모든 A는 B다' 형식이기 때문에 소거(빗금) 활용

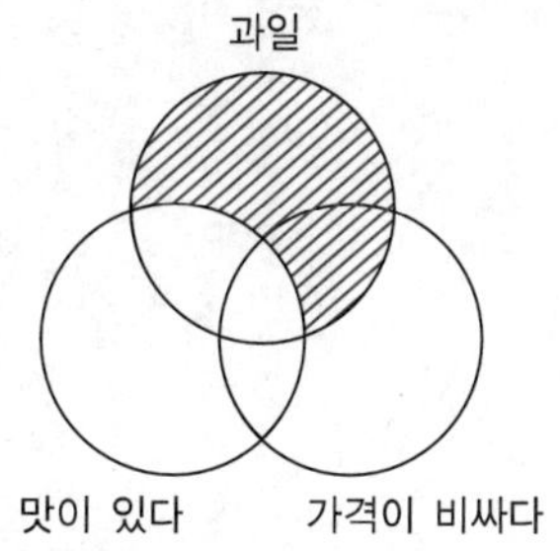

- 맛이 있는 어떤 것은 가격이 비싸다.
  ➔ '어떤 A는 B다' 형식이기 때문에 체크 표시 활용

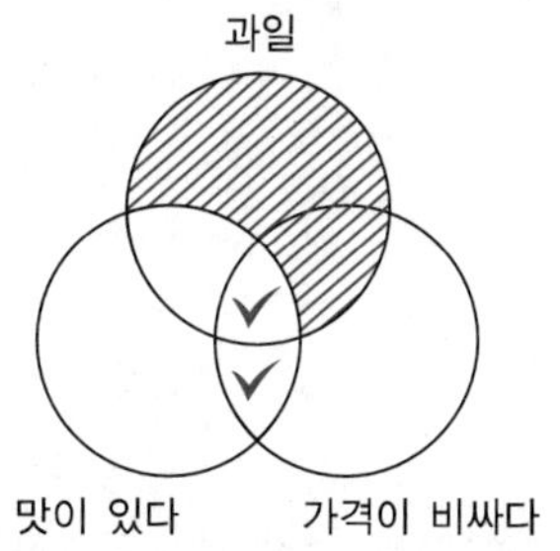

[Step 4] 보기를 확인하며 정답을 체크한다!

Step 3까지의 과정을 거쳐 벤다이어그램을 모두 작성했다면 문제 풀이를 위한 준비는 끝났다. 이제 벤다이어그램을 바탕으로 각 보기를 확인하며 정답을 선별하도록 하자. 처음 연습을 하는 것이라면 모든 문제의 모든 보기들을 하나씩 검증하길 바란다.

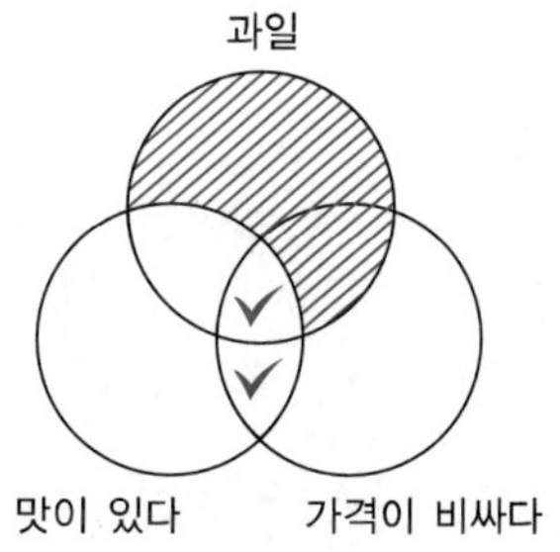

정답 ③

① 과일은 맛도 있고 가격도 비싸다. (오답)

➔ 답이 아닌 이유: 체크 표시가 2개이기 때문에 초록색으로 표시된 부분이 반드시 존재한다는 보장이 없다(　　은 존재하지 않고 　　 부분만 존재할 가능성 존재).

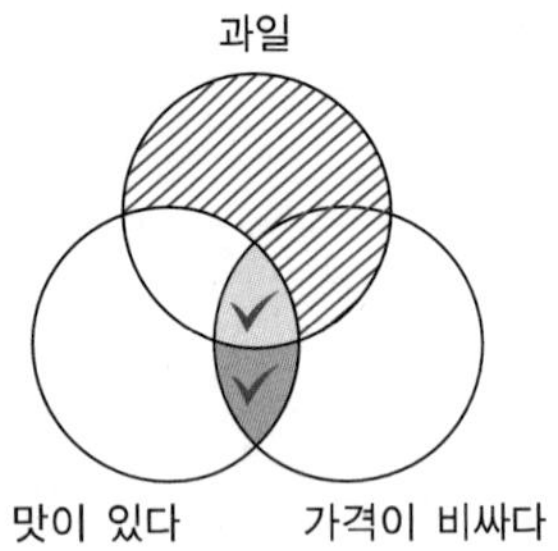

② 맛이 있으면 과일이다. (오답)

➔ 답이 아닌 이유: 　　 부분은 존재하지 않고 　　만 존재하는 케이스가 있다.

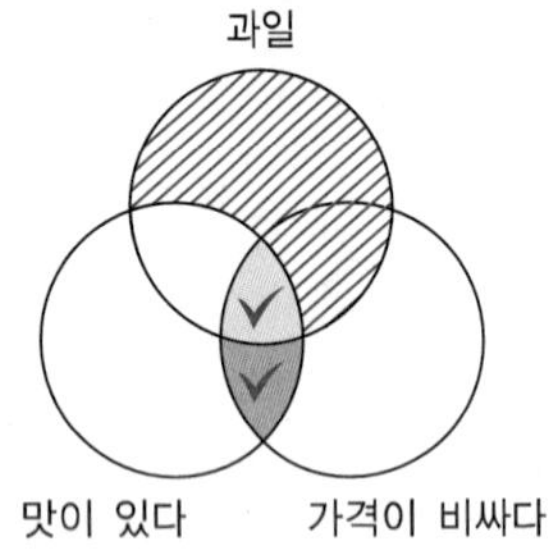

③ 과일은 가격이 비쌀 수도 있고, 비싸지 않을 수도 있다. (정답)

➔ 정답인 이유: 체크 표시가 2개 있기 때문에 　　 or 　　 부분에 적어도 한 개가 존재하는 것을 알 수 있다. 따라서 과일의 가격은 비쌀 수도, 비싸지 않을 수도 있다.

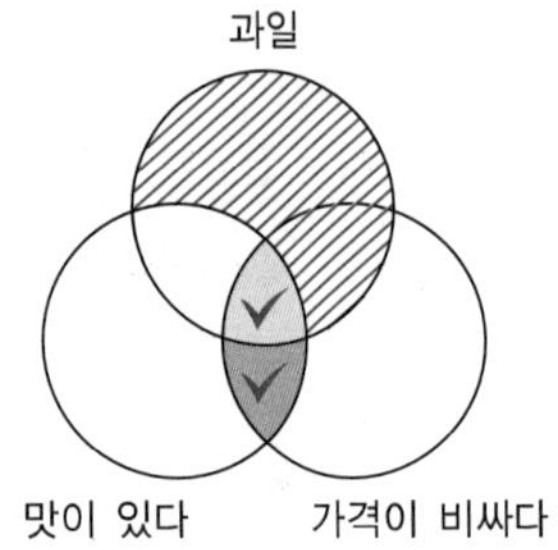

④ 맛이 있는 과일은 가격이 비싸다. (오답)

➔ 답이 아닌 이유: 　　으로 표시된 부분이 반드시 존재한다는 보장이 없다.

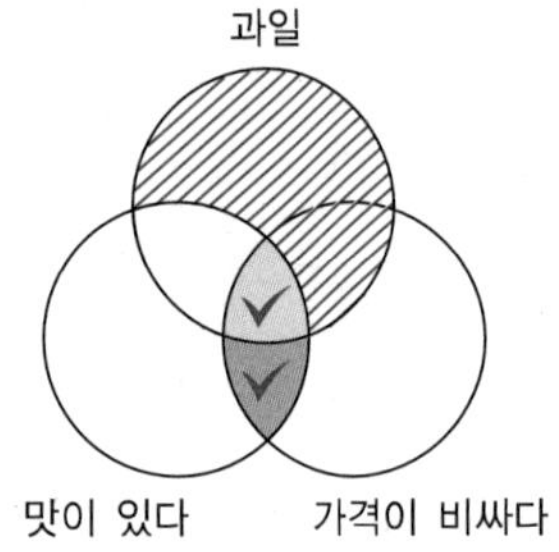

⑤ 가격이 비싸면 과일이다. (오답)

➔ 답이 아닌 이유: ▇ 부분이 존재할 수 있기 때문에 오답이다.

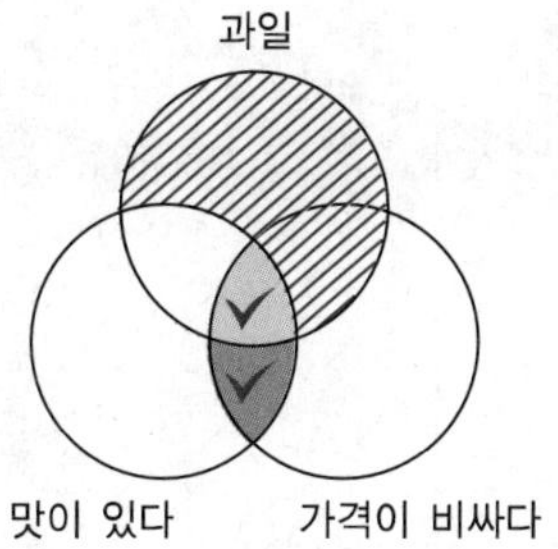

CHAPTER 4

PART 1 명제추리

연습문제 풀이

다음 빈칸에 들어갈 명제로 가장 알맞은 것은?

> **전제 1** 전쟁이 없어지면 세계 평화가 온다.
> **전제 2** ____________________
> **결론** 세계 평화가 오지 않으면 냉전체제가 계속된다.

① 전쟁이 없어지면 냉전체제가 계속된다.
② 세계 평화가 오면 전쟁이 없어진다.
③ 전쟁이 없어지지 않으면 냉전체제가 계속된다.
④ 세계 평화가 오려면 전쟁이 없어져야 한다.

풀이 STEP

[Step 1] 주어진 명제가 '(모든 or 어떤) A는 B다' 형식으로 구성됐는지 판단한다!

- 모든 명제가 '모든'으로 구성되어 있다.
  ➔ 삼단논법으로 문제를 풀이한다.

[Step 2] 명제를 간단한 수식으로 표현한다!

- 전제 1: 전쟁이 없어지면 세계 평화가 온다.
- 결론: 그러므로 세계 평화가 오지 않으면 냉전체제가 계속된다.

> **전제 1** 전쟁 × ➔ 세계 평화 ○
> **결론** 세계 평화 × ➔ 냉전체제 ○

[Step 3] 여러 개의 명제를 하나의 수식으로 표현한다!

전제 1과 결론에서 세계 평화가 공통적으로 나온다. 그러므로 전제 2에는 세계 평화 관련 내용이 나오면 안 된다. 또 전제 1의 긍정 요소(세계 평화 ○)와 결론의 부정 요소(세계 평화 X)가 서로 상이하다. 그러므로 명제에 대우를 취해 각 요소를 맞춰주도록 한다.

• 전제 1의 대우 취하기: 세계 평화 X ➔ 전쟁 ○

전제 1로 결론을 도출하기 위해서는 다음과 같은 명제가 나오게 될 것이라고 예측할 수 있다.

전제 1	세계 평화 X ➔	전쟁○	
전제 1		전쟁○ ➔	냉전체제 ○
결론	세계 평화 X ➔	➔	냉전체제 ○

통합 명제 세계 평화 X ➔ 전쟁 ○ ➔ 냉전체제 ○

결론을 추론하기 위해서는 '전쟁 ○ ➔ 냉전체제 ○'라는 전제가 필요하며, 이 명제가 문제의 정답이 된다.

[Step 4] 간단히 표기된 수식을 보고 정답을 고르도록 한다!

정답 ③

전쟁이 없어지지 않으면 냉전체제가 계속된다. (전쟁 ○ ➔ 냉전체제 ○)

보기는 대우를 취해서 나올 수 있으니 유의하도록 한다.

다음 명제를 통해 얻을 수 있는 결론으로 타당한 것은?

> 하루에 두 끼를 먹는 어떤 사람도 뚱뚱하지 않다.
> 아침을 먹는 모든 사람은 하루에 두 끼를 먹는다.
> 그러므로 ______________________

① 하루에 세 끼를 먹는 사람이 있다.
② 아침을 먹는 모든 사람은 뚱뚱하지 않다.
③ 뚱뚱하지 않은 사람은 하루에 두 끼를 먹는다.
④ 하루에 한 끼를 먹는 사람은 뚱뚱하지 않다.

풀이 STEP

[Step 1] 주어진 명제가 '(모든 or 어떤) A는 B다' 형식으로 구성됐는지 판단한다!

• 모든 명제가 '모든'으로 구성되어 있다.
전제 1의 '어떤 사람도'의 의미는 '모든'이 포함된 명제로 해석할 수 있다.
※ '어떤'이라는 단어가 들어가도 '모든'이라는 의미를 지닐 수 있으니 주의하도록 하자.

[Step 2] 명제를 간단한 수식으로 표현한다!

> 전제 1 하루 두 끼 ○ ➔ 뚱뚱 ×
> 전제 2 아침 ○ ➔ 하루 두 끼 ○

[Step 3] 여러 개의 명제를 하나의 수식으로 표현한다!

• 두 가지 명제를 하나의 도식으로 표현하기 (공통된 요소: 하루 두 끼 ○)

> 아침 ○ ➔ 하루 두 끼 ○ ➔ 뚱뚱 ×

Thinking Box

주어진 명제 중 공통으로 나오는 요소를 활용하여 명제들을 하나의 도식으로 합쳐준다.

[Step 4] 간단히 표기된 수식을 보고 정답을 고르도록 한다!

정답 ②

- Step 3에서 작성한 도식에 해당되는 보기를 고른다.

아침 ○ ➔ 하루 두 끼 ○ ➔ 뚱뚱 ×

- 정답: 아침을 먹는 모든 사람은 뚱뚱하지 않다. (아침 ○ ➔ 뚱뚱 ×)

Thinking Box

문제 풀기 전 생각하기

Q1. 어떤 유형이지?

A. 아! 결론 찾기 문제다!

Q2. 명제 스타일은?

A. '어떤 A는 B다' 형식이네?

Q3. 어떤 식으로 풀까?

A. '벤다이어그램'으로 풀면 되겠네!

제시된 명제가 참일 때, 다음 빈칸에 들어갈 명제로 가장 적절한 것은?

전제 1	어떤 고양이는 참치를 좋아한다.
전제 2	참치를 좋아하는 생물은 모두 낚시를 좋아한다.
결론	______________________

① 낚시를 좋아하는 모든 생물은 참치를 좋아한다.
② 어떤 고양이는 낚시를 좋아한다.
③ 참치를 좋아하는 생물은 모두 고양이이다.
④ 모든 고양이는 낚시를 좋아한다.
⑤ 낚시를 좋아하는 모든 생물은 고양이이다.

풀이 STEP

[Step 1 ~ 2] 벤다이어그램 세 개를 그려준 후 각 요소들을 적어준다!

예제 문제에서 세분화했던 Step 1, 2를 풀이의 간소화를 위해 하나로 묶었다. 실제 시험에서도 Step 1, 2는 동시에 풀이되는 과정이니 하나의 과정으로 기억해 두면 된다.

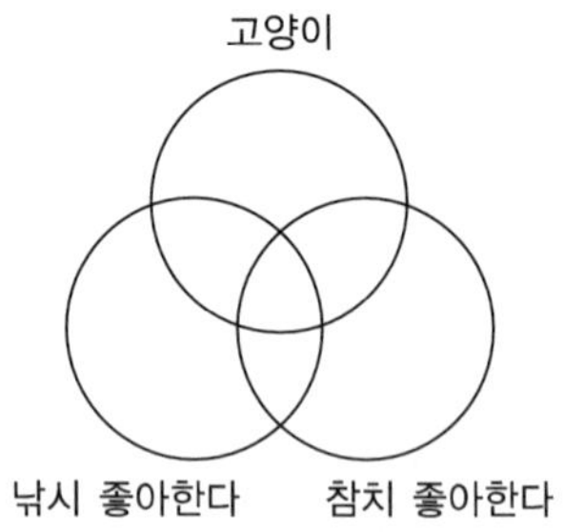

- 1번 요소: 고양이
- 2번 요소: 낚시 좋아한다
- 3번 요소: 참치 좋아한다

이때 주어진 두 가지 전제에서 각 요소의 값들이 일치해야 한다는 점에 유의하자.

[Step 3] 주어진 전제의 내용으로 벤다이어그램에 소거와 체크 표시를 해준다!

전제 1 어떤 고양이는 참치를 좋아한다.

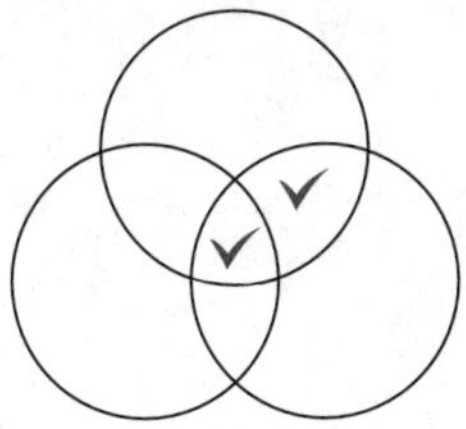

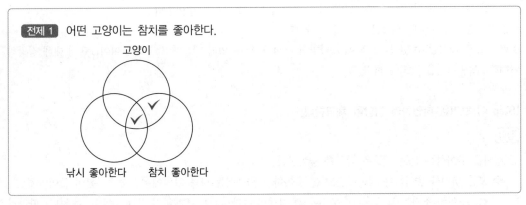

주어진 전제 1의 요소를 확인해 보면 '고양이', '참치 좋아한다'와 연관이 있다. 그리고 전제의 명제 형식이 '어떤 A는 B다'라는 형식을 취하고 있기 때문에 우리는 '고양이', '참치 좋아한다' 요소들의 교집합을 체크해 주어야 한다.

이때 각 위치에 체크 표시를 해주면 위 그림과 같다. 주의해야 할 점은 '고양이', '참치 좋아한다' 교집합에서 '낚시 좋아한다' 요소로 인해 나누어진 부분을 고려하여 두 개의 체크 표시를 해야 한다는 것이다.

이렇게 전제 1의 벤다이어그램 표시가 완료되었다면 전제 2도 똑같이 진행해 보자.

전제 2 참치를 좋아하는 생물은 모두 낚시를 좋아한다.

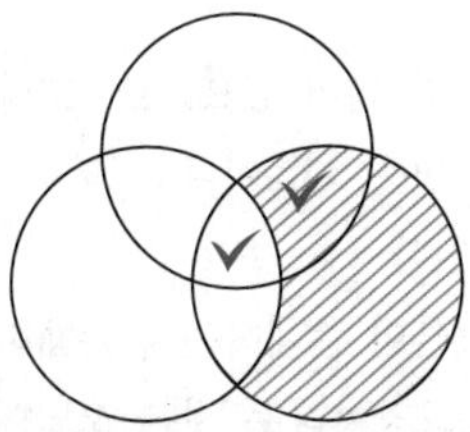

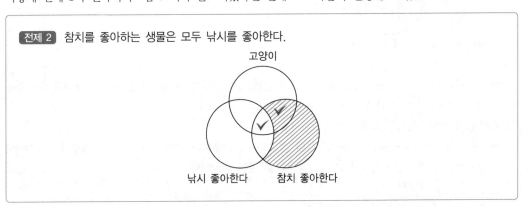

주어진 문제의 전제 2는 '참치 좋아한다'와 '낚시를 좋아한다' 요소와 연관이 있다. 그리고 명제의 형식은 '모든 A는 B다'의 형식을 취하고 있기 때문에 전제 2는 벤다이어그램 '**소거**' 방식을 취해야 한다.

만약 소거 방식과 체크 방식에 대해 모르겠다면 앞에 개념 설명을 반드시 확인하고 오길 바란다.

이때 주의해야 할 점은 위 그림에서 파란색으로 표기한 부분은 소거한 부분으로 존재하지 않는 부분이며, 따라서 파란색으로 소거된 곳에 체크 표시가 있더라도 이 부분은 없는 것으로 생각해야 한다는 것이다.

위 명제의 의미를 파악해보면 세 요소의 교집합에 체크 표시가 되어있다. 이것은 체크 표시된 곳에 반드시 값이 존재한다는 것을 의미한다. 그 이유는 세 요소의 교집합 외에 체크된 부분이 전제 2 명제에 의해 소거됐기 때문이다.

이 벤다이어그램으로 명제를 이해해 본다면

• 고양이 중 적어도 한 마리(어떤 고양이)는 참치와 낚시를 둘 다 좋아한다.

• 낚시를 좋아하는 어떤 생물은 참치를 좋아한다.

이런 식으로 해석할 수 있다. 이 외에도 다양한 해석을 할 수 있기 때문에 각자 벤다이어그램에 대해 정확히 이해해 보는 시간을 갖도록 하자.

[Step 4] 보기를 확인하며 정답을 체크한다!

정답 ②

① 낚시를 좋아하는 모든 생물은 참치를 좋아한다.

➔ 모든 낚시를 좋아하는 생물이 참치를 좋아하기 위해서는 다음 그림에서 　 부분이 없어야 한다. 즉, 주어진 조건을 보고 　 부분에 각 값들이 존재하는지 존재하지 않는지는 알 수 없다. 따라서 보기 1번은 틀린 명제이다.

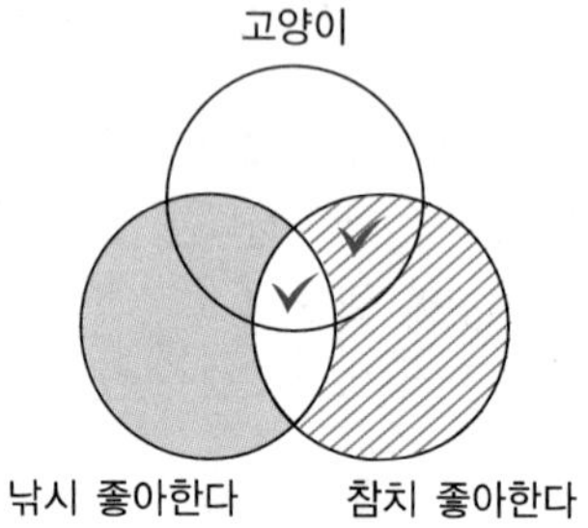

② 어떤 고양이는 낚시를 좋아한다.

➔ 세 개 요소의 교집합에는 체크 표시가 되어 있으므로, 고양이 중 적어도 한 마리는 낚시를 좋아하는 것을 알 수 있다. 그러므로 보기 2번은 정답이다.

③ 참치를 좋아하는 생물은 모두 고양이이다.

➔ 　 으로 체크되어 있는 부분에 값들이 존재하는지 존재하지 않는지 알 수 없다. 그렇기 때문에 (모든) 참치를 좋아하는 생물이 모두 고양이라는 것은 오답이다.

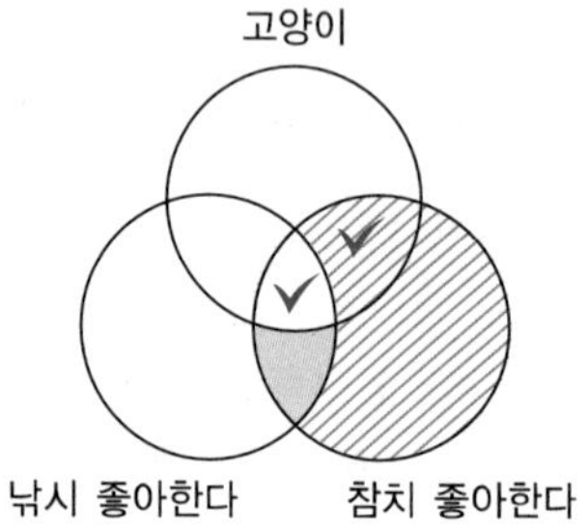

④ 모든 고양이는 낚시를 좋아한다.

➔ 다음의 그림에서 [grey box] 으로 색칠한 부분을 확인할 수 없으므로 이 보기는 오답이다.

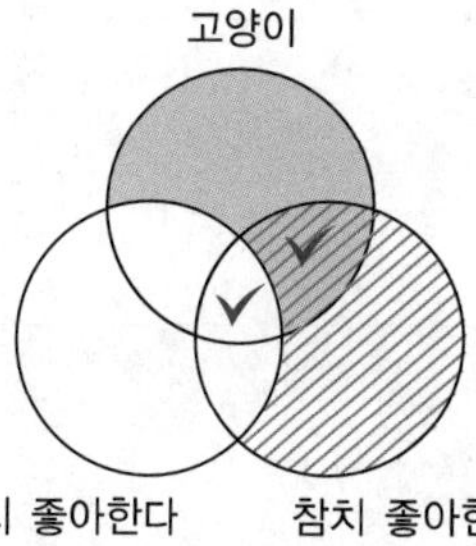

⑤ 낚시를 좋아하는 모든 생물은 고양이이다.

➔ 우리는 다음과 같이 [grey box] 으로 색칠한 부분을 확인할 수 없으므로 이 보기는 오답이다.

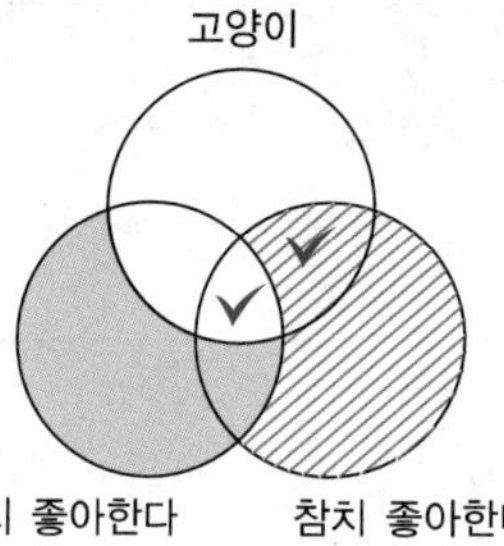

Thinking Box

문제 풀기 전 생각하기

Q1. 어떤 유형이지?

A. 아! 결론 찾기 문제다!

Q2. 명제 스타일은?

A. '어떤 A는 B다' 형식이네?

Q3. 어떤 식으로 풀까?

A. '벤다이어그램'으로 풀면 되겠네!

제시된 명제가 참일 때, 다음 빈칸에 들어갈 명제로 가장 적절한 것은?

전제 1 환율이 오르면 어떤 사람은 X주식을 매도한다.
전제 2 X주식을 매도한 모든 사람은 Y주식을 매수한다.
결론 ________________________

① 환율이 오르면 모든 사람은 Y주식을 매수한다.
② 환율이 오르면 어떤 사람은 Y주식을 매수한다.
③ 모든 사람이 X주식을 매도하면 환율이 오른다.
④ 모든 사람이 Y주식을 매수하면 환율이 오른다.
⑤ 주식을 매도한 모든 사람은 X주식을 매수한다.

풀이 STEP

[Step 1 ~ 2] 벤다이어그램 세 개를 그려준 후 각 요소들을 적어준다!

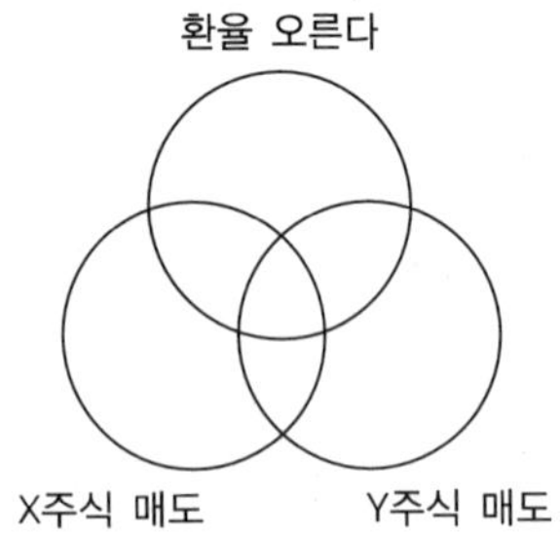

- 1번 요소: 환율 오른다
- 2번 요소: X주식 매도
- 3번 요소: Y주식 매수

[Step 3] 주어진 전제의 내용으로 벤다이어그램에 소거와 체크 표시를 해준다!

전제 1 환율이 오르면 어떤 사람은 X주식을 매도한다.

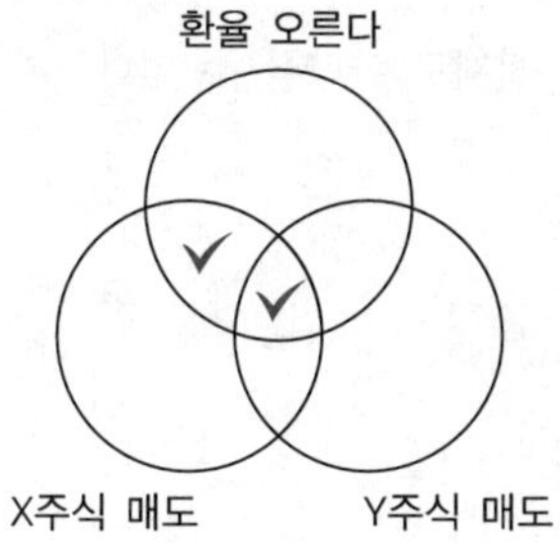

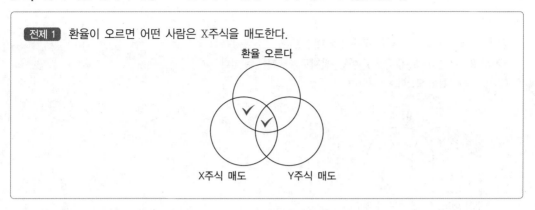

주어진 전제 1의 요소를 확인해 보면 '환율이 오르면', 'X주식 매도'와 연관이 있다. 그리고 전제의 명제 형식이 '어떤 A는 B다'라는 형식을 취하고 있으므로 **체크 표시**를 해주어야 한다. 체크 표시를 하게 되면 위와 같이 된다.

전제 2 X주식을 매도한 모든 사람은 Y주식을 매수한다.

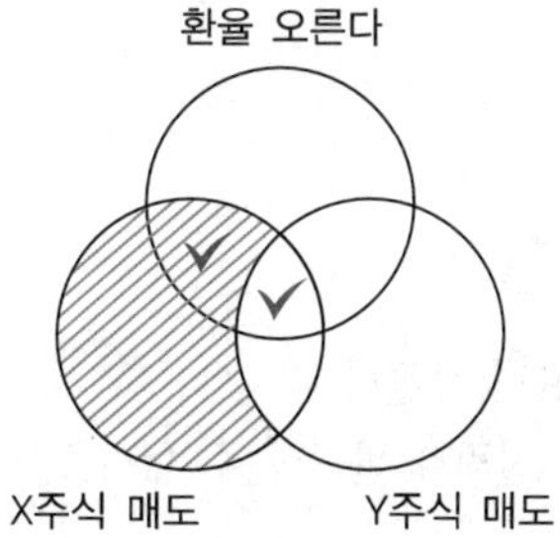

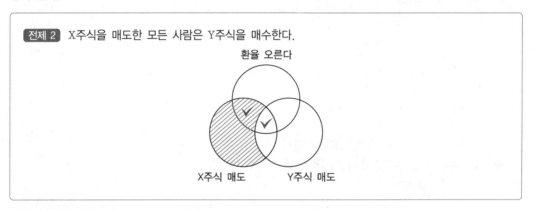

주어진 문제의 전제 2는 'X주식 매도'와 'Y주식 매수' 요소와 연관이 있으며, 명제의 형식은 '모든 A는 B다'의 형식을 취하고 있기 때문에 **소거 방식**을 취해야 한다. 이때 전제 2를 벤다이어그램으로 표시하게 되면 위와 같이 표현할 수 있다. 빗금으로 채워진 부분은 없는 것으로 생각하면 된다. 즉, 빗금과 체크가 모두 표시된 부분에는 아무것도 없다는 것이다. 이때 이 벤다이어그램의 의미는 앞에서 연습을 했으므로 각자 생각해 보는 시간을 갖도록 하자.

[Step 4] 보기를 확인하며 정답을 체크한다!

정답 ②

① 환율이 오르면 모든 사람은 Y주식을 매수한다.

➔ ▒▒ 부분의 값 유무를 주어진 전제로 판단할 수 없다.

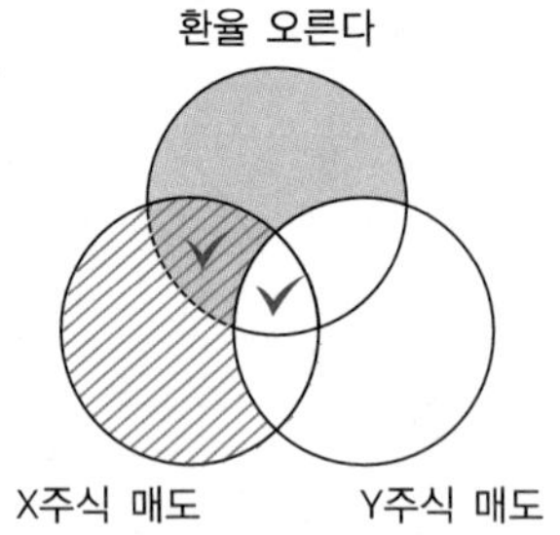

② 환율이 오르면 어떤 사람은 Y주식을 매수한다.

➔ ▒▒ 부분의 값은 적어도 1개는 반드시 존재하기 때문에 2번 보기가 참이다.

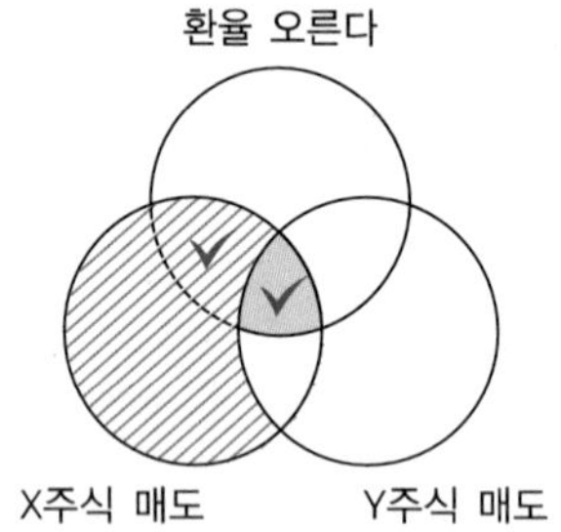

③ 모든 사람이 X주식을 매도하면 환율이 오른다.

➔ ▒▒ 부분의 값 유무를 주어진 전제로 판단할 수 없다.

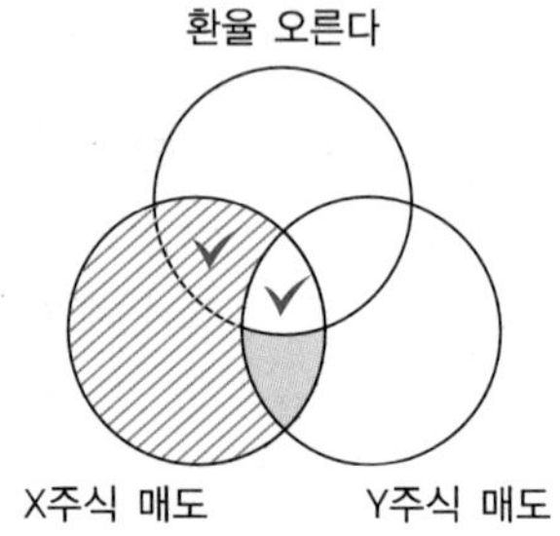

④ 모든 사람이 Y주식을 매수하면 환율이 오른다.

➔ ▒▒ 부분의 값 유무를 주어진 존재로 판단할 수 없다.

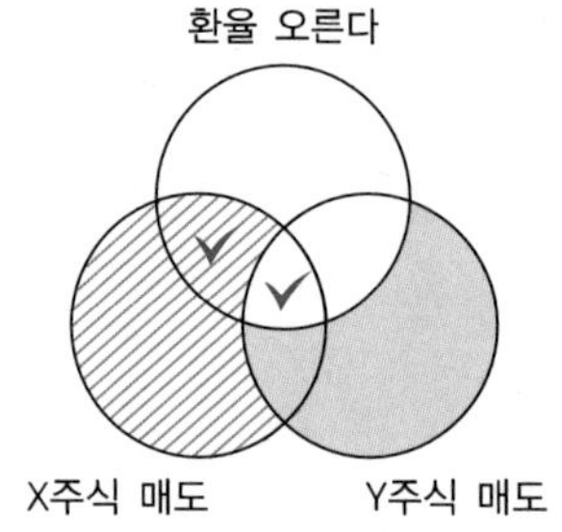

⑤ Y주식을 매도한 모든 사람은 X주식을 매수한다.

➔ 보기 5번의 경우 벤다이어그램의 각 요소와 내용이 다르다. 위에서 작성한 벤다이어그램의 요소는 'X주식 매도', 'Y 주식 매수'이지만, 5번 보기에서는 'X주식 매수', 'Y주식 매도'로 반대 개념을 가지고 있다.

이렇게 일치하지 않는 경우에는 대우를 취해 각 요소의 값들을 맞춰서 문제를 풀어준다.

대우 명제 X주식을 매도한 사람은 Y주식을 매수한다.

➔ 대우 명제를 벤다이어그램에 적용하면 ▒ 부분의 유무를 알 수 없기 때문에 오답이다.

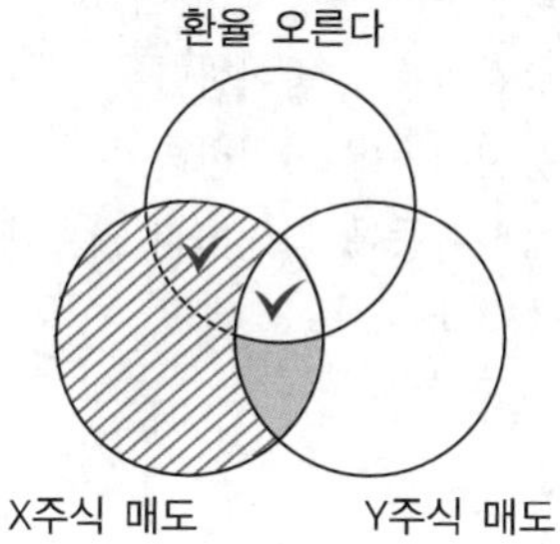

제시된 명제가 참일 때, 다음 빈칸에 들어갈 명제로 가장 적절한 것은?

> **전제 1** 재난복구 봉사활동에 참여하지 않는 모든 사람은 환경정화 봉사활동에 참여하지 않는다.
> **전제 2** ______________________
> **결론** 재난복구 봉사활동에 참여하는 어떤 사람은 유기동물 봉사활동에 참여한다.

① 재난복구 봉사활동에 참여하지 않는 모든 사람은 유기동물 봉사활동에 참여하지 않는다.
② 환경정화 봉사활동에 참여하지 않는 어떤 사람은 유기동물 봉사활동에 참여한다.
③ 재난복구 봉사활동에 참여하는 어떤 사람은 환경정화 봉사활동에 참여한다.
④ 환경정화 봉사활동에 참여하는 어떤 사람은 유기동물 봉사활동에 참여한다.
⑤ 환경정화 봉사활동에 참여하는 모든 사람은 유기동물 봉사활동에 참여하지 않는다.

풀이 STEP

[Step 1] 주어진 명제가 '(모든 or 어떤) A는 B다' 형식으로 구성됐는지 판단한다!

- 전제 찾기 문제
- 결론 명제 형식: '어떤 A는 B다'의 형식을 띠고 있다.
  ➔ 주연 / 부주연을 활용한 문제 풀이 방식을 사용한다.

[Step 2] 결론에 있는 요소들을 □, ○로 표시해준다!

이때 □와 ○ 중 어떤 것을 선택하든 상관없다. 옥선생은 결론 주어부에 나오는 요소는 □로 표시하고, 술어부에 나오는 요소는 ○ 표시를 하며 풀이하였다. 저마다 빠르게 풀이할 수 있는 방법이 있다면 그렇게 표기해 보자.

> **전제 1** 환경정화 봉사활동에 참여하는 모든 사람은 재난복구 봉사활동에 참여한다.
> **전제 2** ______________________
> **결론** 재난복구 봉사활동에 참여하는 어떤 사람은 유기동물 봉사활동에 참여한다.

[Step 3] 전제에도 각 요소마다 도식(□, △, ○)을 표현한다!

결론의 각 요소들을 표기했다면 전제 1의 요소들을 표기해 보자. 이때 결론에서 등장하지 않는 요소는 △로 표시하고, 결론에 등장한 내용이라면 □ 혹은 ○로 표시한다. 주의해야 할 점은 각 요소들의 긍정 / 부정 요소들을 정확히 비교하여 확인해야 한다는 것이다.

이 문제 같은 경우 재난복구에 **참여**하는 사람(□ 요소)을 □로 표시했다면, 전제 1에도 같은 것으로 체크해야 한다. 그런데 여기서 한 가지 문제가 발생한다. 우리는 결론의 □ 요소들을 전제에도 똑같이 표시하고자 하는데 각 요소의 값이 일치하지 않는 것이다.

결론에서는 □ 요소가 '재난 복구 봉사활동에 **참여하는** 사람'이었다면, 전제에서는 '재난복구 봉사활동에 **참여하지 않는 사람**'이다. 그렇기 때문에 이때 전제 1의 주어부 내용을 □ 요소로 표시할 수 없다. 이런 경우에는 대우를 취해 각 값들을 일치시켜야 한다.

전제 1	재난복구 봉사활동에 참여하지 않는 모든 사람은 환경정화 봉사활동에 참여하지 않는다.
대우	환경정화 봉사활동에 참여하는 모든 사람은 재난복구 봉사활동에 참여한다.

이렇게 전제 1의 내용에 대우를 취하게 되면 다음과 같이 각 요소들을 취할 수 있다.

전제 1	환경정화 봉사활동에 참여하는 모든 사람은 재난복구 봉사활동에 참여한다.
전제 2	________________
결론	재난복구 봉사활동에 참여하는 어떤 사람은 유기동물 봉사활동에 참여한다.

이렇게 표시를 했다면 전제 2의 내용은 ○, △ 요소로 이루어져야 하며, 각 요소의 주어부, 술어부 위치는 어떤 것이 나올지 알 수 없다. 즉, 전제 2의 내용이 ○, △ 순서로 배치 될 수 있고 △, ○ 순서로 배치될 수도 있다는 의미이다.

여기서 중요한 점은 **□ 요소는 전제 2에서는 나올 수 없다는 것**이다. 보기에서 □ 요소를 나타내는 것이 있다면 이 보기를 빠르게 소거할 수 있다.

위 문제의 보기 1번, 3번 같은 경우 주어부에서 □ 요소(재난복구)를 가지고 있다. 그러므로 보기 1번과 3번은 오답이라는 것을 확인할 수 있다.

- 보기 1번
  재난복구 봉사활동에 참여하지 않는 모든 사람은 유기동물 봉사활동에 참여하지 않는다.
- 보기 3번
  재난복구 봉사활동에 참여하는 어떤 사람은 환경정화 봉사활동에 참여한다.

[Step 4] 명제들의 긍정(+), 부정(−)을 표현한다!

각 요소들을 표시했다면 이제 전제, 결론 명제 술어부의 긍정(+), 부정(−)을 표시한다. 이때 긍정과 부정의 표시 유무는 표시된 **도식을 기준**으로 판단한다.

위 문제의 경우 □ 도식을 '재난복구 봉사활동에 참여하는 사람'으로 표시하였다. 따라서 표시된 기준을 바탕으로 긍정과 부정을 다음과 같이 표현할 수 있다.

[전제 1 예시]
1) 재난복구 봉사활동에 참여한다. ➔ 긍정(+)
2) 재난복구 봉사활동에 참여하지 않는다. ➔ 부정(−)

전제 1 환경정화 봉사활동에 참여하는 모든 사람은 재난복구 봉사활동에 참여한다. (+) 긍정
전제 2 ________________
결론 재난복구 봉사활동에 참여하는 어떤 사람은 유기동물 봉사활동에 참여한다. (+) 긍정

Thinking Box

각 요소들을 어떻게 표현하느냐에 따라 긍정/부정의 요소가 변화할 수 있으므로 주의하도록 하자.

[Step 5] 전제 2의 긍정(+), 부정(−) 여부를 확인한다!

주어진 전제와 결론에 긍정, 부정 여부를 확인했다면, 이제 주어지지 않은 전제에 대한 긍정/부정 여부를 결정해야 한다. 이때 전제 2의 긍정 부정 여부는 다음 표를 참고하여 결정한다.

구분	Case 1	Case 2	Case 3	Case 4
전제 1	긍정(+)	긍정(+)	부정(−)	부정(−)
전제 2	긍정(+)	부정(−)	긍정(+)	×
결론	긍정(+)	부정(−)	부정(−)	긍정(+)

이 문제는 Case 1에 해당되며, 전제 2의 술어부는 긍정의 요소를 취하고 있어야 한다.
즉, 보기의 술어 부분이 부정(−)을 표현하고 있다면 이것은 오답이라는 것을 의미한다.

전제 1 환경정화 봉사활동에 참여하는 모든 사람은 재난복구 봉사활동에 참여한다. (+) 긍정
전제 2 ________________ (+) 긍정
결론 재난복구 봉사활동에 참여하는 어떤 사람은 유기동물 봉사활동에 참여한다. (+) 긍정

그럼 보기를 확인해 보자. 위에서 보기 1번과 3번은 오답으로 소거했기 때문에 2, 4, 5번만 확인하면 된다.

• 보기 5번: 환경정화 봉사활동에 참여하는 모든 사람은 **유기동물 봉사활동에 참여하지 않는다.**

보기 5번의 술어 부분은 ○ 요소(유기동물 봉사활동 참여)와 관련이 있다. 그런데 해당 보기에서는 '참여하지 않는다'라는 ○ 요소의 반대되는 술어를 가지고 있다.
즉, 보기 5번의 술어는 부정(−)의 의미를 가지고 있으므로 **오답**이다.

이 단계에서는 예제 문제에서 활용했던 다양한 Tip들을 확인해 주면 좀 더 빠르게 문제를 풀 수 있다.

• Tip 3번 활용하기
Step 3에서 △는 '환경정화 봉사활동에 **참여하는 사람**'을 의미하지만, 보기 2는 '**참여하지 않는 사람**'을 나타내게 되므로 도식 불일치가 발생한다.
대우를 취해 각 요소의 값을 변화시키는 경우도 있기 때문에 이 부분을 반드시 유의 깊게 봐야한다. 그러나 보기 2번은 대우를 취할 수 없는 명제(어떤 A는 B다)이기 때문에 2번 보기는 오답이라고 판단할 수 있다.
따라서 정답은 4번이다.

정답은 골랐으나 연습을 위해 다음 Step들도 살펴보도록 하자.

[Step 6] 명제의 각 요소에 주연 / 부주연을 표현한다!

긍정과 부정까지 모두 표시했다면 이제는 주연 / 부주연을 표시하면 된다. 주연 / 부주연은 다음 표를 보고 결정할 수 있으며, 주연은 빗금으로 표시를 해주도록 한다.

구분	주어부	술어부
주연	모든	부정
부주연	어떤	긍정

주어진 문제에서는 전제 1의 주어부가 '**모든**'에 해당되는 내용이므로 **주연**에 속하게 되고, 이 내용을 빗금으로 표시하게 되면 다음 그림과 같다. 나머지 요소들은 모두 부주연으로 따로 표시하지 않는다.

전제 1 환경정화 봉사활동에 참여하는 모든 사람은 재난복구 봉사활동에 참여한다. (+) 긍정
전제 2 ______________________ (+) 긍정
결론 재난복구 봉사활동에 참여하는 어떤 사람은 유기동물 봉사활동에 참여한다. (+) 긍정

[Step 7] 결론에서 주연인 도식(□, ○)은 전제에서도 반드시 주연이어야 한다!

결론에 주연이 없기 때문에 Step 6은 넘어가도록 한다.

[Step 8] 적어도 한 개 이상 주연인 도식(△)이 있어야 한다!

전제 1에서 △ 도식이 주연이기 때문에 Step 7은 넘어가도록 한다.

제시된 명제가 모두 참일 때, 다음 빈칸에 들어갈 명제로 가장 적절한 것은?

전제 1	어떤 키가 작은 사람은 농구를 잘한다.
전제 2	______________________
결론	어떤 순발력이 좋은 사람은 농구를 잘한다.

① 어떤 키가 작은 사람은 순발력이 좋다.
② 농구를 잘하는 어떤 사람은 키가 작다.
③ 순발력이 좋은 사람은 모두 키가 작다.
④ 키가 작은 사람은 모두 순발력이 좋다.
⑤ 어떤 키가 작은 사람은 농구를 잘하지 못한다.

풀이 STEP

[Step 1] 주어진 명제가 '(모든 or 어떤) A는 B다' 형식으로 구성됐는지 판단한다!

- 전체 찾기 문제
- 전제 1 & 결론이 '어떤 A는 B다'의 형식을 갖추고 있다.

➔ 주연 / 부주연을 활용한 문제 풀이 방식을 사용한다.

[Step 2 ~ 3] 전제 & 결론의 각 요소마다 도식(□, △, ○)을 표현한다!

- 기존에 반복해서 연습했으므로 편의상 Step 2, 3은 통합하여 설명한다.

(결론 명제: □, ○ 사용 / △: 결론에 나오지 않는 요소)

전제 1	어떤 키가 작은 사람은 농구를 잘한다.
전제 2	______________________
결론	어떤 순발력이 좋은 사람은 농구를 잘한다.

전제 2에는 □, △ 도식이 나와야 하므로 보기에 ○ 도식(농구)을 의미하는 보기는 모두 제거한다. (Tip 1: 전제와 결론에는 각 요소가 반드시 두 개만 들어가야 한다.)

➔ 보기 2, 5번 제거

[Step 4 ~ 5] 결론, 전제의 긍정(+), 부정(−) 여부를 확인한다!

• 기존 연습문제에서 연습했으므로 편의상 Step 4, 5는 통합하여 설명한다.

전제 1	어떤 키가 작은 사람은 농구를 잘한다.	(+) 긍정
전제 2	____________________	(+) 긍정
결론	어떤 순발력이 좋은 사람은 농구를 잘한다.	(+) 긍정

전제 1과 결론의 조합이 긍정 & 긍정이므로 전제 2의 긍정 / 부정 여부는 긍정(+)이 된다.

술어부가 부정인 보기들은 소거해준다. 그러나 주어진 보기 1, 3, 4번은 모두 술어부가 긍정이므로, 소거할 것이 없다.
(Tip 2: 전제 2의 긍정 / 부정 여부와 보기의 긍정 / 부정 여부를 비교하라. (전제 2 vs 보기))
추가로 Tip 3을 활용해 보아도 소거해 줄 것이 없으므로 다음 Step으로 넘어가도록 하자.
(Tip 3: 도식의 값(□, △, ○)이 다른 경우 정답으로 선택될 수 없다.)

[Step 6] 명제의 각 요소에 주연 / 부주연을 표현한다!

전제 1과 결론의 내용이 모두 '부주연'이므로 따로 표시하지 않는다.
(주연 요건: 주어부 ➔ 모든 / 술어부: 부정)

[Step 7] 적어도 한 개 이상 주연인 도식(△)이 있어야 한다!

전제 1에서 △는 부주연이었다. 그러므로 전제 2에서 △ 도식은 반드시 주연이어야 한다. 즉, 전제 2에서 △ 도식이 주어부에 나온다면 '모든 키가 작은 사람'이 나와야 하고, 술어부에 나온다면 '키가 작지 않다(부정)'는 내용이 나와야 한다는 것이다.

이 내용을 바탕으로 보기를 확인해 보면 1번과 3번은 답이 될 수 없다. 따라서 답은 4번이다.

정답 ④

① 어떤 키가 작은 사람은 순발력이 좋다.
 ➔ '어떤' 명제이기 때문에 '부주연'이므로 오답
③ 순발력이 좋은 사람은 모두 키가 작다.
 ➔ 술어부가 '긍정'이기 때문에 '부주연'이므로 오답
④ 키가 작은 사람은 모두 순발력이 좋다.
 ➔ '모든' 명제이기 때문에 '주연'으로 정답

제시된 명제가 모두 참일 때, 빈칸에 들어갈 명제로 가장 적절한 것은?

전제 1	모든 환경 보호 단체는 일회용품을 사용하지 않는다.
전제 2	어떤 환경 보호 단체는 에너지 절약 캠페인에 참여한다.
결론	______________________

① 모든 환경 보호 단체는 에너지 절약 캠페인에 참여한다.
② 에너지 절약 캠페인에 참여하는 단체는 환경 보호 단체에 속해 있다.
③ 일회용품을 사용하지 않는 어떤 단체는 에너지 절약 캠페인에 참여한다.
④ 일회용품을 사용하지 않는 모든 단체는 에너지 절약 캠페인에 참여한다.
⑤ 일회용품을 사용하는 모든 단체는 에너지 절약 캠페인에 참여하지 않는다.

풀이 STEP

[Step 1] 주어진 명제가 '(모든 or 어떤) A는 B다' 형식으로 구성됐는지 판단한다!

- 결론 찾기 문제
- 전제 2가 '어떤 A는 B다'의 형식을 갖추고 있다.

➔ 벤다이어그램을 활용한 문제 풀이 방식을 사용한다.

[Step 2] 벤다이어그램 세 개를 그려준 후 각 요소들을 적어준다!

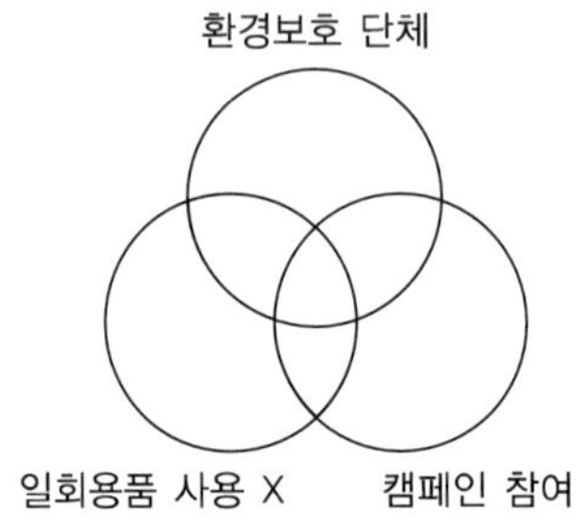

- 1번 요소: 환경보호 단체
- 2번 요소: 일회용품 사용 ×
- 3번 요소: 캠페인 참여

[Step 3] 주어진 전제의 내용으로 벤다이어그램에 소거와 체크 표시를 해준다!

전제 1 모든 환경보호 단체는 일회용품을 사용하지 않는다.

➔ '모든 A는 B다'로 되어있는 명제는 빗금으로 표시한다.

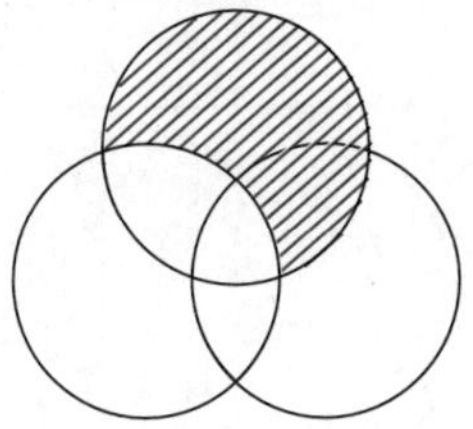

전제 2 어떤 환경 보호 단체는 에너지 절약 캠페인에 참여한다.

➔ 환경보호단체와 캠페인 참여의 교집합은 두 개의 영역이나, 전제 1에서 하나의 영역을 지웠으므로 하나만 체크 표시하도록 한다.

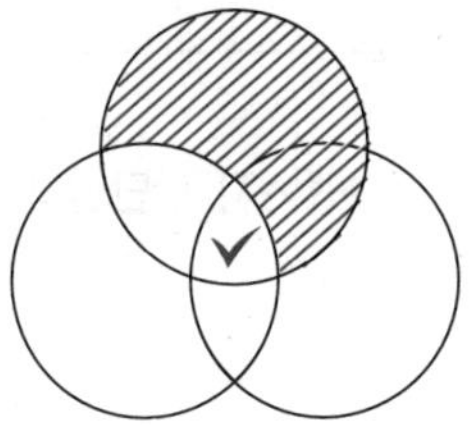

[Step 4] 보기를 확인하며 정답을 체크한다!

정답 ③

① 모든 환경 보호 단체는 에너지 절약 캠페인에 참여한다.

➔ 교집합은 있으나 '모든'인지는 알 수 없다.

② 에너지 절약 캠페인에 참여하는 단체는 환경 보호 단체에 속해 있다.

➔ 교집합은 있으나 '모든'인지는 알 수 없다.

③ 일회용품을 사용하지 않는 어떤 단체는 에너지 절약 캠페인에 참여한다.

➔ 체크 표시되어 있으므로 정답이다.

④ 일회용품을 사용하지 않는 모든 단체는 에너지 절약 캠페인에 참여한다.

➔ 교집합은 있으나 '모든'인지는 알 수 없다.

⑤ 일회용품을 사용하는 모든 단체는 에너지 절약 캠페인에 참여하지 않는다.

➔ 교집합은 있으나 '모든'인지는 알 수 없다.

제시된 명제가 모두 참일 때, 다음 빈칸에 들어갈 명제로 가장 적절한 것은?

전제 1	인형을 좋아하는 어떤 아이는 동물을 좋아한다.
전제 2	______________________
결론	인형을 좋아하는 어떤 아이는 친구를 좋아한다.

① 친구를 좋아하는 어떤 아이는 동물을 좋아한다.
② 친구를 좋아하는 아이는 동물을 좋아한다.
③ 동물을 좋아하는 어떤 아이는 친구를 좋아한다.
④ 동물을 좋아하는 아이는 친구를 좋아한다.
⑤ 동물을 좋아하지 않는 아이는 친구를 좋아하지 않는다.

풀이 STEP

[Step 1] 주어진 명제가 '(모든 or 어떤) A는 B다' 형식으로 구성됐는지 판단한다!

- 전체 찾기 문제
- 전제 & 결론 명제: '어떤 A는 B다'의 형식

➔ 주연 / 부주연을 활용한 문제 풀이 방식을 사용한다.

[Step 2 ~ 3] 전제 & 결론 각 요소마다 도식(□, △, ○)을 표현한다!

- 결론 명제: □, ○ 사용 / △: 결론에 나오지 않는 요소

전제 2에는 ○, △ 도식이 나와야 하므로 보기에 □ 도식(인형)을 의미하는 보기는 모두 제거한다.

전제 1	[인형을 좋아하는 어떤 아이]는 동물을 좋아한다.
전제 2	______________________
결론	[인형을 좋아하는 어떤 아이]는 (친구를 좋아한다).

[Step 4 ~ 5] 결론, 전제의 긍정(+), 부정(−) 여부를 확인한다!

전제 1과 결론의 조합이 긍정 & 긍정이므로 전제 2의 긍정 / 부정 여부는 긍정(+)이 된다.

보기에서 술어부가 부정인 보기들은 소거해준다. 그러나 주어진 보기는 모두 긍정(+)이므로 소거할 것이 없다. 5번의 경우 대우를 취하면 긍정이 된다는 것에 유의하자.

[Step 6] 명제의 각 요소에 주연, 부주연을 표현한다!

전제 1과 결론의 내용은 모두 '부주연'이므로 따로 표시하지 않는다.
(주연 요건: 주어부 ➔ 모든 / 술어부: 부정)

[Step 7] 적어도 한 개 이상 주연인 도식(△)이 있어야 한다!

전제 1에서 △는 부주연이었다. 그러므로 전제 2에서 △ 도식은 반드시 주연이어야 한다.
➔ 주어부일 경우: 동물을 좋아하는 아이
➔ 술어부일 경우: 동물을 좋아하지 않는다.

정답 ④

4번의 주어부(△)가 주연이기 때문에 정답은 4번(동물을 좋아하는 아이는 친구를 좋아한다)이다. 나머지 보기들의 도식(△)은 모두 부주연이다.

제시된 명제가 모두 참일 때, 다음 빈칸에 들어갈 명제로 가장 적절한 것은?

전제 1	회계팀의 팀원은 모두 회계 관련 자격증을 가지고 있다.
전제 2	______________________
결론	그러므로 돈 계산이 빠르지 않은 사람은 회계팀이 아니다.

① 회계팀이 아닌 사람은 돈 계산이 빠르다.
② 돈 계산이 빠른 사람은 회계 관련 자격증을 가지고 있다.
③ 회계팀이 아닌 사람은 회계 관련 자격증을 가지고 있지 않다.
④ 돈 계산이 빠르지 않은 사람은 회계 관련 자격증을 가지고 있다.
⑤ 돈 계산이 빠르지 않은 사람은 회계 관련 자격증을 가지고 있지 않다.

풀이 STEP

[Step 1] 주어진 명제가 '(모든 or 어떤) A는 B다' 형식으로 구성됐는지 판단한다!

• 모든 명제가 '모든'으로 구성되어 있다.
➔ 삼단논법으로 문제를 풀이한다.

[Step 2] 명제를 간단한 수식으로 표현한다!

• 전제 1: 회계팀의 팀원은 모두 회계 관련 자격증을 가지고 있다.
• 결론: 그러므로 돈 계산이 빠르지 않은 사람은 회계팀이 아니다.

주어진 명제를 도식화하면 다음과 같다.

전제 1	회계팀 ○ ➔ 자격증 ○
결론	계산 빠르지 × ➔ 회계팀 ×

[Step 3] 여러 개의 명제를 하나의 수식으로 표현한다!

결론에 '돈 계산이 빠르다'는 내용이 나오므로 전제 2에도 '돈 계산이 빠르다'는 내용이 나와야 한다. 또 전제 1과 결론에서 '회계팀'이 공통적으로 나온다. 그러나 전제 1에는 긍정 요소(회계팀 ○), 결론은 부정 요소(회계팀 ×)로 서로 상이하다. 그러므로 명제에 대우를 취해 각 요소를 맞춰주도록 한다.

• 결론 1의 대우 취하기: 회계팀 ➔ 계산 빠르다
• 전제와 결론의 도식 합치기: 2개의 전제로 결론을 도출하기 위해서는 '자격증 ○ ➔ 계산이 빠르다'라는 명제가 필요하다.

전제 1	회계팀 ○ ➔ 자격증 ○
전제 2	자격증 ○ ➔ 계산이 빠르다
결론	회계팀 ○ ➔ 계산이 빠르다

[Step 4] 간단히 표기된 수식을 보고 정답을 고르도록 한다!

정답 ⑤

돈 계산이 빠르지 않은 사람은 회계 관련 자격증을 가지고 있지 않다.
보기 5번은 Step 3에서 구한 명제(자격증 ○ ➔ 계산이 빠르다)의 대우 명제이다. 따라서 위 문제의 답이 5번인 것을 파악할 수 있다.

제시된 명제가 모두 참일 때, 다음 빈칸에 들어갈 명제로 가장 적절한 것은?

전제 1	유행에 민감한 모든 사람은 고양이를 좋아한다.
전제 2	______________________
결론	고양이를 좋아하는 어떤 사람은 쇼핑을 좋아한다.

① 고양이를 좋아하는 모든 사람은 유행에 민감하다.
② 유행에 민감한 어떤 사람은 쇼핑을 좋아한다.
③ 쇼핑을 좋아하는 모든 사람은 고양이를 좋아하지 않는다.
④ 유행에 민감하지 않은 어떤 사람은 쇼핑을 좋아한다.
⑤ 고양이를 좋아하지 않는 모든 사람은 쇼핑을 좋아한다.

풀이 STEP

[Step 1] 주어진 명제가 '(모든 or 어떤) A는 B다' 형식으로 구성됐는지 판단한다!

- 전제 찾기 문제
- 결론 명제 형식: '어떤 A는 B다'의 형식을 띄고 있다.
  ➔ 주연 / 부주연을 활용한 문제 풀이 방식을 사용한다.

[Step 2 ~ 3] 전제 & 결론 각 요소마다 도식(□, △, ○)을 표현한다!

- 결론 명제: □, ○ 사용 / △: 결론에 나오지 않는 요소
  전제 2에는 ○, △ 도식이 나와야 하므로 □ 도식(고양이)을 의미하는 보기는 모두 제거한다.

전제 1	유행에 민감한 모든 사람은 고양이를 좋아한다.
전제 2	______________________
결론	고양이를 좋아하는 어떤 사람은 쇼핑을 좋아한다.

➔ 보기 1, 3, 5는 고양이와 관련된 명제이므로 소거해주도록 한다.

[Step 4 ~ 5] 결론, 전제의 긍정(+), 부정(−) 여부를 확인한다!

전제 1과 결론의 조합이 긍정 & 긍정이므로 전제 2의 긍정 / 부정 여부는 긍정(+)이 된다.

전제 1	유행에 민감한 모든 사람은 고양이를 좋아한다.	(+) 긍정
전제 2	______________________	
결론	고양이를 좋아하는 어떤 사람은 쇼핑을 좋아한다.	(+) 긍정

그러므로 보기에서 술어부가 부정(−)인 보기들은 소거해 주어야 한다. 보기를 확인해 보면 해당 문제는 술어부가 모두 긍정이기 때문에 소거할 것이 없다.
그러나 이때 보기 4번의 주어부를 확인해 보면 '유행에 민감하지 않은 사람'인 것을 확인할 수 있다. 이는 Step 2 ~ 3에서 확인한 도식(△)과 다르며, '어떤 A는 B다' 형식을 갖추고 있기 때문에 대우도 취할 수 없다. 그러므로 도식 불일치에 근거하여 보기 4번은 오답이며 남은 보기 2번이 정답인 것을 확인할 수 있다.

Thinking Box

문제 풀기 전 생각하기

Q1. 어떤 유형이지?
A. 아! 결론 찾기 문제다!
Q2. 명제 스타일은?
A. '어떤 A는 B다' 형식이네?
Q3. 어떤 식으로 풀까?
A. '벤다이어그램'으로 풀면 되겠네!

제시된 명제가 모두 참일 때, 다음 빈칸에 들어갈 명제로 가장 적절한 것은?

전제 1 성공한 사업가는 존경받는다.
전제 2 어떤 합리적인 사업가는 존경받지 못한다.
결론 ______________________________

① 어떤 사업가는 합리적임에도 불구하고 성공하지 못한다.
② 모든 사업가는 합리적이다.
③ 합리적인 사업가는 모두 성공한다.
④ 존경받는 사업가는 모두 합리적이다.
⑤ 성공한 모든 사업가는 합리적이다.

풀이 STEP

[Step 1 ~ 2] 벤다이어그램 세 개를 그려준 후 각 요소들을 적어준다!

이때 전제 1과 전제 2의 술어 부분이 일치하지 않는다.
(전제 1: 존경받는다 / 전제 2: 존경받지 않는다)
그러므로 이를 일치시키기 위해 전제 1의 명제에 대우를 취해 각 요소를 적어준다.

전제 1(대우) 존경받지 않은 사람은 성공하지 못한 사업가이다.
전제 2 어떤 합리적인 사업가는 존경받지 못한다.

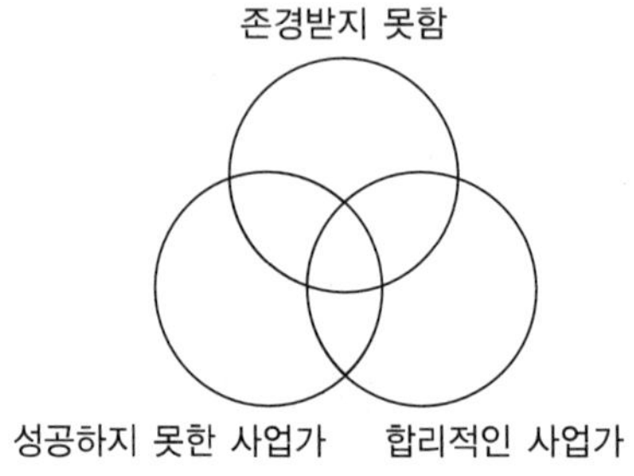

[Step 3] 주어진 전제의 내용으로 벤다이어그램에 소거와 체크 표시를 해준다!

전제 1(대우) 존경받지 않은 사람은 성공하지 못한 사업가이다.

➔ '모든 A는 B다'로 되어있는 명제는 빗금으로 지어준다.

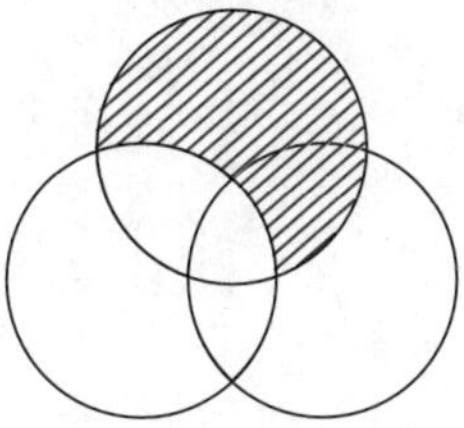

전제 2 어떤 합리적인 사업가는 존경받지 못한다.

➔ 환경보호단체와 캠페인 참여의 교집합은 두 개의 영역이나, 전제 1에서 하나의 영역을 지웠으므로 하나만 체크 표시하도록 한다.

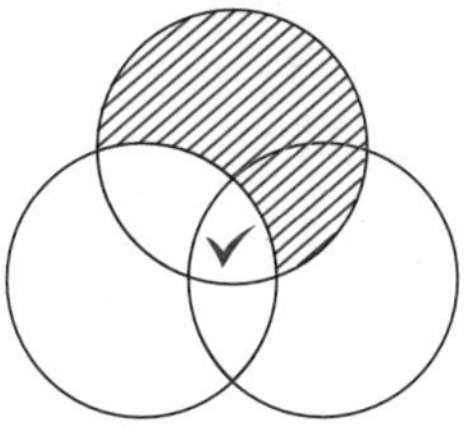

[Step 4] 보기를 확인하며 정답을 체크한다!

정답 ①

① 어떤 사업가는 합리적임에도 불구하고 성공하지 못한다.

➔ 세 곳에 교집합이 있기 때문에 정답이다.

② 모든 사업가는 합리적이다.

➔ 교집합은 있으나 '모든'인지는 알 수 없다.

③ 합리적인 사업가는 모두 성공한다.

➔ 알 수 없다.

④ 존경받는 사업가는 모두 합리적이다.

➔ 알 수 없다.

⑤ 성공한 모든 사업가는 합리적이다.

➔ 알 수 없다.

Thinking Box

문제 풀기 전 생각하기

Q1. 어떤 유형이지?

A. 아! 결론 찾기 문제다!

Q2. 명제 스타일은?

A. '어떤 A는 B다' 형식이네?

Q3. 어떤 식으로 풀까?

A. '벤다이어그램'으로 풀면 되겠네!

제시된 명제가 모두 참일 때, 다음 빈칸에 들어갈 명제로 가장 적절한 것은?

전제 1 IT회사에서 일하는 사람은 코딩을 잘한다.
전제 2 취업 준비를 하는 어떤 사람은 코딩을 잘한다.
결론 ______________________

① IT회사에서 일하는 사람은 취업 준비를 하는 사람이다.
② IT회사에서 일하는 사람 중에는 코딩을 잘하는 사람이 있을 수 있다.
③ 취업 준비를 하는 사람 중에는 IT회사에서 일하는 사람은 없다.
④ 취업 준비를 하는 사람은 IT 회사에서 일한다.
⑤ 취업 준비를 하는 사람은 IT회사에서 일하지 않는 사람이다.

PART 1 명제추리

풀이 STEP

[Step 1 ~ 2] 벤다이어그램 세 개를 그려준 후 각 요소들을 적어준다!

- 요소 1: IT회사에서 일하는 사람
- 요소 2: 코딩 잘함
- 요소 3: 취업 준비하는 사람

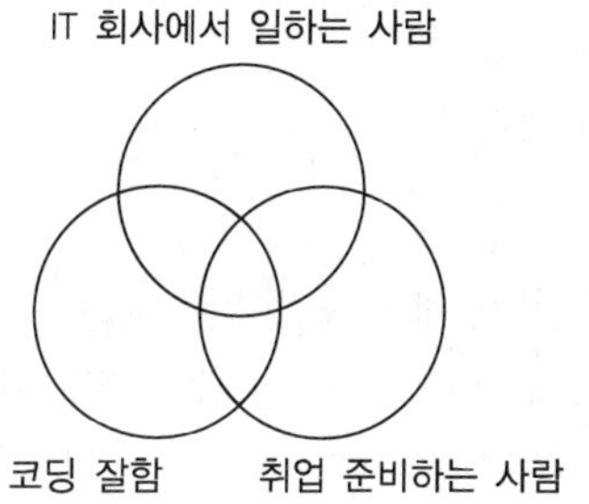

[Step 3] 주어진 전제의 내용으로 벤다이어그램에 소거와 체크 표시를 해준다!

전제 1 IT회사에서 일하는 사람은 코딩을 잘한다.

➔ '모든 A는 B다'로 되어있는 명제는 빗금으로 지어준다.

IT 회사에서 일하는 사람

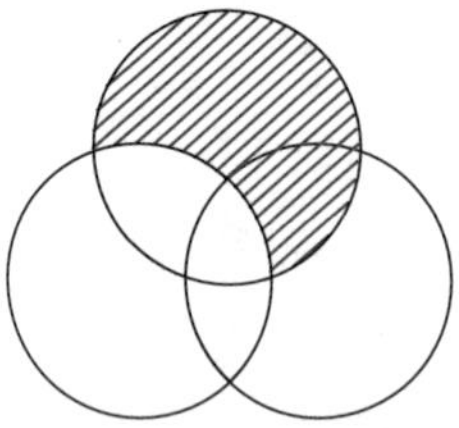

코딩 잘함 취업 준비하는 사람

전제 2 취업 준비를 하는 어떤 사람은 코딩을 잘한다.

➔ 취업 준비를 하는 사람과 코딩을 잘하는 사람의 영역은 2개가 있으므로 두 개의 체크 표시를 한다. 이때 두 개의 체크 표시 중 적어도 한 개에는 반드시 값이 존재하다는 것에 유의하자.

IT 회사에서 일하는 사람

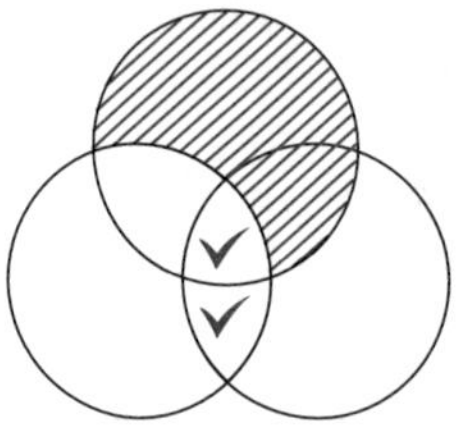

코딩 잘함 취업 준비하는 사람

[Step 4] 보기를 확인하며 정답을 체크한다!

정답 ②

① IT회사에서 일하는 사람은 취업 준비를 하는 사람이다.

➔ 두 개의 체크 표시 중 한 개만 존재할 수 있기 때문에 오답이다.

② IT회사에서 일하는 사람 중에는 코딩을 잘하는 사람이 있을 수 있다.

➔ 세 곳의 교집합에 체크 표시되어 있기 때문에 정답이다(IT회사에서 일하는 사람 중 코딩 잘하는 사람이 있을 수 있다).

③ 취업 준비를 하는 사람 중에는 IT회사에서 일하는 사람은 없다.

➔ 알 수 없다.

④ 취업 준비를 하는 사람은 IT 회사에서 일한다.

➔ 두 개의 체크 표시 중 한 개만 존재할 수 있기 때문에 오답이다.

⑤ 취업 준비를 하는 사람은 IT회사에서 일하지 않는 사람이다.

➔ 두 개의 체크 표시 중 한 개만 존재할 수 있기 때문에 오답이다.

Thinking Box

문제 풀기 전 생각하기

Q1. 어떤 유형이지?

A. 아! 결론 찾기 문제다!

Q2. 명제 스타일은?

A. '어떤 A는 B다' 형식이네?

Q3. 어떤 식으로 풀까?

A. '벤다이어그램'으로 풀면 되겠네!

제시된 명제가 모두 참일 때, 다음 빈칸에 들어갈 명제로 가장 적절한 것은?

전제 1	어떤 대한민국 국가대표는 월드컵에 출전한다.
전제 2	대한민국 국가대표는 올림픽에 출전한다.
결론	______________________________

① 올림픽에 출전한 어떤 사람은 월드컵에도 출전한다.
② 올림픽에 출전한 사람은 월드컵에도 나간다.
③ 월드컵에 나간 사람은 대한민국 국가대표이다.
④ 월드컵에 나간 사람은 올림픽에 나간다.
⑤ 월드컵에 나간 어떤 사람도 올림픽에 나가지 않는다.

풀이 STEP

[Step 1 ~ 2] 벤다이어그램 세 개를 그려준 후 각 요소들을 적어준다!

- 요소 2: 월드컵 출전
- 요소 3: 올림픽 출전

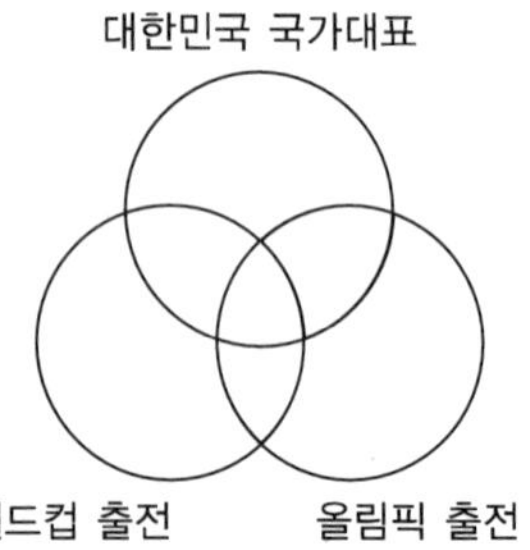

[Step 3] 주어진 전제의 내용으로 벤다이어그램에 소거와 체크 표시를 해준다!

전제 1 어떤 대한민국 국가대표는 월드컵에 출전한다.

➔ '어떤 A는 B다'로 되어있는 명제는 체크 표시를 해준다.

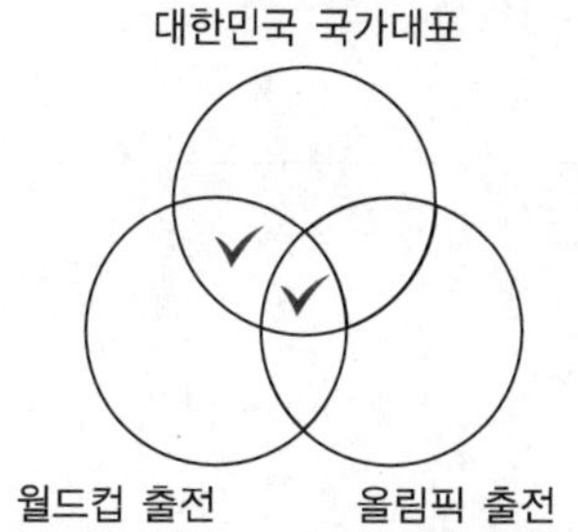

전제 2 대한민국 국가대표는 올림픽에 출전한다.

➔ '모든 A는 B다'로 되어있기 때문에 빗금 표시를 해주어야 한다. 이때 체크 표시된 부분도 빗금으로 표시된다면 체크 부분을 제거한다는 것을 유의하도록 하자.

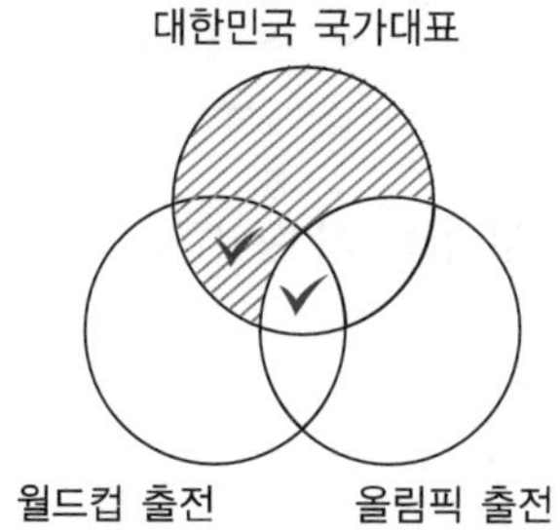

[Step 4] 보기를 확인하며 정답을 체크한다!

정답 ①

① 올림픽에 출전한 어떤 사람은 월드컵에도 출전한다.

➔ 체크 표시가 존재함으로 참이다.

② 올림픽에 출전한 사람은 월드컵에도 나간다.

➔ 알 수 없다.

③ 월드컵에 나간 사람은 대한민국 국가대표이다.

➔ 알 수 없다.

④ 월드컵에 나간 사람은 올림픽에 나간다.

➔ 알 수 없다.

⑤ 월드컵에 나간 어떤 사람도 올림픽에 나가지 않는다.

➔ 알 수 없다.

제시된 명제가 모두 참일 때, 다음 빈칸에 들어갈 명제로 가장 적절한 것은?

전제 1	________________
전제 2	다이어트를 하는 모든 사람은 운동을 한다.
결론	어떤 술을 좋아하는 사람은 다이어트를 하지 않는다.

① 술을 좋아하는 사람은 운동을 한다.
② 운동을 좋아하는 어떤 사람은 술을 좋아한다.
③ 술을 좋아하는 어떤 사람은 운동을 좋아하지 않는다.
④ 술을 좋아하는 어떤 사람은 운동을 좋아한다.
⑤ 운동을 좋아하는 모든 사람은 탁상시계를 갖고 있다.

풀이 STEP

[Step 1] 주어진 명제가 '(모든 or 어떤) A는 B다' 형식으로 구성됐는지 판단한다!

- 전제 찾기 문제
- 결론 명제 형식: '어떤 A는 B다'의 형식을 띠고 있다.
  ➔ 주연 / 부주연을 활용한 문제 풀이 방식을 사용한다.

[Step 2 ~ 3] 전제 & 결론 각 요소마다 도식(□, △, ○)을 표현한다!

- 결론 명제: □, ○ 사용 / △: 결론에 나오지 않는 요소
  전제 1에는 □, △ 도식이 나와야 하므로 보기에서 ○ 도식(다이어트)을 의미하는 보기는 모두 제거한다.

전제 1	________________
전제 2	다이어트를 하는 모든 사람은 운동을 한다.
결론	어떤 술을 좋아하는 사람은 다이어트를 하지 않는다.

[Step 4 ~ 5] 결론, 전제의 긍정(+), 부정(−) 여부를 확인한다!

정답 ③

전제 2와 결론의 조합이 긍정 & 부정이므로 전제 1의 긍정 / 부정 여부는 부정(−)이 된다.
보기에서 술어부가 긍정인 보기들은 소거해 주어야 한다. 보기를 확인해 보면 보기 3번 외에는 술어부가 모두 긍정(+)이다. 따라서 보기 3번을 답으로 선택할 수 있다.

전제 1	______________________	(−) 부정
전제 2	다이어트를 하는 모든 사람은 운동을 한다.	(+) 긍정
결론	어떤 술을 좋아하는 사람은 다이어트를 하지 않는다.	(−) 부정

Thinking Box

문제 풀기 전 생각하기

Q1. 어떤 유형이지?

A. 아! 전제 찾기 문제다!

Q2. 명제 스타일은?

A. '어떤 A는 B다' 형식이네?

Q3. 어떤 식으로 풀까?

A. '주연 / 부주연'으로 풀면 되겠네!

제시된 명제가 모두 참일 때, 다음 빈칸에 들어갈 명제로 가장 적절한 것은?

전제 1	공부를 잘하는 어떤 사람은 게임을 많이 하지 않는다.
전제 2	______________________
결론	공부를 잘하는 어떤 사람은 운동을 하지 않는다.

① 운동을 하는 사람은 게임을 많이 한다.
② 어떤 게임을 많이 하는 사람은 운동을 한다.
③ 어떤 운동을 하는 사람은 게임을 많이 하지 않는다.
④ 게임을 많이 하지 않는 어떤 사람은 공부를 잘한다.
⑤ 운동을 하는 사람은 공부를 잘하지 않는다.

풀이 STEP

[Step 1] 주어진 명제가 '(모든 or 어떤) A는 B다' 형식으로 구성됐는지 판단한다!

- 전제 찾기 문제
- 결론 명제 형식: '어떤 A는 B다'의 형식을 띄고 있다.
  ➔ 주연 / 부주연을 활용한 문제 풀이 방식을 사용한다.

[Step 2 ~ 3] 전제 & 결론 각 요소마다 도식(□, △, ○)을 표현한다!

- 결론 명제: □, ○ 사용 / △: 결론에 나오지 않는 요소
  전제 2에는 ○, △ 도식이 나와야 하므로 보기에서 □ 도식(공부)을 의미하는 보기는 모두 제거한다.

전제 1	공부를 잘하는 어떤 사람은 게임을 많이 하지 않는다.
전제 2	______________________
결론	공부를 잘하는 어떤 사람은 운동을 하지 않는다.

[Step 4 ~ 5] 결론, 전제의 긍정(+), 부정(−) 여부를 확인한다!

전제 1과 결론의 조합이 부정 & 부정이므로 전제 2의 긍정 / 부정 여부는 긍정(+)이 된다.
술어부가 부정인 보기들은 소거해 주어야 한다. 보기 3번은 부정으로 정답이 될 수 없어 소거해 주도록 한다.

전제 1	공부를 잘하는 어떤 사람은 게임을 많이 하지 않는다.	(−) 부정
전제 2	______________________	(+) 긍정
결론	공부를 잘하는 어떤 사람은 운동을 하지 않는다.	(−) 부정

[Step 6] 명제의 각 요소에 주연, 부주연을 표현한다!

전제 1과 결론 1의 술어부는 주연으로 빗금 표시를 하도록 한다.
(주연 요건: 주어부 ➔ 모든 / 술어부: 부정)

전제 1	공부를 잘하는 어떤 사람은 게임을 많이 하지 않는다.	(−) 부정
전제 2	______________	(+) 긍정
결론	공부를 잘하는 어떤 사람은 운동을 하지 않는다.	(−) 부정

[Step 7] 도식(△)은 적어도 한 개 이상 주연이 있어야 한다!

전제 1에서 △가 주연이기 때문에 전제 2에서는 주연 / 부주연 어떤 것이 나와도 상관없다. 그러므로 다음 Step으로 넘어간다.

[Step 8] 결론에서 주연인 도식(□, ○)은 전제에서도 반드시 주연이어야 한다!

정답 ①

결론의 도식(○)은 주연이기 때문에 전제 2에 나오는 ○ 도식도 반드시 주연이어야 한다. 그러므로 주연인 경우 '운동을 하는 모든 사람' 술어인 경우 '운동을 하지 않는다'가 나와야 한다. Step 4 ~ 5에서 긍정인 술어만 나와야 하는 것으로 정했으므로 보기에서 주어부가 '운동을 하는 사람'이라는 보기를 찾으면 된다. 따라서 정답은 1번이다.

Thinking Box

문제 풀기 전 생각하기

Q1. 어떤 유형이지?
A. 아! 전제 찾기 문제다!

Q2. 명제 스타일은?
A. '어떤 A는 B다' 형식이네?

Q3. 어떤 식으로 풀까?
A. '주연 / 부주연'으로 풀면 되겠네!

제시된 명제가 모두 참일 때, 다음 빈칸에 들어갈 명제로 가장 적절한 것은?

전제 1	매운 음식을 좋아하는 사람 중 떡볶이를 좋아하는 사람이 있다.
전제 2	______________________
결론	빨간 음식을 좋아하는 어떤 사람은 매운 음식을 좋아한다.

① 떡볶이를 좋아하는 모든 사람은 빨간 음식을 좋아한다.
② 빨간 음식을 좋아하는 사람은 떡볶이를 좋아하지 않는다.
③ 빨간 음식을 좋아하는 사람은 떡볶이를 좋아한다.
④ 빨간 음식을 좋아하는 어떤 사람은 떡볶이를 좋아한다.
⑤ 떡볶이를 좋아하는 사람은 빨간 음식을 좋아하지 않는다.

풀이 STEP

[Step 1] 주어진 명제가 '(모든 or 어떤) A는 B다' 형식으로 구성됐는지 판단한다!

- 전제 찾기 문제
- 결론, 전제 1 명제 형식: '어떤 A는 B다'의 형식을 띄고 있다.
  ➔ 주연 / 부주연을 활용한 문제 풀이 방식을 사용한다.

[Step 2 ~ 3] 전제 & 결론 각 요소마다 도식(□, △, ○)을 표현한다.

- 결론 명제: □, ○ 사용 / △: 결론에 나오지 않는 요소
  전제 2에는 □, △ 도식이 나와야 하므로 보기에서 ○ 도식(매운 음식)을 의미하는 보기는 모두 제거한다.

전제 1	매운 음식을 좋아하는 사람 중 떡볶이를 좋아하는 사람이 있다.
전제 2	______________________
결론	빨간 음식을 좋아하는 어떤 사람은 매운 음식을 좋아한다.

[Step 4 ~ 5] 결론, 전제의 긍정(+), 부정(−) 여부를 확인한다!

전제 1과 결론의 조합이 긍정 & 긍정이므로 전제 2의 긍정 / 부정 여부는 긍정(+)이 된다.
술어부가 부정(−)인 보기들은 소거해 주어야 한다.
주어진 보기를 확인해 보면 2, 5번은 부정으로 정답이 될 수 없기 때문에 소거해 주도록 한다.

전제 1 매운 음식을 좋아하는 사람 중 떡볶이를 좋아하는 사람이 있다. (+) 긍정
전제 2 ______________________
결론 빨간 음식을 좋아하는 어떤 사람은 매운 음식을 좋아한다. (+) 긍정

[Step 6] 명제의 각 요소에 주연, 부주연을 표현한다!

주어진 전제 1과 결론은 모두 부주연이기 때문에 따로 빗금 표시를 하지 않는다.

[Step 7] 적어도 한 개 이상 주연인 도식(△)이 있어야 한다!

정답 ①

전제 1에서 △는 부주연이기 때문에 전제 2에서 도식(△)은 반드시 주연이어야 한다. 그러므로 주어부에 '떡볶이를 좋아하는 모든 사람'이라는 명제가 나올 것을 예상할 수 있다. 따라서 정답은 1번이다. 나머지 보기(3번, 4번)는 △(떡볶이) 도식이 모두 부주연이기 때문에 답이 될 수 없다.

PART 1 명제추리

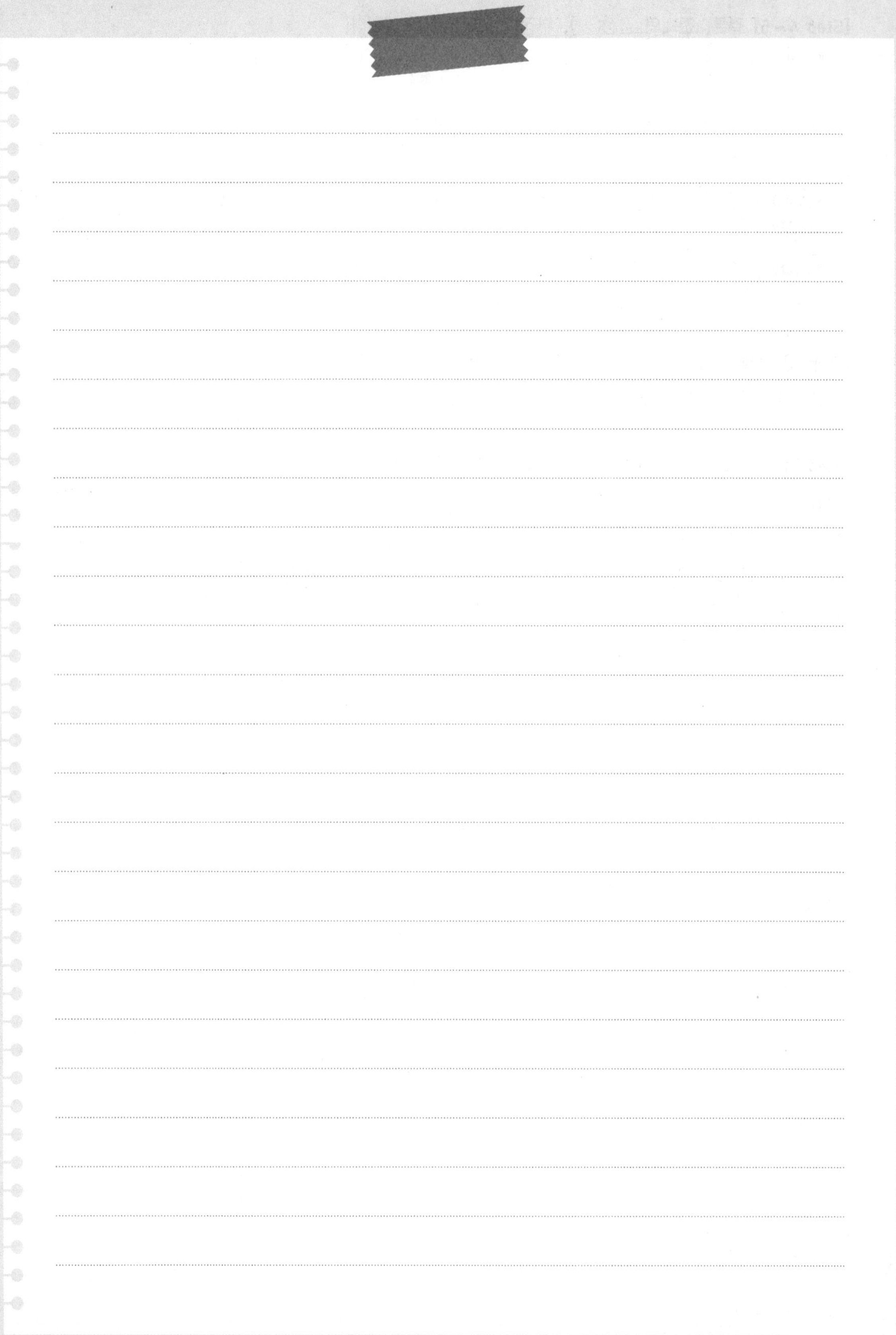

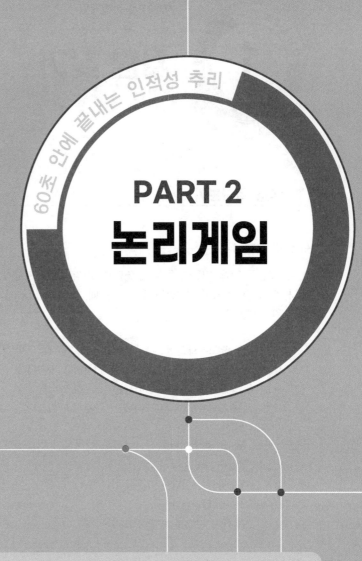

60초 안에 끝내는 인적성 추리

PART 2
논리게임

논리게임은 인적성과 NCS를 가리지 않고 가장 많이 출제되는 유형이며, 사실상 시험의 합격 여부를 결정짓는 중요한 유형이라고도 할 수 있다. 즉, 논리게임 문제 풀이 속도와 정확성을 높여야 필기시험의 합격률을 높일 수 있게 된다.

논리게임에서 나오는 대표적인 유형은 크게 네 가지로 나눌 수 있다.

유형 1 사람 찾기
유형 2 원탁 문제
유형 3 순서 찾기
유형 4 기타 논리게임

이번 PART에서는 명제 문제의 논리게임 유형들을 파악하고, 각 유형별로 어떻게 풀이할지 알아보도록 한다.

CHAPTER 1

사람 찾기

01 유형 알아보기

문제 유형 1

A ~ D사원은 각각 홍보부, 총무부, 영업부, 기획부 소속으로 3 ~ 6층의 서로 다른 층에서 근무하고 있다. 이들 중 한 명이 거짓말을 하고 있을 때, 다음 중 바르게 추론한 것은?(단, 각 팀은 서로 다른 층에 위치한다)

- A사원: 저는 홍보부와 총무부 소속이 아니며, 3층에서 근무하고 있지 않습니다.
- B사원: 저는 영업부 소속이며, 4층에서 근무하고 있습니다.
- C사원: 저는 홍보부 소속이며, 5층에서 근무하고 있습니다.
- D사원: 저는 기획부 소속이며, 3층에서 근무하고 있습니다.

① A사원은 홍보부 소속이다.
② B사원은 영업부 소속이다.
③ 기획부는 3층에 위치한다.
④ 홍보부는 4층에 위치한다.
⑤ D사원은 5층에서 근무하고 있다.

문제 유형 2

다음 글을 읽고 착한 사람들을 모두 고르면?(단, 5명은 모두 착한 사람과 또는 나쁜 사람 중 하나이며, 중간적인 성향은 없다)

- 예준: 나는 착한 사람이다.
- 재섭: 예준이가 착한 사람이면 준형이도 착한 사람이다.
- 기광: 준형이가 나쁜 사람이면 예준이도 나쁜 사람이다.
- 준형: 예준이가 착한 사람이면 동운이도 착한 사람이다.
- 동운: 예준이는 나쁜 사람이다.

A : 5명 중 3명은 항상 진실만을 말하는 착한 사람이고, 2명은 항상 거짓말만 하는 나쁜 사람이야. 위의 얘기만 봐도 누가 착한 사람이고, 누가 나쁜 사람인지 알 수 있지.
B : 위 얘기만 봐서는 알 수 없는 거 아냐? 아 잠시만. 알았다. 위 얘기만 봤을 때, 모순되지 않으면서 착한 사람이 3명일 수 있는 경우는 하나밖에 없구나.
A : 그걸 바로 알아차리다니 대단한데?

① 재섭, 기광, 동운
② 재섭, 기광, 준형
③ 예준, 재섭, 기광
④ 재섭, 준형, 동운

사람 찾기는 진실과 거짓말을 말하는 사람의 수(예 거짓말 1명, 진실 3명) 찾기 혹은 제약 조건을 주고 주어진 조건을 모두 충족시키는 보기를 고르는 유형이다. 이 유형은 많은 기업에서 출제되고 있으며 인적성시험에서 출제 빈도도 높다. 해당 유형에 대해 어려움을 느끼는 독자들이 많지만, 풀이 방법만 정확하게 이해한다면 풀이 시간을 단축시켜주는 효자 유형이기도 하다.

02 옥선생의 Step by Step 풀이법

순서대로 풀어보기

[Step 1] 문제를 읽고 조건들을 파악한다!

[Step 2] 가정 대상을 선정한다!

[Step 3] 가정과 조건의 모순 여부를 파악한다!

[Step 4] 모순 발생 여부를 확인한다!

Step 4에서 모순이 발생해 가정이 잘못됐을 경우 다음 보기로 Step 2부터 다시 진행한다.

일반적인 경우 범인 찾기 문제는 주어진 조건들의 모순을 찾는 방식으로 풀이한다. 그러나 옥선생의 풀이법에서는 모순을 활용하기도 하지만, 이보다는 **보기 및 조건의 '가정'**을 활용하여 문제를 풀 예정이다. '가정'을 활용한 방식을 사용하는 이유는 모든 문제들을 획일화된 방법으로 풀이함으로써 시험장에서 당황하지 않고 난관을 헤쳐나가기 위해서이다.
실제 시험장에서 난이도가 높은 문제에 직면하거나 긴장을 많이 하게 되면 모순을 찾지 못하는 일들이 빈번하게 발생한다. 만약 이런 문제가 발생한 경우 해당 문제뿐만 아니라 시험 전체에 영향을 줄 수 있기 때문에 '모순'을 사용하는 방법을 권장하지 않는다. 따라서 결론을 가정하여 문제 푸는 방식을 통해 반복 연습을 수행할 것이다. 개념만 정확히 이해하고 있다면 이를 다양한 유형에 적용할 수 있고, 이 풀이법을 통해 풀이 속도 및 정확성을 높일 수 있을 것이다.

대표 예제 1

5명의 취업 준비생 갑, 을, 병, 정, 무가 S그룹에 지원하여 그중 1명이 합격하였다. 취업 준비생들은 다음과 같이 이야기하였고, 1명이 거짓말을 하였다. 합격한 학생은 누구인가?

- 갑: 을은 합격하지 않았다.
- 을: 합격한 사람은 정이다.
- 병: 내가 합격하였다.
- 정: 을의 말은 거짓말이다.
- 무: 나는 합격하지 않았다.

① 갑 ② 을
③ 병 ④ 정
⑤ 무

풀이 STEP

[Step 1] 문제를 읽고 조건들을 파악한다!

모든 문제들은 조건을 파악하는 것에서부터 시작한다. 사람 찾기(거짓말하는 사람 찾기) 유형 같은 경우에는 문제와 조건을 빠르게 파악하는 것이 중요하다. 대표 예제 1의 조건은 다음과 같다.

1) 진실 / 거짓을 말하는 사람의 수 ➔ 지원자: 5명 / 합격자 1명 / 거짓말: 1명
2) 보기의 의미 ➔ 합격자

[Step 2] 가정 대상을 선정한다!

보기들을 가정하기에 앞서, 1번부터 5번 중에 정답이 있다는 것을 이해해야 한다. 즉, 갑 ~ 무 중에 합격자는 존재하며, 합격자를 가정했을 때 주어진 다섯 가지 조건 중 하나는 거짓이고 나머지 넷은 진실을 말하고 있어야 한다. 이런 개념으로부터 시작하여 각 보기들을 가정해 보자. 만약 합격자를 잘못 예측했다면 거짓말을 진술하는 조건이 하나가 아니라 두 개, 세 개가 될 수 있다. (모순 발생)

Ex 만약 보기 1번이 합격자라고 가정한다면, 갑 ~ 무의 주장 중 한 개는 거짓이고 나머지 주장은 진실이 된다.

그렇다면 보기들을 정답이라고 가정하여 문제들을 풀어보자.
보기 1번(갑)이 정답이라고 가정한 경우, 합격자는 갑이라는 것을 의미한다. 이렇게 합격자를 가정했다면 Step 3에서 모순 여부를 확인해 보자.

[Step 3] 가정과 조건의 모순 여부를 파악한다!

'갑'을 합격자로 가정했으니 이제 위 조건들의 참 / 거짓 여부를 쉽게 확인할 수 있을 것이다. 그렇다면 조건들을 하나씩 확인해 보자.

[가정: 합격자는 '갑'이다]

조건 1 갑: 을은 합격하지 않았다. [진실(T)]

➔ Step 2에서 '갑'을 합격자로 가정하였다. 그러므로 갑의 주장인 '을은 합격하지 않았다'는 진실(T)이 된다.

조건 2 을: 합격한 사람은 정이다. [거짓(F)]

➔ 문제에서 합격자는 1명이고, 그 중 우리는 '갑'을 합격자로 가정했다. 따라서 을의 주장인 '합격한 사람은 정이다'는 거짓(F)이 된다.

조건 3 병: 내가 합격하였다. [거짓(F)]

➔ 조건 2와 같은 이유로 병의 주장이 거짓(F)이 된다.

➔ 조건 3까지 참 / 거짓 여부를 확인해본 결과 거짓(F)이 2개가 발생했다. 이 의미는 문제에서 제시한 '거짓말하는 사람은 1명이다'라는 전제 조건에 위배된다. 즉, 문제에서 모순이 발생하였고 가정(합격자=갑)이 잘못된 것을 의미하므로 보기 1번은 답이 될 수 없다.

이렇게 모순이 발생하게 되면 그 이후 조건들은 확인하지 않고 Step 4로 넘어가면 된다.
그러나 정확한 이해를 위해 나머지 보기들도 확인해 보도록 하자.

조건 4 정: 을의 말은 거짓말이었다. [진실(T)]

➔ 을의 주장은 조건 2에서 거짓말(F)이라고 판단했기 때문에 정의 주장은 진실(T)이다.

조건 5 무: 나는 합격하지 않았다. [진실(T)]

➔ Step 2에서 합격자를 '갑'으로 가정하고 있기 때문에 무의 주장은 진실(T)이다.

실제 문제를 풀 경우에도 다음 표처럼 조건 옆에 T / F를 표기하여 직관적으로 표현하면 좋다. 판단한 조건들을 표로 표현하면 다음과 같다.

조건	합격자(갑)
갑: 을은 합격하지 않았다.	T
을: 합격한 사람은 정이다.	F
병: 내가 합격하였다.	F
정: 을의 말은 거짓말이었다.	T
무: 나는 합격하지 않았다.	T

[Step 4] 모순의 발생 여부를 확인한다!

모순 발생 여부에 따라 다음 Step이 달라진다. 만약 모순이 발생했다면 가정이 잘못된 것이고 다시 Step 2로 돌아가 다른 보기를 가정해야 한다. 반대로 모순이 발생하지 않았다면 올바른 가정을 한 것이므로 정답을 선정하면 된다.

- Case 1) 모순이 발생하지 않은 경우
  정답으로 가정한 보기를 답으로 선정
- Case 2) 모순이 발생한 경우
  보기 2번부터 5번까지 순차적으로 답으로 가정한 후 Step 2 ~ 4를 반복한다.

위에서 작성한 가정에는 모순이 발생했으므로, Step 2로 돌아가 다시 보기들을 가정하여 문제를 풀어보도록 하자.

[Step 2 ~ 4 반복 결과]

위 내용을 정확하게 이해했다면 보기 2번부터 5번까지 각각 정답으로 가정한 후 정답을 구해보자.

보기 1번부터 5번까지 Step 2 ~ 4를 반복하면 다음과 같은 표를 작성할 수 있다. 그 중 모순이 발생하지 않는 것은 보기 3번으로, 합격자가 병이라고 가정했을 경우이다.

따라서 위 문제의 정답은 3번인 것을 확인할 수 있다.

조건	합격자(갑)	합격자(을)	합격자(병)	합격자(정)	합격자(무)
갑: 을은 합격하지 않았다.	T	F	T	T	T
을: 합격한 사람은 정이다.	F	F	F	T	F
병: 내가 합격하였다.	F	F	T	F	F
정: 을의 말은 거짓말이었다.	T	T	T	F	T
무: 나는 합격하지 않았다.	T	T	T	T	F

아직 연습하는 단계이므로 문제를 풀이할 때 모든 보기들의 모순 결과를 확인해 보도록 하자.

PART 2 논리게임

대표 예제 2

체육 수업으로 인해 한 학급의 학생들이 모두 교실을 비운 사이 도난 사고가 발생했다. 담임 선생님은 체육 수업에 참여하지 않은 A ~ E 5명과 상담을 진행하였고, 이들은 다음과 같이 진술하였다. 이 중 2명의 학생은 거짓말을 하고 있으며, 거짓말을 하는 1명의 학생이 범인이다. 범인은 누구인가?

- A : 저는 그 시간에 교실에 간 적이 없어요. 저는 머리가 아파 양호실에 누워있었어요.
- B : A의 말은 사실이에요. 제가 넘어져서 양호실에 갔었는데, A가 누워있는 것을 봤어요.
- C : 저는 정말 범인이 아니에요. A가 범인이에요.
- D : B의 말은 모두 거짓이에요. B는 양호실에 가지 않았어요.
- E : 사실 저는 C가 다른 학생의 가방을 열어 물건을 훔치는 것을 봤어요.

① A ② B
③ C ④ D
⑤ E

풀이 STEP

[Step 1] 문제를 읽고 조건들을 파악한다!

먼저, 범인 찾기(사람 찾기) 유형의 중요한 요소들을 빠르게 파악해 보자.

- 총 인원 다섯 명, 거짓말하는 사람 두 명(진실 세 명), 거짓말한 사람 중 범인 한 명
- 보기의 의미: 물건 훔친 범인(거짓말 두 명 중 한 명)

[Step 2] 가정 대상을 선정한다!

보기 1번이 물건을 훔친 범인이라고 가정한 후 위 문제를 풀어보자.
(범인은 거짓말을 한 두 명 중 한 명이다.)
보기 1번(A)이 정답이라고 가정하게 되면 A는 거짓말을 한 사람이며, 범인이라는 것을 의미한다.
이렇게 가정을 했다면 Step 3에서 모순 여부를 확인해 보자.

[Step 3] 가정과 조건의 모순 여부를 파악한다!

A를 범인으로 가정을 했으니 이제 위 조건들의 참 / 거짓 여부를 쉽게 확인할 수 있을 것이다. 그렇다면 조건들을 하나씩 확인해 보자.

[범인: A로 가정]

조건 1 A: 저는 그 시간에 교실에 간 적이 없어요. 저는 머리가 아파 양호실에 누워있었어요
➔ Step 2에서 A를 거짓말을 하며, 물건을 훔친 범인으로 가정했다. 그러므로 A의 주장은 거짓(F)이 된다.

조건 2 B: A의 말은 사실이에요. 제가 넘어져서 양호실에 갔었는데, A가 누워있는걸 봤어요.
➔ Step 2에서 우리는 'A'를 거짓말하는 범인으로 가정하였다. 그런데 B의 말을 확인해 보면 A의 말이 사실이라고 말하고 있다. 이는 모순이 발생하므로 B의 주장은 거짓(F)이다.

위 두 개의 조건을 확인해본 결과 거짓말(F)을 하는 사람 두 명을 찾았다. 이제 남은 조건 세 개는 반드시 진실(T)이어야만 Step 2에서 한 가정(범인=A)에 모순이 발생하지 않게 된다.

조건 3 C: 저는 정말 범인이 아니에요. B는 양호실에 가지 않았어요.
➔ 범인은 1명이고 'A'가 범인으로 가정을 했기 때문에 C는 범인이 아니다. 그리고 B의 발언에 의해서 B는 양호실에 가지 않았다. 그러므로 C의 주장은 진실(T)이다.

조건 4 D: B의 말은 모두 거짓이에요. B는 양호실에 가지 않았어요.
➔ 위 조건 2에서 B의 발언은 거짓이라고 판단했기 D의 발언은 진실(T)이다.

조건 5 E: 사실 저는 C가 다른 학생의 가방을 열어 물건을 훔치는 것을 봤어요.
➔ 가정에서 'A'가 범인이고, 위 조건에서 C는 진실을 말하는 사람으로 판단하였다. 그러므로 E의 주장은 거짓(F)이다.

다섯 개의 조건들의 참 / 거짓 여부를 확인해본 결과 진실(T) 두 개, 거짓(F)이 세 개가 발생했다. 이는 곧 문제에서 제시한 '거짓말하는 사람은 두 명이다'라는 전제에 위배된다는 것을 의미한다. 즉, 문제에서 모순이 발생하였고 가정(범인=A)이 잘못되었다는 것이다. 따라서 보기 1번은 답이 될 수 없다.

위에서 판단한 조건들을 표로 표현하면 다음과 같이 나타낼 수 있다. 실제로 문제를 풀 경우에도 다음 표처럼 조건 옆에 T / F를 표기하면 직관적으로 표현할 수 있다. 거짓말을 한 사람들 중 범인은 빨간색으로 표시하였다. 이렇게 T / F만으로 모든 것을 표현하기 어려울 경우 동그라미 등 각자의 표기 방법으로 범인을 표시해보길 바란다.

주장	조건	범인(A)
A	저는 그 시간에 교실에 간 적이 없어요. 저는 머리가 아파 양호실에 누워있었어요	F
B	A의 말은 사실이에요. 제가 넘어져서 양호실에 갔었는데, A가 누워있는 걸 봤어요.	F
C	저는 정말 범인이 아니에요. B는 양호실에 가지 않았어요.	T
D	B의 말은 모두 거짓이에요. B는 양호실에 가지 않았어요.	T
E	사실 저는 C가 다른 학생의 가방을 열어 물건을 훔치는 것을 봤어요.	F

[Step 4] 가정이 잘못됐을 경우 다음 보기로 Step 2부터 다시 진행한다!

- Case 1) 모순이 발생하지 않은 경우
  정답으로 가정한 보기를 답으로 선정
- Case 2) 모순이 발생한 경우
  보기 2번부터 5번까지 순차적으로 답으로 가정한 후 Step 2 ~ 4를 반복한다.

[Step 2 ~ 4 반복 결과]

보기 1번부터 5번까지 Step 2 ~ 4를 반복하면 다음과 같은 표를 작성할 수 있다. 그 중 모순이 발생하지 않는 것은 보기 3번으로 범인을 'C'로 가정했을 경우이다. 따라서 이 문제의 정답은 3번이 된다.

주장	조건	범인(A)	범인(B)	범인(C)	범인(D)	범인(E)
A	저는 그 시간에 교실에 간 적이 없어요. 저는 머리가 아파 양호실에 누워있었어요.	F	F	T	T	T(F)
B	A의 말은 사실이에요. 제가 넘어져서 양호실에 갔었는데, A가 누워있는걸 봤어요.	F	F	T	T	T(F)
C	저는 정말 범인이 아니에요. B는 양호실에 가지 않았어요.	T	T	F	1T, 1F	F(T)
D	B의 말은 모두 거짓이에요. B는 양호실에 가지 않았어요.	T	T	F	F	F(T)
E	사실 저는 C가 다른 학생의 가방을 열어 물건을 훔치는 것을 봤어요.	F	F	T	F	F

➔ 범인이 D인 경우: C와 D의 진술 중 'B는 양호실에 가지 않았어요'라는 진술이 동일하다. 그렇기 때문에 D가 범인일 때 C의 발언은 거짓말(F)가 된다는 것을 알 수 있다. 그러나 C의 주장 중 첫 번째 주장 '저는 정말 범인이 아니에요'라는 진술은 D를 범인으로 가정했기 때문에 이 진술은 진실(T)가 된다. 이렇게 모순이 발생한 경우 정답이 될 수 없다.

➔ 범인이 E인 경우: E는 반드시 거짓을 말하고 있으며, 정답이 되기 위해서는 거짓말(F) 한 명, 진실(T) 세 명을 찾아야 한다. 그런데 (A & B), (C & D) 주장들을 확인해 보면 서로 연관관계가 존재하여 A & B, C & D는 같은 참 / 거짓을 나타내는 것을 알 수 있다. 따라서 E가 범인일 경우, 거짓말하는 사람이 한 명만 존재한다는 조건에 위배되므로 정답이 될 수 없다.

PART 2 논리게임

CHAPTER 2

원탁 문제

01 유형 알아보기

• 문제 유형 1 •

김 대리는 회의 참석자의 역할을 고려해 A ~ F 총 6명이 앉을 6인용 원탁 자리를 세팅 중이다. 다음 내용을 모두 만족하도록 세팅했을 때, 바로 옆 자리에 앉게 되는 조합은?

- 원탁 둘레로 6개의 의자를 같은 간격으로 세팅한다.
- A가 C와 F 중 한 사람의 바로 옆 자리에 앉도록 세팅한다.
- D의 바로 옆 자리에 C나 E가 앉지 않도록 세팅한다.
- A가 좌우 어느 쪽을 봐도 B와의 사이에 2명이 앉도록 세팅하고, B의 바로 왼쪽 자리에 F가 앉도록 세팅한다.

① A와 D
② A와 E
③ B와 C
④ B와 D
⑤ C와 F

• 문제 유형 2 •

K부서 A ~ E 다섯 명의 직원이 원탁에 앉아 저녁을 먹기로 했다. 다음 〈조건〉에 따라 원탁에 앉을 때, C직원을 첫 번째로 하여 시계방향으로 세 번째에 앉은 사람은?(단, C가 첫 번째 사람이다)

〈조건〉

- C 바로 옆 자리에 E가 앉고, B는 앉지 못한다.
- D가 앉은 자리와 B가 앉은 자리 사이에 1명 이상 앉아 있다.
- A가 앉은 자리의 바로 오른쪽은 D가 앉는다.
- 좌우 방향은 원탁을 바라보고 앉은 상태를 기준으로 한다.

① A
② B
③ D
④ E

원탁 문제는 제한된 조건을 주고 이 조건을 충족시키는 답을 찾는 대표적인 논리추리 유형이다. 이 유형의 가장 큰 특징은 조건들이 원탁에서 이루어진다는 점이다. 원탁 문제의 특징은 다음의 두 개가 대표적이다.

1) 사람의 배치가 대칭을 이룬다는 것(사람 수가 짝수일 때)

2) 사람의 좌우 관계(사람 기준)

특징들을 정확하게 이해하고, 다양한 문제 풀이를 통해 원탁 문제 유형을 파악하도록 하자.

02 옥선생의 Step by Step 풀이법

순서대로 풀어보기

[Step 1] 원탁 모양 그리기!

[Step 2] 조건 도식화하기!

[Step 3] 원탁 모양에 조건 적용하기!

[Step 4] 정답 고르기!

대표 예제 1

김 대리는 회의 참석자의 역할을 고려해 A~F 총 6명이 앉을 6인용 원탁 자리를 세팅 중이다. 다음 내용을 모두 만족하도록 세팅했을 때, 바로 옆 자리에 앉게 되는 조합은?

- 원탁 둘레로 6개의 의자를 같은 간격으로 세팅한다.
- A가 C와 F 중 한 사람의 바로 옆 자리에 앉도록 세팅한다.
- D의 바로 옆 자리에 C나 E가 앉지 않도록 세팅한다.
- A가 좌우 어느 쪽을 봐도 B와의 사이에 2명이 앉도록 세팅하고, B의 바로 왼쪽 자리에 F가 앉도록 세팅한다.

① A와 D
② A와 E
③ B와 C
④ B와 D
⑤ C와 F

풀이 STEP

[Step 1] 원탁 모양 그리기!

원탁 문제는 문제에 나오는 사람의 수만큼 그림으로 표현해야 직관적으로 풀 수 있다.

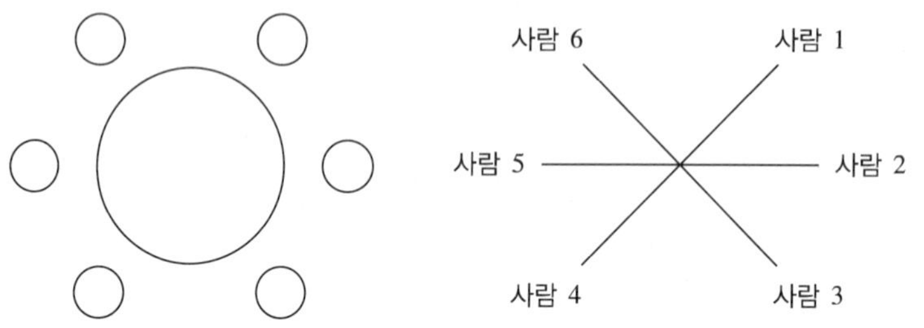

원탁 문제를 풀 때 실제 원탁의 모양을 그리는 수험생들이 많다. 그러나 왼쪽처럼 동그라미를 통해 원탁을 그리게 되면 그림을 그리는 데 많은 시간을 소요할 뿐만 아니라 원탁 그림을 정확하게 그리기 어려워, 대칭 요소를 제대로 파악하지 못할 수 있다. 이런 문제를 보완하기 위해 오른쪽 그림과 같이 직선을 통해 원판의 모양을 표현한다. 직선을 통해 원판의 모양을 표현하게 되면 원탁 유형에서 자주 나오는 조건인 'A와 B는 마주보고 있다'와 같은 대칭 관련 조건을 좀 더 직관적으로 파악하고 실수를 최소화할 수 있다.

[Step 2] 조건 도식화하기!

추리 영역에서는 조건들을 직관적으로 표현하는 것이 매우 중요하다. 사람마다 표현하는 방식이 다르기 때문에 직관적으로 파악할 수 있는 자신만의 도식을 만드는 것도 좋다. 단, 표현 방식이 모호하다면 풀이 시 실수를 유발할 수 있다. 특별한 표기 방법이 없다면 옥선생의 표기 방법을 참고하고, 연습문제를 통해 다양한 Case들에 대해 익혀보도록 하자. 다시 한 번 말하지만 이 도식화는 시간을 들이더라도 반드시 정확하게 표현하는 것이 중요하다.

NO	조건	도식화
1	원탁 둘레로 6개의 의자를 같은 간격으로 세팅한다.	없음
2	A가 C와 F 중 한 사람의 바로 옆 자리에 앉도록 세팅한다.	AC or CA AF or FA CAF or FAC X
3	D의 바로 옆자리에 C나 E가 앉지 않도록 세팅한다.	_D_ C(x), E(x)
4	A가 좌우 어느 쪽을 봐도 B와의 사이에 2명이 앉도록 세팅하고, B의 바로 왼쪽 자리에 F가 안도록 세팅한다.	A ↔ B FB

- 조건 1: 원탁 문제임을 말하는 것임으로 따로 도식화하지 않는다.
- 조건 2: A가 C와 F 중 한 사람의 바로 옆자리에 앉는다고 하였다.
  그러므로 AC or CA, AF or FA가 될 수 있다는 것을 의미한다. 이렇게 도식을 길게 쓰기 싫은 경우에는 화살표를 활용하여 도식화하는 수도 있으니 자신만의 도식을 만드는 데 참고하길 바란다.
  추가적으로 조건 2에서 A가 C와 F 중 '한 사람'의 옆자리라고 하였다. 그렇기 때문에 A 양 옆에 C와 F가 오는 경우의 수는 불가능하다는 것을 CAF or FAC X로 표현하였다.
- 조건 3: D의 옆자리에 C나 E가 앉지 못하도록 표현해야 한다.
  D의 옆자리를 '_'를 통해 표현을 하고 그 사이에 C와 E가 앉지 못한다는 것을 표현할 수 있다.
- 조건 4: 이 조건은 두 개의 조건이 하나로 합쳐 있는 조건이다.
  첫 번째 조건은 A가 좌우 어느 쪽으로 봐도 B 사이에 두 명이 있다는 것이고, 두 번째 조건은 B의 왼쪽 자리에 F가 있다는 것이다.
  총 인원이 여섯 명이고 A와 B 사이에 두 명이 있다는 것은 A와 B가 마주보고 있다는 것을 의미한다. 이처럼 마주보고 있는 것을 돌려 표현하는 경우도 있으니 주의하기 바란다. 원탁에서 마주보는 조건들은 '↔' 기호를 사용하여 표현한다.
  두 번째 조건은 B의 왼쪽 자리에 F가 있다는 것으로 'FB'로 표현한다.

[Step 3] 원탁 모양에 조건 적용하기!

조건들을 모두 도식화 하였다면 이제 문제에 주어진 조건들은 보지 않고 도식만 보고 문제를 풀 수 있어야 한다. 만약 도식 표현이 애매하여 다시 주어진 조건들을 읽어야 한다면 도식화 방법에 문제가 있는 것이니 확인해 보도록 하자.

그렇다면 이제 어떤 조건들을 먼저 표기할 것인지에 대해 의문이 들 것이다. 이때는 어디에 배치하더라도 상관없는 조건을 가장 먼저 위치시킨다. 예를 들어 조건 4에 A와 B가 마주보기 있다는 조건은(A ↔ B) 원판이 대칭 모형이기 때문에 어디에 배치하더라도 같은 것임을 알 수 있다. 이런 조건들을 가장 먼저 적용하도록 한다.

1) A ↔ B

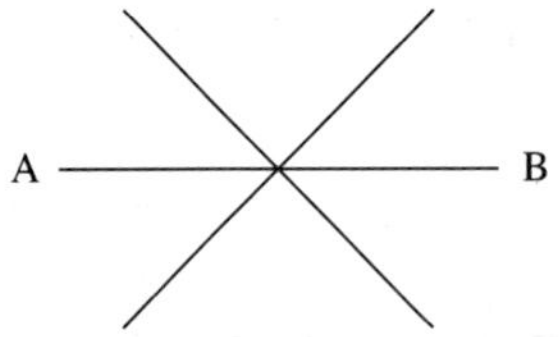

원판의 모양은 대칭이기 때문에 아무 곳이나 A & B를 배치해도 상관없다.

2) FB

조건들을 표시했다면 표시된 요소(A, B)와 연관된 조건들을 순차적으로 표시해주면 된다. 위 문제에서는 조건 2, 조건 4가 A와 B와 연관된 조건이다. 그렇다면 이 중 어떤 것을 택해야 할까? 바로 좀 더 명확한 것들을 표시해 주면 된다. 조건 2는 A 옆에 C 또는 F가 앉게 된다. 그러므로 여러 Case들을 고려해주어야 한다. 그에 반해 조건 4는 B 왼쪽에 F가 존재하므로 한 가지 결과만 나오게 된다. 만약 명확한 Case가 없다면 다양한 Case의 원탁을 그려 주어야 한다.

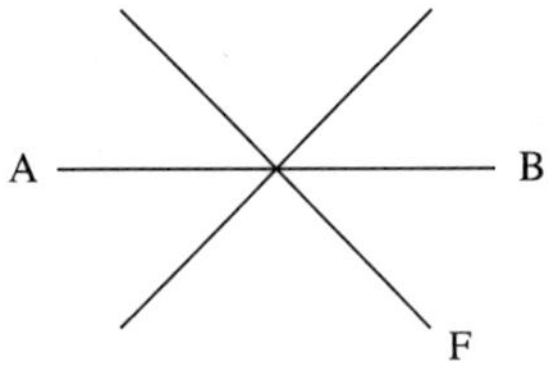

3) (AC, CA) or (AF, FA), CAF or FAC ×

다음으로 표현할 도식은 2번이다. 조건 2번 같은 경우 확정된 조건이 아니라, 두 가지 케이스를 나눠 확인해야 하는 조건이다. 이런 조건들이 문제의 난이도를 높이고 실수를 유발하는 대표적인 유형이라고 할 수 있다. 이런 경우 아이러니 하게도 머리로 한 번 더 생각하는 것보다 원탁을 하나 더 그리는 것이 시간을 줄이는 가장 좋은 방법이다. 그림을 그리는 시간이 아깝고 불필요하다고 생각할 수 있지만, 문제를 풀다 보면 머릿속으로 생각하는 시간이 생각보다 느리다는 것을 깨닫게 될 것이다.

위 내용을 바탕으로 원탁에 조건들을 표현하게 되면 A 양 옆에 C가 존재할 수 있는 Case 두 개가 존재한다. 이런 Case들을 모두 도식으로 표현하기 위해 원탁 모양을 두 개 그리고 C를 양쪽에 표현해준다.

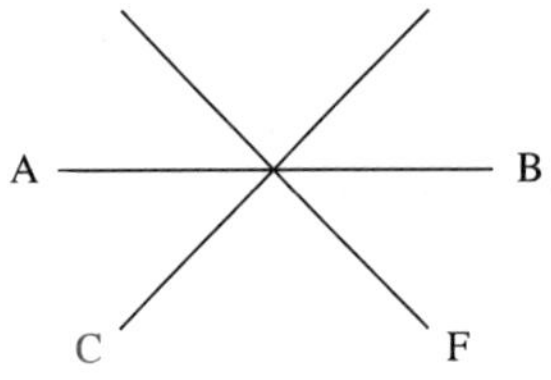

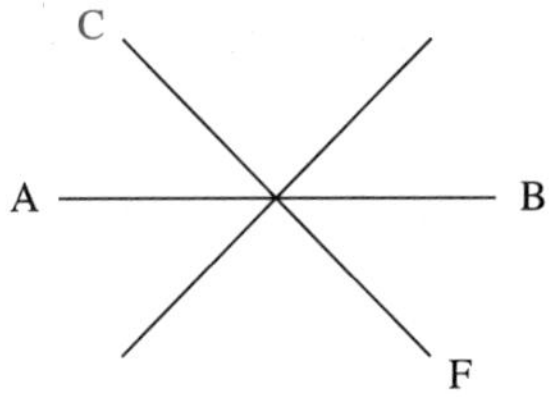

4) _D_ (C, E ×)

이제 남은 조건들을 원탁에 표시를 해주면 된다. 조건 3번을 확인해 보면 D는 C, E와 붙어 있을 수 없기 때문에 A의 오른쪽에 D가 배치되고, 남은 자리에 E가 앉게 된다. D가 A의 오른쪽에 배치되지 않는 경우 D와 C 또는 E가 반드시 이웃하게 되므로 조건을 충족하지 못한다.

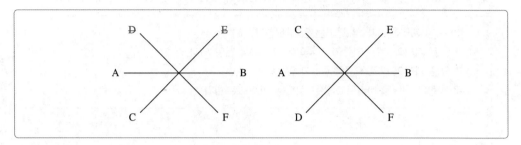

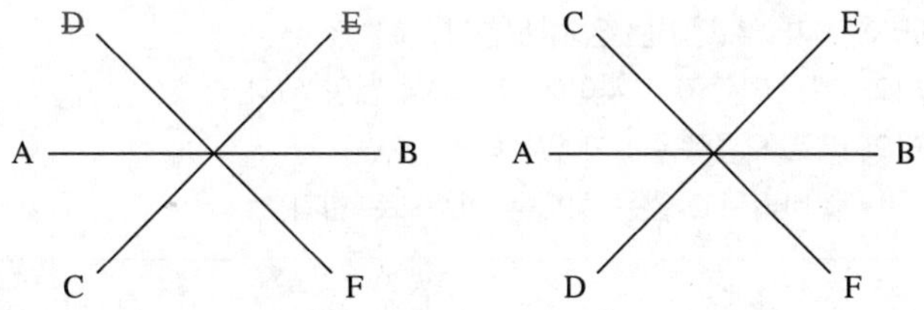

[Step 4] 정답 고르기!

정답 ①

위 그림을 보고 정답을 고르게 되면 보기 1번(A와 D)이 바로 옆자리에 앉게 되는 것을 확인할 수 있다.

대표 예제 2

K부서 A ~ E 다섯 명의 직원이 원탁에 앉아 저녁을 먹기로 했다. 다음 〈조건〉에 따라 원탁에 앉을 때, C직원을 첫 번째로 하여 시계방향으로 세 번째에 앉은 사람은?(단, C가 첫 번째 사람이다)

- C 바로 옆 자리에 E가 앉고, B는 앉지 못한다.
- D가 앉은 자리와 B가 앉은 자리 사이에 1명 이상 앉아 있다.
- A가 앉은 자리의 바로 오른쪽은 D가 앉는다.
- 좌우 방향은 원탁을 바라보고 앉은 상태를 기준으로 한다.

① A ② B
③ D ④ E

풀이 STEP

[Step 1] 원탁 모양 그리기!

사람의 수가 홀수일 때는 마주보는 조건이 나오지 않기 때문에 대칭을 신경 써서 그려주지 않아도 된다. 이전 문제에서도 선분을 통해 원탁 모양을 그렸기 때문에 다음 그림과 같이 원탁을 그리도록 한다. 하나의 직선이 두 개의 요소를 나타내기 때문에 두 개의 직선을 그린 후 짧은 선을 추가하여 원탁 모양을 표현할 수 있다. 모양이 예쁘지 않더라도 실제 문제 풀이할 때는 시간을 조금이라도 줄이는 방법 중 하나이다.

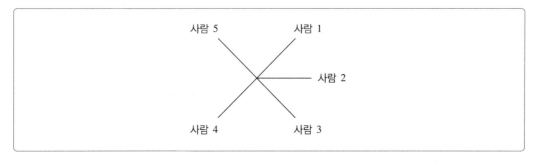

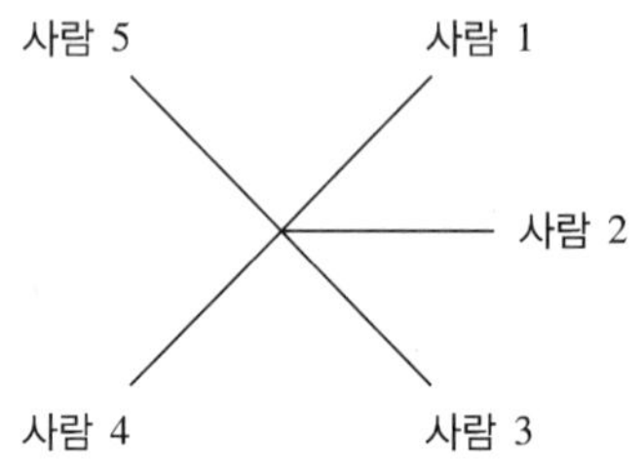

[Step 2] 조건 도식화하기!

NO	조건	도식화
1	C바로 옆 자리에 E가 앉고, B는 앉지 못했다.	CE or EC _C_ ➔B(x)
2	D가 앉은 자리와 B가 앉은 자리 사이에 1명 이상 앉아 있다.	BD or DB (x)
3	A가 앉은 자리의 바로 오른쪽은 D가 앉는다.	AD
4	좌우 방향은 원탁을 바라보고 앉은 상태를 기준으로 한다.	도식 없음

위 표를 보면 조건 1, 3, 4에 대하여 어렵지 않게 도식화할 수 있을 것이다. 그러나 조건 2번 같은 경우 의문을 가질 수 있다.

두 번째 조건을 보면 D와 B 사이에 한 명 이상이 있다고 하였다. 이를 원탁에 적용해 보면 B와 D가 붙어있지 않는 상황에서는 항상 B와 D 사이에 한 명 이상이 앉아 있다. 그러므로 위 조건을 BD or DB(x)처럼 작성하였다. 이렇게 조건을 좀 더 단순하게 도식화한다면 문제를 좀 더 빠르고 정확하게 풀 수 있을 것이다.

[Step 3] 원탁 모양에 조건 적용하기!

1) AD (조건 3)

어디에 배치하더라도 상관없는 조건을 가장 먼저 배치해 준다. 도식 AD는 다른 조건과 상관없는 것이므로 가장 먼저 그림에 표시하도록 한다. 이때 AD 도식은 원탁 특성(대칭)에 의해 어디에 배치하든 상관없다.

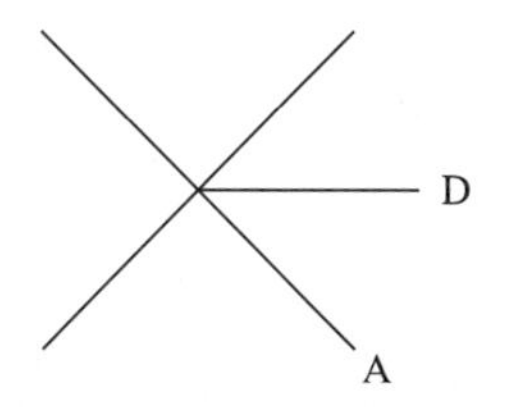

2) DB or BD (X) (조건 2)

조건들을 표시했다면 표시된 요소(A, D)와 연관된 조건들을 순차적으로 표시해주면 된다. 도식화된 내용을 보면 조건 2의 도식(DB(X))의 내용이 요소 D와 연관이 있는 것을 알 수 있다. 그런데 조건 2는 D와 B와 붙어 있지만 않으면 되기 때문에 2가지 경우의 수가 나오게 된다. 이럴 때는 고민하지 말고 두 개의 표를 그리는 것이 풀이 시간을 단축하는 것이라고 언급한 적이 있다. 그림을 하나 더 그리는 데 시간은 거의 소모되지 않으니 반드시 그려주도록 하자.

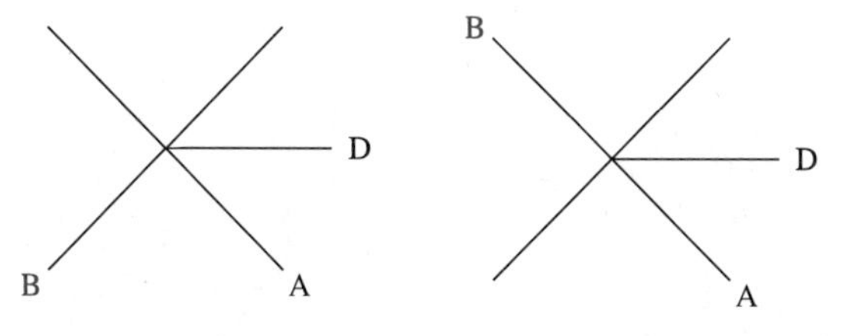

3) CE or EC & _C_ ➔ B(x) (조건 1)

이제 남은 조건들을 원탁에 표시해 준다. 이때 C와 E는 반드시 붙어 있어야 하고, C와 B는 붙어있으면 안 된다. 따라서 위 조건을 만족하도록 각 요소들을 원탁에 그리면 다음 그림과 같다.

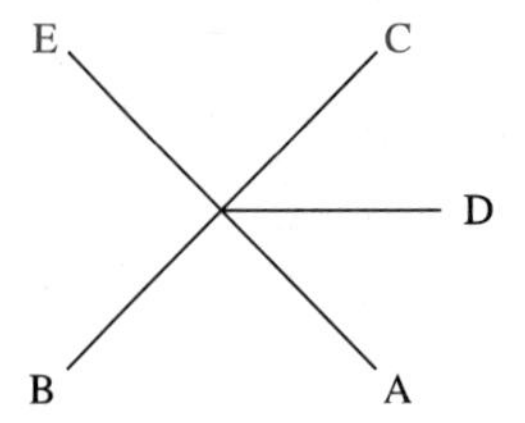

[Step 4] 정답 고르기!

정답 ①

C를 첫 번째로 하여 시계방향으로 세 번째는 A인 것을 확인할 수 있다.

PART 2 논리게임

CHAPTER 3

순서 찾기

01 유형 알아보기

● 문제 유형 1 ●

A ~ E 5명이 줄을 서 있다. 다음 조건을 만족해야 한다고 할 때, 바르게 짝지어진 것은?(단, 맨 앞을 1번으로 하여 차례대로 번호를 부여한다)

- A와 C는 이웃해 서 있고, C와 D는 이웃해 서 있지 않다.
- A와 B 사이에는 두 명이 서 있다.
- B는 3번이나 4번에는 서 있지 않다.
- E는 2번이나 3번에, D는 5번에 서 있다.

① 1 – A
② 2 – B
③ 3 – C
④ 3 – D
⑤ 3 – E

● 문제 유형 2 ●

S사의 갑, 을, 병, 정은 각각 다른 팀에 근무하는데, 각 팀은 2층, 3층, 4층, 5층에 위치하고 있다. 다음 조건을 참고할 때, 항상 참인 것은?

- 갑, 을, 병, 정 중 2명은 부장, 1명은 과장, 1명은 대리이다.
- 대리의 사무실은 을보다 높은 층에 있다.
- 을은 과장이다.
- 갑은 대리가 아니다.
- 갑의 사무실이 가장 높다.

① 부장 중 한 명은 반드시 2층에 근무한다.
② 갑은 부장이다.
③ 대리는 4층에 근무한다.
④ 을은 2층에 근무한다.
⑤ 병은 대리이다.

순서 찾기는 주어진 조건에 따라 순서를 정하는 추리 유형이다. 대표적으로 달리기 등수, 출근시간 순서, 아파트 거주 층수 확인 등의 문제가 있다. 이런 유형 같은 경우 표의 형식이 간단하기 때문에 어렵지 않게 문제를 풀 수 있다. 단, 문제를 빠르고 정확하게 풀이하기 위해선 주어진 조건들을 간단하게 표시할 수 있는 능력이 중요하다. 문제 유형 및 연습문제를 통해 순서 찾기를 이해해 보도록 하자.

02 옥선생의 Step by Step 풀이법

순서대로 풀어보기

[Step 1] 사람 인원 파악 후 표기하기!

[Step 2] 조건 도식화하기!

[Step 3] 표에 도식 작성하기!

[Step 4] 정답 고르기!

대표 예제 1

A ~ E 5명이 줄을 서 있다. 다음 조건을 만족해야 한다고 할 때, 바르게 짝지어진 것은?(단, 맨 앞을 1번으로 하여 차례대로 번호를 부여한다)

- A와 C는 이웃해 서 있고, C와 D는 이웃해 서 있지 않다.
- A와 B 사이에는 두 명이 서 있다.
- B는 3번이나 4번에는 서 있지 않다.
- E는 2번이나 3번에, D는 5번에 서 있다.

① 1 – A
② 2 – B
③ 3 – C
④ 3 – D
⑤ 3 – E

풀이 STEP

[Step 1] 사람 인원 파악 후 표기하기!

순서 찾기 문제의 경우 먼저 사람 인원수를 파악하고, 표의 형식을 작성해야 한다. 위 문제의 경우 A ~ E 다섯 명의 사람이 문제에 제시되고 이들을 일렬로 줄 세우고 있다. 순서 찾기의 경우 간단한 표 형식으로 문제를 풀 수 있기 때문에 다음과 같은 표 형식을 문제 아래 공백 자리에 작성하도록 한다. 다음 그림은 이해를 위해 표를 그린 것이며 실제 시험에서는 표를 완벽히 그릴 시간이 없기 때문에 값(1 ~ 5)들만 간단하게 적어주도록 한다.

1	2	3	4	5

[Step 2] 조건 도식화하기!

A와 C는 이웃해 서 있고, C와 D는 이웃해 서 있지 않다.	AC or CA, C ↔ D
A와 B 사이에는 두 명이 서 있다.	A _ _ B or B_ _A
B는 3번이나 4번에는 서 있지 않다.	B=3, 4 (×)
E는 2번이나 3번에, D는 5번에 서 있다.	E=2, or 3 (○) / D=5

표를 완성했다면 주어진 조건들을 직관적인 도식으로 표현해 주어야 한다. 조건들을 도식화할 때는 자신만의 방식으로 표현을 해도 되나, 도식을 보고 조건들을 직관적으로 떠오르지 못한다면 잘못된 표현이므로 수정해 주자. 옥선생은 다음 표와 같이 도식을 작성하였다.

이때 3번과 4번 조건처럼 순서에 직접적으로 영향을 주는 내용들은 Step 1에서 작성한 순서 표에 표시하는 게 효과적이다. 따라서 조건 3, 4는 따로 도식을 정리하지 않고 다음 순서 표에 적어주도록 하자. 이렇게 함으로써 실수를 최소화하고, 조건을 2번 적는 일들을 막을 수 있다.

이때 조건 3은 B가 3번이나 4번에 서 있지 않다고 했으나, 직관성을 위해 서 있는 조건으로 표기하였다. 물론 서 있지 않은 조건으로 도식을 표기해도 무방하다. 다시 한 번 말하지만 표기 방법에는 정답이 없으며 자신이 직관적으로 이해하기 좋은 방법을 사용해야 한다.

B, E(X)	B, E	E, B(X)	B(X), E(X)	
1	2	3	4	5
				D

[Step 3] 표에 도식 작성하기!

Step 2에서 조건들을 모두 표현했다면 순서 표에 도식들을 적용해야 한다. Step 2에서 조건 3, 4는 적용하였고 나머지 조건 1, 2를 적용해 보자. 우리가 도식을 표현해야 하는 것들은 총 세 개로 다음과 같다.

1) AC or CA → A와 C가 이웃해 있다.

2) C ↔ D → C와 D는 이웃해 있지 않다.

3) A _ _ B or B _ _ A → A와 B 사이에 2명이 있다.

그렇다면 이중 어떤 것을 먼저 도식에 표시하는 것이 좋을까? 이 질문의 답은 **'경우의 수가 가장 적은 것'**이다. 문제 예시를 통해 도식 과정을 비교해보자.

[AC or CA 도식을 먼저 표시한 경우]

B, E(X)	B, E	E, B(X)	B(X), E(X)	
1	2	3	4	5
A	C			D
C	A			
	A	C		
	C	A		
		A	C	
		C	A	

[A _ _ B를 먼저 표시한 경우]

4번 위치에 B가 올 수 없기 때문에 다음 한 가지 경우만 표현할 수 있다.

B, E(X)	B, E	E, B(X)	B(X), E(X)	
1	2	3	4	5
B			A	D

이렇게 어떤 조건을 선정하는지에 따라 경우의 수를 최소화할 수 있다. 100% 딱 들어맞는 것은 아니지만, 보통 이웃 조건(A와 C가 이웃이다)보다는 이웃하지 않은 조건(A와 C사이에 1명이 있다)이 대체적으로 경우의 수가 더 적다.

나머지 두 개의 조건들은 각자 표시해 보도록 하자. 위에서 A _ _ B 도식을 표시하면서 경우의 수가 한 개밖에 나오지 않았기 때문에 나머지 도식들은 어렵지 않게 표에 표시할 수 있을 것이다.

B, E(X)	B, E	E, B(X)	B(X), E(X)	
1	2	3	4	5
B	E	C	A	D

A와 C는 이웃해 있다는 조건에 의해서 C는 3번에 위치하게 되고, 나머지 두 번째 순서로는 E가 배치되게 된다.

[Step 4] 정답 고르기!

정답 ③

위 표를 바탕으로 문제의 정답을 구하면 답은 3번(3번 자리에 C)이다.

대표 예제 2

S사의 갑, 을, 병, 정은 각각 다른 팀에 근무하는데, 각 팀은 2층, 3층, 4층, 5층에 위치하고 있다. 다음 조건을 참고할 때, 항상 참인 것은?

- 갑, 을, 병, 정 중 2명은 부장, 1명은 과장, 1명은 대리이다.
- 대리의 사무실은 을보다 높은 층에 있다.
- 을은 과장이다.
- 갑은 대리가 아니다.
- 갑의 사무실이 가장 높다.

① 부장 중 한 명은 반드시 2층에 근무한다.
② 갑은 부장이다.
③ 대리는 4층에 근무한다.
④ 을은 2층에 근무한다.
⑤ 병은 대리이다.

풀이 STEP

[Step 1] 사람 인원 파악 후 표기하기!

사람 찾기 문제의 경우 먼저 인원수를 파악하고, 표의 형식을 작성해야 한다.

- 인원수: 네 명
- 특이사항: 2층부터 시작

주어진 문제들의 조건은 표로 나타내면 다음과 같다.

층수	사람
5층	
4층	
3층	
2층	

[Step 2] 조건 도식화하기!

인원수만큼 표를 완성했다면 주어진 조건들을 직관적인 도식으로 표현해야 한다. 위 문제의 조건을 확인해 보면 단순히 순서(층수)를 나타내는 것만 있는 게 아니라 **직급과 사람** 조건들이 섞여 있다는 것을 알 수 있다. 그렇기 때문에 위에 만들어진 표에서 직급이라는 조건이 추가될 것이라고 예상하면서 문제를 풀어야 한다.

층수	사람	직급
5층		
4층		
3층		
2층		

이제 위 조건들을 표시하여 문제를 풀어보자.

> **조건 1** 갑, 을, 병, 정 중 2명은 부장, 1명은 과장, 1명은 대리이다.

조건 1을 표현하게 되면 다음과 같이 표현할 수 있다. 이 내용은 문제를 풀이하는 데 있어서 상당히 중요한 요소로 적용되는 경우가 많으니 주의하도록 하자.

〈도식〉

부장	과장	대리
2	1	1

> **조건 2** 대리의 사무실은 을보다 높은 층에 있다.

〈도식〉

사람	직급
	대리
V	
을	

조건 2를 도식으로 표현하면 위처럼 표현할 수 있다. 이때 도식 V의 의미에 대해 정확히 이해할 필요가 있다. V는 위치의 차이가 존재하며, 도식에서 한 개 이상의 차이가 존재한다는 것을 의미한다. 즉, '대리'와 '을'은 1층 차이가 날 수도 있고 2층 이상 차이가 날 수도 있다. 만약 조건 2의 내용이 '대리의 사무실은 을보다 1층 높다'로 했다면 'V' 표시 없이 다음 표처럼 작성했을 것이다.

사람	직급
	대리
을	

(대리의 사무실은 을 위에 있다.)

이처럼 층수가 붙어있는지, 떨어져 있는지에 따라 문제의 정답이 달라질 수 있으므로 도식을 표현할 때 유의하도록 하자.

> **조건 3** 을은 과장이다.

조건 3을 도식으로 표현할 경우 다음처럼 단순하게 적을 수 있다.

사람	직급
을	과장

하지만 도식을 적기 전 기존에 작성한 도식을 활용할 수 있다면 최대한 활용하는 것이 좋다. 조건 2에서 을과 관련된 조건이 나왔으므로 위에서 작성한 도식에 조건 3을 추가하도록 하자.

사람	직급
	대리
V	
을	과장

이렇게 하나의 도식에 많은 조건들을 표현할 수 있다면 조건들 간의 상관관계를 직관적으로 파악할 수 있어 문제를 좀 더 빠르고 정확하게 풀 수 있다.

> **조건 4** 갑은 대리가 아니다.

네 번째 조건도 마찬가지로 위 조건을 활용하여 다음과 같이 도식화할 수 있다.

사람	직급
갑 ×	대리
V	
을	과장

그렇다면 이제 마지막으로 조건 5를 확인해 보자.

> **조건 5** 갑의 사무실이 가장 높다.

조건 5를 도식화한다면 여러 가지 방법이 있을 수 있다.
하나의 예로 '갑=5층' 같은 식으로 작성할 수 있을 것이다. 물론 이 방법이 틀린 방법은 아니다. 그러나 인적성시험은 빠르게 푸는 것이 매우 중요하고, 도식화 또한 최소화하는 것이 중요하다. 그렇기 때문에 조건 5는 Step 1에서 작성한 도표를 활용하여 도식화한다.

층수	사람	직급
5층	갑	
4층		
3층		
2층		

이렇게 도식화한 내용을 정리해 보자. 실제 시험이라면 위 도식 내용들을 본인이 정확히 알아볼 수 있도록 정리하도록 하자.

조건 1)

부장	과장	대리
2	1	1

조건 2 ~ 4)

사람	직급
갑 ×	대리
∨	
을	과장

조건 5) Step 1 표에 직접 작성

[Step 3] 표에 도식 작성하기!

Step 2에서 조건들을 모두 표현했다면 순서 표에 도식들을 적용해야 한다. Step 3에서는 도식화한 내용만 보고 문제를 풀 수 있도록 연습해야 한다. 그렇다면 위 도식을 표에 적용해 보자.

작성한 도식에서 대리는 갑이 아니기 때문에 5층에 있는 갑은 대리가 될 수 없으므로, 경우의 수를 나눠서 표를 작성해야 한다. 표를 여러 개 그리는 게 부담스러울 수 있지만, 머리로 계산하는 것보다 손을 빠르게 움직이는 것이 정확도와 풀이 속도를 올리는 좋은 방법이다.

사람	직급
갑 ×	대리
∨	
을	과장

이때 경우의 수를 하나씩 확인해 보자.

- Case 1)

층수	사람	직급
5층	갑	대리 ×
4층		대리
3층	을	과장
2층		

- Case 2)

층수	사람	직급
5층	갑	대리 ×
4층		대리
3층		
2층	을	과장

• Case 3)

층수	사람	직급
5층	갑	대리 ×
4층		
3층		대리
2층	을	과장

이렇게 경우의 수를 모두 나누었다면 조건 1을 활용해 보자. 그러면 주어진 모든 조건을 활용한 것이다. 조건 1의 내용을 보면 대리와 과장은 각각 1명씩 존재하며, 현재 위에서 작성한 3가지의 Case들은 모두 과장 & 대리가 한 번씩 출연했다. 그러므로 직급에 채워지지 않은 공란들은 모두 부장이라는 것을 알 수 있다.

이를 표로 작성하면 다음처럼 나타낼 수 있다.

• Case 1)

층수	사람	직급
5층	갑	부장
4층		대리
3층	을	과장
2층		부장

• Case 2)

층수	사람	직급
5층	갑	부장
4층		대리
3층		부장
2층	을	과장

• Case 3)

층수	사람	직급
5층	갑	부장
4층		부장
3층		대리
2층	을	과장

문제를 풀다 보면 주어진 표를 다 채우지 못하는 경우가 발생한다. 이때 주어진 조건들을 모두 표현했다면, 걱정하지 말고 다음 Step으로 넘어가도록 하자. 이전의 과정들을 모두 정확히 수행했다면 정답을 고르는 데 어려움은 없을 것이다.

[Step 4] 정답 고르기!

정답 ②

이제 작성한 표를 보며 보기들을 하나씩 확인해 보자.

① 부장 중 한 명은 반드시 2층에 근무한다.

➔ Case 2, 3에서 2층에는 과장이 있다. (오답)

② 갑은 부장이다.

➔ Case 1 ~ 3에서 모두 갑은 부장이다. (정답)

③ 대리는 4층에 근무한다.

➔ Case 3을 보면 4층에는 부장이 올 수 있다. (오답)

④ 을은 2층에 근무한다.

➔ Case 1에서 을은 3층에 근무하게 된다. (오답)

⑤ 병은 대리이다.

➔ 병은 대리 or 부장이다. 주어진 조건으로는 병이 대리라고 확정지을 수 없다. (오답)

CHAPTER 4 기타 논리게임

01 유형 알아보기

문제 유형 1

회사원 K씨는 건강을 위해 평일에 다양한 영양제를 먹고 있다. 요일별로 비타민 B, 비타민 C, 비타민 D, 칼슘, 마그네슘을 하나씩 먹는다고 할 때, 다음에 근거하여 바르게 추론한 것은?

- 비타민 C는 월요일에 먹지 않으며, 수요일에도 먹지 않는다.
- 비타민 D는 월요일에 먹지 않으며, 화요일에도 먹지 않는다.
- 비타민 B는 수요일에 먹지 않으며, 목요일에도 먹지 않는다.
- 칼슘은 비타민 C와 비타민 D보다 먼저 먹는다.
- 마그네슘은 비타민 D보다 늦게 먹고, 비타민 B보다는 먼저 먹는다.

① 비타민 C는 금요일에 먹는다.
② 마그네슘은 수요일에 먹는다.
③ 칼슘은 비타민 C보다 먼저 먹지만, 마그네슘보다는 늦게 먹는다.
④ 마그네슘은 비타민 C보다 먼저 먹는다.
⑤ 월요일에는 칼슘, 금요일에는 비타민 B를 먹는다.

● 문제 유형 2 ●

A ~ D는 S아파트 10층에 살고 있다. 다음 〈조건〉을 고려하였을 때 항상 거짓인 것은?

〈조건〉

• 아파트 10층의 구조는 다음과 같다.

계단	1001호	1002호	1003호	1004호	엘리베이터

• A는 엘리베이터보다 계단이 더 가까운 곳에 살고 있다.
• C와 D는 계단보다 엘리베이터에 더 가까운 곳에 살고 있다.
• D는 A 바로 옆에 살고 있다.

① A보다 계단이 가까운 곳에 살고 있는 사람은 B이다.
② D는 1003호에 살고 있다.
③ 본인이 살고 있는 곳과 가장 가까운 이동 수단을 이용한다면 C는 엘리베이터를 이용할 것이다.
④ B가 살고 있는 곳에서 엘리베이터 쪽으로는 2명이 살고 있다.
⑤ C 옆에는 D가 살고 있다.

기타 논리게임은 정형화되지 않은 그림을 찾거나, 다수의 조건을 제시 후 참인 것을 찾는 유형이 대표적이다. 이런 유형 같은 경우 다른 논리게임 문제들보다 표를 작성하거나 조건을 도식화하는 작업의 난이도가 높은 편이다. 그렇기 때문에 이 유형의 문제들이 어떤 난이도로 나오느냐에 따라 인적성 및 NCS 시험의 난이도가 달라지게 된다. 즉, 기타 논리게임 문제를 빠르고 정확하게 풀어야 필기시험에 합격할 수 있다는 것이다. 그러므로 문제 유형 및 연습문제를 통해 기타 논리게임 유형 풀이를 연습하고 체화(體化)하도록 하자.

02 옥선생의 Step by Step 풀이법

순서대로 풀어보기

[Step 1] 문제의 조건 확인 후 표의 가로 & 세로축 구상하기!

[Step 2] 조건 도식화하기!

[Step 3] 표에 도식 작성하기!

[Step 4] 정답 고르기!

대표 예제 1

회사원 K씨는 건강을 위해 평일에 다양한 영양제를 먹고 있다. 요일별로 비타민 B, 비타민 C, 비타민 D, 칼슘, 마그네슘을 하나씩 먹는다고 할 때, 다음에 근거하여 바르게 추론한 것은?

- 비타민 C는 월요일에 먹지 않으며, 수요일에도 먹지 않는다.
- 비타민 D는 월요일에 먹지 않으며, 화요일에도 먹지 않는다.
- 비타민 B는 수요일에 먹지 않으며, 목요일에도 먹지 않는다.
- 칼슘은 비타민 C와 비타민 D보다 먼저 먹는다.
- 마그네슘은 비타민 D보다 늦게 먹고, 비타민 B보다는 먼저 먹는다.

① 비타민 C는 금요일에 먹는다.
② 마그네슘은 수요일에 먹는다.
③ 칼슘은 비타민 C보다 먼저 먹지만, 마그네슘보다는 늦게 먹는다.
④ 마그네슘은 비타민 C보다 먼저 먹는다.
⑤ 월요일에는 칼슘, 금요일에는 비타민 B를 먹는다.

풀이 STEP

[Step 1] 문제의 조건 확인 후 표의 가로 & 세로축 구상하기!

- 문제 조건
  1) 비타민 B, C, D / 칼슘 / 마그네슘 '총 5개'의 요소가 나옴
  2) 월요일 ~ 금요일에 약을 하나씩 먹음 (총 5일)

이렇게 문제의 조건들을 확인했으면 표의 **가로축**과 **세로축**에 어떤 값들이 들어갈지 정해야 한다. 이 문제의 경우에는 다섯 개의 영양제 & 요일(월 ~ 금) 두 개의 요소밖에 나오지 않았기 때문에 가로축에는 요일, 세로축에는 영양제 종류를 적어주면 된다. 가로축과 세로축이 달라져도 되지만, 옥선생은 요일이 가로축에 있을 때 더 직관적이므로 가로축에 요일을 작성하였다.

구분	월	화	수	목	금
비타민 B					
비타민 C					
비타민 D					
칼슘					
마그네슘					

Thinking Box

실제 시험에서는 직접 내용들을 쓰면서 정리하는 것이 아니고 문제를 읽으면서 머릿속으로 구조화하는 것이 중요하다.

[Step 2] 조건 도식화하기!

조건 도식화 방법은 다른 논리게임과 동일하다. 표에 작성할 수 있는 조건들은 도식화 없이 바로 작성하며, 그렇지 않은 조건들은 자신만의 도식을 활용해 도식화하도록 한다. 어떤 조건들을 표에 바로 작성할 것인지, 도식화할 것인지에 대한 감을 충분히 익히길 바란다. 이제 각 조건들을 하나씩 확인해 보자.

조건 1 비타민 C는 월요일에 먹지 않으며, 수요일에도 먹지 않는다.
조건 2 비타민 D는 월요일에 먹지 않으며, 화요일에도 먹지 않는다.
조건 3 비타민 B는 수요일에 먹지 않으며, 목요일에도 먹지 않는다.

조건 1 ~ 3의 경우에는 표에 직접 표시할 수 있는 요소로, 따로 도식화할 필요가 없다. 그러므로 다음 표와 같이 표시해주면 된다.

구분	월	화	수	목	금
비타민 B			×(조건 3)	×(조건3)	
비타민 C	×(조건 1)		×(조건 1)		
비타민 D	×(조건2)	×(조건 2)			
칼슘					
마그네슘					

조건 4를 도식화하면 다음과 같이 작성할 수 있다. 조건 4와 같은 경우 '칼슘< 비타민 C, 비타민 D' 같은 식으로 작성하는 경우도 있으나, 이렇게 작성하게 되면 비타민 C와 D의 관계를 혼동할 수 있다. 조건 4에서는 비타민 C와 D의 관계를 알 수 없는데 '칼슘< 비타민 C, 비타민 D' 이처럼 작성하게 되면 비타민 C가 D보다 먼저 위치한다고 생각하는 경우가 발생하기도 한다. 독자 중 어떤 이들은 "이걸 왜 헷갈려 해?"라고 생각할 수 있지만, 빠른 시간 안에 많은 문제를 풀어야 하는 필기시험에서 이런 실수는 자주 발생하게 된다.

조건 4 칼슘은 비타민 C와 비타민 D보다 먼저 먹는다.
도식화 칼슘<비타민 C
　　　　　비타민 D

조건 5 마그네슘은 비타민 D보다 늦게 먹고, 비타민 B보다는 먼저 먹는다.
도식화 비타민 D<마그네슘<비타민 B

위의 조건 5 도식화처럼 도식을 작성해도 되고, 만약 조건을 더 직관적으로 작성하고 싶다면 조건 4, 5를 한 번에 작성해 주는 것도 좋은 방법이다. 이때 주의해야 할 점은 비타민 C와 마그네슘, 비타민 B, D와의 관계는 독립적이라는 것을 반드시 기억하고 있어야 한다는 것이다. 도식화하는 방식은 저마다의 취향이지만, 자신이 직관적으로 확인할 수 있는 방법을 정하길 바란다.

칼슘 < 비타민 C
　　비타민 D < 마그네슘 < 비타민 B

즉, 위 도식의 의미는 두 개의 도식을 합친 것과 같은 의미이다.

도식화 1 칼슘 < 비타민 C
도식화 2 칼슘 < 비타민 D < 마그네슘 < 비타민 B

이렇게 도식을 작성하게 되면 문제를 푸는 게 그리 어렵지 않을 것이다. 그러나 빠르고 정확하게 문제를 풀기 위해서는 이 도식이 의미하는 바에 대해서 생각할 필요가 있다. 칼슘의 경우 다른 영양제 네 개보다 먼저 섭취하게 된다. 즉, 칼슘은 월요일에 먹는다는 것을 의미한다. 그리고 비타민 B는 칼슘, 비타민 D, 마그네슘보다 뒤에 섭취하기 때문에 월, 화, 수에는 섭취가 불가능하다. 이때 비타민 C와는 독립적인 조건이기 때문에 비타민 B, C 간에 순위는 파악할 수 없다. 이렇게 비타민 C, D, 마그네슘도 섭취할 수 없는 날들을 파악할 수 있으며, 불가능한 조건들을 파악하게 되면 비타민을 섭취한 날을 좀 더 빠르게 확인할 수 있다.

- 칼슘: 월요일
- 비타민 B: 월, 화, 수 불가
- 비타민 C: 월요일 불가
- 비타민 D: 월, 목, 금 불가
- 마그네슘: 월, 화, 금 불가

단순히 도식을 작성하기 보다는 이 도식이 어떤 의미를 내포하고 있을지에 대해 생각하는 연습을 한다면 문제 풀이 속도를 빠르게 향상시킬 수 있을 것이다.

[Step 3] 표에 도식 작성하기!

Step 3에서는 Step 2에서 작성한 도식을 바탕으로 표에 하나씩 해당사항을 표시해 보자. 우리는 Step 2에서 각 도식을 작성하였고, 각 영양제가 어디에 올 수 없는지 확인했다. 이를 각 표에 표기하면 다음과 같다.

구분	월	화	수	목	금
비타민 B	×(조건 4, 5)	×(조건 4, 5)	×(조건 3)	×(조건 3)	
비타민 C	×(조건 1)		×(조건 1)		
비타민 D	×(조건 2)	×(조건 2)		×(조건 4, 5)	×(조건 4, 5)
칼슘	○(조건 4, 5)	×(조건 4, 5)	×(조건 4, 5)	×(조건 4, 5)	×(조건 4, 5)
마그네슘	×(조건 4, 5)	×(조건 4, 5)			×(조건 4, 5)

이렇게 표기할 수 있는 부분들을 모두 작성하였다면 확정 지을 수 있는 부분을 확인해 보자. 이때 확정 지을 수 있는 주된 조건은 문제에 나와있는 '요일에 하나씩' 먹는다는 것이다. 그러므로 각 행과 각 열에는 'O'가 반드시 하나씩 존재해야 한다. 즉, ×가 4개 있는 행과 열에는 반드시 O가 나와야 한다. 따라서 비타민 C는 화요일, 비타민 D는 수요일에 먹게 된다. 그리고 O가 존재하게 되면 해당되는 행과 열은 모두 ×로 채워주어야 한다. 이에 따라 비타민 B는 금요일, 마그네슘은 목요일인 것을 확인할 수 있다.

구분	월	화	수	목	금
비타민 B	×(조건 4)	×(조건 4)	×(조건 3)	×(조건 3)	O
비타민 C	×(조건 1)	O	×(조건 1)	×	×
비타민 D	×(조건 2)	×(조건 2)	O	×(조건 4)	×(조건 4)
칼슘	O(조건 4)	×(조건 4)	×(조건 4)	×(조건 4)	×(조건 4)
마그네슘	×(조건 4)	×(조건 4)	×	O	×(조건 4)

- 비타민 B: 금요일
- 비타민 C: 화요일
- 비타민 D: 수요일
- 칼슘: 월요일
- 마그네슘: 목요일

[Step 4] 정답 고르기!

정답 ⑤

① 비타민 C는 금요일에 먹는다.
 ➔ 비타민 C는 화요일에 먹는다.
② 마그네슘은 수요일에 먹는다.
 ➔ 마그네슘은 목요일에 먹는다.
③ 칼슘은 비타민 C보다 먼저 먹지만, 마그네슘보다는 늦게 먹는다.
 ➔ 칼슘은 가장 먼저 먹는다.
④ 마그네슘은 비타민 C보다 먼저 먹는다.
 ➔ 마그네슘은 비타민 C보다 늦게 먹는다 .
⑤ 월요일에는 칼슘, 금요일에는 비타민 B를 먹는다.
 ➔ 위 표 상 월요일에는 칼슘, 금요일에는 비타민 B를 먹는다. (정답)

대표 예제 2

A~D는 S아파트 10층에 살고 있다. 다음 〈조건〉을 고려하였을 때 항상 거짓인 것은?

〈조건〉

- 아파트 10층의 구조는 다음과 같다.

계단	1001호	1002호	1003호	1004호	엘리베이터

- A는 엘리베이터보다 계단이 더 가까운 곳에 살고 있다.
- C와 D는 계단보다 엘리베이터에 더 가까운 곳에 살고 있다.
- D는 A 바로 옆에 살고 있다.

① A보다 계단이 가까운 곳에 살고 있는 사람은 B이다.
② D는 1003호에 살고 있다.
③ 본인이 살고 있는 곳과 가장 가까운 이동 수단을 이용한다면 C는 엘리베이터를 이용할 것이다.
④ B가 살고 있는 곳에서 엘리베이터 쪽으로는 2명이 살고 있다.
⑤ C옆에는 D가 살고 있다.

풀이 STEP

[Step 1] 문제의 조건 확인 후 표의 가로 & 세로축 구상하기!

문제에서 도형을 주는 경우 별도의 표 없이 주어진 표를 활용하여 문제를 푸는 것이 시간 절약에 효과적이다. 단, 별도의 표를 구상 및 작성할 필요가 없기 때문에 주어진 표를 정확하게 이해하는 것이 중요하다. 가능하다면 표의 구성을 일시적으로 외우는 것도 문제 풀이에 많은 도움이 된다.

계단	1001호	1002호	1003호	1004호	엘리베이터

[Step 2] 조건 도식화하기!

조건 1 A는 엘리베이터보다 계단이 더 가까운 곳에 살고 있다.
➔ A는 1001호, 1002호에 산다는 의미이며 별도 도식 표시없이 주어진 표에 작성하도록 한다.
(A는 1003, 1004호에 배치 ×)

조건 2 C와 D는 계단보다 엘리베이터에 더 가까운 곳에 살고 있다.
➔ C, D는 1003호, 1004호에 산다는 것을 의미하며 별도 도식 없이 주어진 표에 특징을 작성하도록 한다.
(C & D는 1001호, 1002호 배치 ×)

조건 3 D는 A 바로 옆에 살고 있다.
➔ DA or AD

	C(×), D(×)	C(×), D(×)	A(×)	A(×)	
계단	1001호	1002호	1003호	1004호	엘리베이터

[Step 3] 표에 도식 작성하기!

우리가 확인할 수 있는 도식은 세 번째 조건인 DA or AD이다. 그렇기 때문에 A나 D가 올 수 있는 곳을 확인해주면 된다. 조건 1, 2에 의해서 A와 D가 함께 올 수 있는 경우는 A가 1002호, D가 1003호에 위치할 때라는 걸 알 수 있다. 그리고 1001호에 C가 올 수 없으므로 C는 1004호에 오게 되며, B는 남은 위치인 1001호에 살고 있는 것으로 추론할 수 있다.

	C(×), D(×)	C(×), D(×)	A(×)	A(×)	
계단	1001호	1002호	1003호	1004호	엘리베이터
	B	A	D	C	

많은 문제들을 풀어보면 위 풀이처럼 여러 가지 제약조건들을 고려하여 문제를 한 번에 풀이할 수 있을 것이다. 그러나 인적성이나 NCS에 갓 입문한 독자라면 이런 과정이 익숙하지 않을 것이다. 이런 경우에는 한 가지 조건만 적용하여 나올 수 있는 Case들을 모두 적어두는 것도 좋은 방법이다. 이 방법은 문제가 어려울수록 더 효과적이다.

[Step 4] 정답 고르기!

정답 ④

④ B가 살고 있는 곳에서 엘리베이터 쪽으로는 두 명이 살고 있다.
  ➔ B는 1001호에 살고 있으며 엘리베이터 쪽으로 세 명이 살고 있다.

CHAPTER 5

연습문제 풀이

연경, 효진, 다솜, 지민, 지현 5명 중에서 1명이 선생님의 책상에 있는 화병에 꽃을 꽂아 두었다. 이 가운데 두 명의 이야기는 모두 거짓이지만 세 명의 이야기는 모두 참이라고 할 때, 선생님 책상에 꽃을 꽂아둔 사람은?

- 연경: 화병에 꽃을 꽂아두는 것을 나와 지현이만 보았다. 효진이의 말은 모두 맞다.
- 효진: 화병에 꽃을 꽂아둔 사람은 지민이다. 지민이가 그러는 것을 지현이가 보았다.
- 다솜: 지민이는 꽃을 꽂아두지 않았다. 지현이의 말은 모두 맞다.
- 지민: 화병에 꽃을 꽂아두는 것을 세 명이 보았다. 효진이는 꽃을 꽂아두지 않았다.
- 지현: 나와 연경이는 꽃을 꽂아두지 않았다. 나는 누가 꽃을 꽂는지 보지 못했다.

① 연경
② 효진
③ 다솜
④ 지민
⑤ 지현

풀이 STEP

[Step 1] 문제를 읽고 조건들을 파악한다!

- 다섯 명(두 명 거짓 / 세 명 진실), 한 명은 화병에 꽃을 꽂아 두었다.
- 보기 의미: 화병에 꽃을 꽂아 둔 사람

[Step 2] 가정 대상을 선정한다!

보기(화병에 꽃을 꽂아둔 사람)를 정답으로 가정하여 주어진 조건들의 참 / 거짓 여부를 판단한다.

[Step 3] 가정과 조건의 모순 여부를 파악한다!

정답 ③

- 꽃을 꽂아둔 사람을 가정하여 주어진 조건들의 참 / 거짓을 확인한다.
  즉, 범인을 가정했을 때의 각 발언들의 진실 혹은 거짓 여부를 파악하는 것이다.

조건	연경(가정)	효진(가정)	다솜(가정)	지민(가정)	지현(가정)
연경 발언	F(2)	F(2)	F(2)		F
효진 발언	F(1)	F(1)	F(1)	T(1)	F(1)
다솜 발언	F(2)	T	T(2)	F(1)	T(모순)
지민 발언	T(?)	F(1)	T(1)		T
지현 발언	F(1)	T	T(1)	F(모순)	F(모순)

PART 2 논리게임

H공사 기획처에 근무하는 A ~ E 5명 중 2명은 L카드를 사용하고 3명은 K카드를 사용한다. L카드 이용자는 모두 30대이고 K카드를 사용하는 사람은 자동차가 있다. 다음 중 네 사람만 참을 말하고 있을 때 거짓을 말하고 있는 사람은?

① A : "C의 나이는 30대야."
② B : "나는 K카드를 사용하고 있어."
③ C : "A는 L카드를 사용하고 있어."
④ D : "E는 L카드를 사용하지 않아."
⑤ E : "C와 D는 서로 다른 카드를 사용하고 있어."

풀이 STEP

[Step 1] 문제를 읽고 조건들을 파악한다!

• 다섯 명(네 명 진실 / 한 명 거짓)

조건이 다양할 경우 표를 작성하여 직관적으로 정리하는 것이 좋다.

L카드(30대 / 2명)	K카드(자동차 O / 3명)

[Step 2] 가정 대상을 선정한다!

보기 1 ~ 5번까지 순차적으로 거짓말하는 사람이라고 가정하며 Step 1의 표를 작성한다.

[Step 3] 가정과 조건의 모순 여부를 파악한다!

정답 ①

• 보기 1번을 거짓 & 나머지 보기(2 ~ 5)는 참으로 가정

L카드(30대 & 2명)	K카드(자동차 O & 3명)
A, D	B, E, C

➔ 모순이 발생하지 않았으므로 정확한 가정을 한 것이다. 따라서 정답은 1번이다.

• 보기 2번을 거짓 & 나머지 보기(1, 3 ~ 5)는 참으로 가정

L카드(30대 & 2명)	K카드(자동차 O & 3명)
B, A, C	E, D

➔ L카드는 2명, K카드는 3명이라는 조건에 위배된다.

나머지 보기(3 ~ 5번)를 참으로 가정했을 때 어떤 결과가 나오는지는 직접 확인해 보길 바란다.

어느 호텔 라운지에 둔 화분이 투숙자 1명에 의하여 깨진 사건이 발생했다. 이 호텔에는 A ~ D의 4명의 투숙자가 있었으며, 각 투숙자는 다음과 같이 세 가지 사실을 진술하였다. 4명의 투숙자 중 3명은 진실을 말하고, 1명이 거짓말을 하고 있다면 화분을 깬 사람은?

- A : 나는 깨지 않았다. B도 깨지 않았다. C가 깨뜨렸다.
- B : 나는 깨지 않았다. C도 깨지 않았다. D도 깨지 않았다.
- C : 나는 깨지 않았다. D도 깨지 않았다. A가 깨뜨렸다.
- D : 나는 깨지 않았다. B도 깨지 않았다. C도 깨지 않았다.

① A　　② B
③ C　　④ D

PART 2 논리게임

풀이 STEP

[Step 1] 문제를 읽고 조건들을 파악한다!

- 네 명(세 명 진실 / 한 명 거짓)
- 보기 의미: 화분을 깬 사람

[Step 2] 가정 대상을 선정한다!

- 보기 중 한 명씩 화분을 깬 사람으로 가정한 후 문제를 풀이한다.

[Step 3] 가정과 조건의 모순 여부를 파악한다!

정답 ①

조건	A (가정)	B(가정)	C(가정)	D(가정)
A 진술	F	F	T	F
B 진술	T	F	F	F
C 진술	T	F	F	F
D 진술	T	F	F	F

➔ 거짓말을 한 사람은 한 명이라는 조건에서 위반된다면 다음 진술들은 확인하지 않아도 된다.

실제 시험에서는 보기 1번(A)을 가정하여, 모순이 나오지 않았다면 바로 답을 체크하고 다른 보기들은 확인하지 않는다. 만약 모순이 발생했다면 다음 조건들이 남아있더라도 확인하지 않고 다음 보기를 확인해야 문제 풀이 시간을 최소화할 수 있다.

S회사는 제품 하나를 생산하는 데 원료 분류, 제품 성형, 제품 색칠, 포장의 단계를 거친다. 어느 날 제품에 문제가 발생해 직원들을 불러 책임을 물었다. 직원 중 한 사람은 거짓을 말하고 세 사람은 참을 말할 때, 거짓을 말한 직원과 실수가 발생한 단계를 올바르게 짝지은 것은?(단, A는 원료 분류, B는 제품 성형, C는 제품 색칠, D는 포장 단계에서 일하며, 실수는 한 곳에서만 발생했다)

- A직원 : 나는 실수하지 않았다.
- B직원 : 포장 단계에서 실수가 일어났다.
- C직원 : 제품 색칠에선 절대로 실수가 일어날 수 없다.
- D직원 : 원료 분류 과정에서 실수가 있었다.

① A – 원료 분류
② A – 포장
③ B – 포장
④ D – 원료 분류
⑤ D – 포장

풀이 STEP

[Step 1] 문제를 읽고 조건들을 파악한다!

- 총 인원 네 명, 거짓말하는 사람 한 명(진실 세 명), 실수 발생 단계 한 곳
- 보기의 의미: 실수한 사람 & 문제 발생 단계
  - A ➔ 원료 단계
  - B ➔ 성형 단계
  - C ➔ 색칠 단계
  - D ➔ 포장 단계

➔ 주어진 조건이 많고 복잡할수록 문제의 난이도는 올라간다. 그렇기 때문에 문제의 조건을 정확하게 파악해야 문제를 맞출 수 있으니 조건을 파악하는 데 시간을 아낌없이 투자하자. 만약 조건이 많은 문제들이라면 쉬운 문제를 먼저 풀고 나중에 풀이를 하는 것도 좋은 방법이다.

[Step 2] 가정 대상을 선정한다!

이 문제의 경우 거짓말을 하는 사람은 한 명이라고 하였다. 그렇기 때문에 순차적으로 A, B, C, D가 거짓말을 했다고 가정한 후 정답을 고른다.

[Step 3] 가정과 조건의 모순 여부를 파악한다!

정답 ⑤

[A가 거짓말을 했다고 가정]

A직원: 나는 실수하지 않았다.

A를 거짓말하는 사람으로 가정을 했으니 이제 나머지 조건(B ~ D의 진술)들은 진실을 말해야 한다. 즉, 만약 B ~ D의 진술이 거짓이라면 해당 보기는 모순이 발생한 것이며, 오답이라는 것을 의미한다. 이런 생각을 가지고 문제 풀이를 진행하게 된다면 어렵지 않게 답을 선정할 수 있다.

[A가 거짓말을 했다고 가정]

➔ A의 진술을 거짓으로 가정했으므로 A(원료 분류)는 실수를 하였다.
이제 나머지 진술(B ~ D)이 진실인지 판단해보자.

〈B의 진술〉

B직원: 포장 단계에서 실수가 일어났다.

➔ A의 진술을 거짓으로 가정하였으니 B의 진술은 진실이어야만 한다. 그러나 B의 진술을 확인해 보면 B는 포장 단계(D)에서 실수가 일어났다고 이야기하고 있다. 즉, 실수를 한 사람이 두 명이 되게 되며, 이는 조건에 위배된다. 따라서 A의 진술이 거짓이라고 가정한 것은 잘못된 것이다.

다음으로 D의 진술이 거짓일 때를 확인해 보자.

[D가 거짓말을 했다고 가정]

D의 진술을 거짓으로 가정했기 때문에 D의 진술의 참 / 거짓을 먼저 확인한 후 순차적으로 나머지 진술을 확인해 보자.

〈D의 진술 판별〉 ➔ 거짓으로 가정

D직원: 원료 분류 과정에서 실수가 있었다.

➔ D의 진술은 거짓이라고 가정했기 때문에 D의 진술은 **거짓(F)**이다. 즉, 원료 분류 과정(A)에서는 실수가 없었다는 것을 의미한다.

〈A의 진술 판별〉 ➔ 진실로 가정

A직원: 나는 실수하지 않았다.

➔ 우리는 위의 D의 진술을 통해 원료 분류 과정에서는 실수가 없었다는 것을 확인했다. 따라서 A의 진술은 **참(T)**이 된다.

〈B의 진술 판별〉 ➔ 진실로 가정

A의 진술까지 참이라는 것을 판별했다면 여기서부터 어떻게 해야할지 모르는 독자들이 있을 것이라 생각한다. D(거짓)와 A(진실)의 진술들을 고려했을 때, B의 진술의 참과 거짓은 판별할 수 없다. 이럴 땐 가정을 다시 한 번 생각해 보자. D의 진술을 거짓으로 가정했기 때문에 나머지 A ~ C의 진술은 진실(T)이여야 하며, 모두 진실일 때 모순이 발생하지 않는다면 이는 곧 정답이 된다. 이런 생각을 가지고 B와 C의 진술을 확인해 보자.

B직원: 포장 단계에서 실수가 일어났다.

➔ B의 진술은 진실(T)로 가정했기 때문에, B의 진술을 토대로 포장 단계(D)에서 실수가 일어난 것을 확인할 수 있다.

〈C진술 판별〉 ➔ 진실로 가정

C직원: 제품 색칠에선 절대로 실수가 일어날 수 없다.

➔ C의 진술도 진실(T)로 가정했기 때문에 C의 진술을 토대로 제품 색칠(C)에서는 실수가 일어나지 않는다는 것을 확인할 수 있다.

위 4가지의 진술을 토대로 모순 여부를 정리해보자.

- 거짓말하는 사람: D(포장 단계)
- 실수가 일어난 단계: 포장 단계(D)

위 진술들을 보고 우리는 모순이 발생하지 않았다고 판단할 수 있으며, 이는 가정이 정확하며 정답이라는 것을 의미한다.

따라서 위 문제의 정답은 거짓말하는 사람: D, 실수가 일어난 단계: 포장 단계인 보기 5번이다.

[진술의 참 / 거짓 판단]

구분	A(거짓 가정)	B(거짓 가정)	C(거짓 가정)	D(거짓 가정)
A진술	F	A, D 모순	T	T
B 진술	F	F	F	T
C 진술	T	T	F	T
D 진술	T	A, D 모순	F	F

B의 진술을 가정이라고 했을 때 A, D 간 모순이 발생하게 되고, C의 진술을 거짓으로 가정하게 되면 거짓 세 명, 진실 한 명으로 모순이 발생한다. 그러므로 B, C의 가정은 틀렸다고 판단할 수 있다.

위 가정은 각자 연습 삼아 반드시 풀어보도록 하자.

S사 사무실에 도둑이 들었다. 범인은 2명이고, 용의자로 지목된 A～E가 다음과 같이 진술했다. 이 중 2명이 거짓말을 하고 있다고 할 때, 동시에 범인이 될 수 있는 사람으로 짝지어진 것은?

- A : B나 C 중에 한 명만 범인이에요.
- B : 저는 확실히 범인이 아닙니다.
- C : 제가 봤는데 E가 범인이에요.
- D : A가 범인이 확실해요.
- E : 사실은 제가 범인이에요.

① A, B ② D, E
③ B, C ④ B, D
⑤ C, E

PART 2 논리게임

풀이 STEP

[Step 1] 문제를 읽고 조건들을 파악한다!

- 총 인원 다섯 명(범인 두 명, 거짓말 두 명), 거짓말하는 사람과 범인은 일치하지 않아도 된다.
- 보기의 의미: 범인

Thinking Box

조건에 직접적으로 언급되지 않았더라도 세부 조건을 파악하고자 노력해 보자.

[Step 2] 가정 대상을 선정한다!

이 문제의 경우 보기(범인)를 가정하여 해결한다. 보기의 값들을 범인으로 가정한 후 진술의 참 / 거짓을 확인하는 방식으로 문제를 풀이한다.

[Step 3] 가정과 조건의 모순 여부를 파악한다!

정답 ②

[A, B를 범인으로 가정(보기 1번)]

범인을 A와 B로 가정했기 때문에 보기를 쉽게 판단할 수 있을 것이다. 주어진 진술들의 참 / 거짓 여부를 확인해 보자.

- A: B나 C 중에 한 명만 범인이에요.
  ➔ B만 범인으로 가정했기 때문에 참(T)이다.
- B: 저는 확실히 범인이 아닙니다.
  ➔ B는 범인이기 때문에 거짓(F)이다.

• C: 제가 봤는데 E가 범인이에요.
➔ 범인은 A와 B이기 때문에 거짓(F)이다.
• D: A가 범인이 확실해요.
➔ A는 범인으로 가정했기 때문에 진실(T)이다.
• E: 사실은 제가 범인이에요.
➔ 범인은 A, B로 가정했기 때문에 거짓(F)이다.

위 결과들을 확인했을 때 진실(T)된 진술은 두 명, 거짓(F)된 진술은 세 명이었기 때문에 위 문제의 전제 조건(진실 세 명, 거짓 두 명)과 모순이 발생한다. 그러므로 해당 보기는 가정의 오류로 오답이다.

위처럼 가정이 잘못됐다고 판단된다면 우리는 Step 2로 돌아가 다시 가정을 변경해야 한다.
앞서 설명한 방식과 동일하므로 답에 해당되는 부분만 확인하고 넘어가도록 한다. 나머지 보기들의 결과도 다음 표를 참고하여 직접 확인하여 문제를 풀이해 보도록 하자.

[D, E를 범인으로 가정(보기 2번)]
• A: B나 C 중에 한 명만 범인이에요.
➔ D, E가 범인으로 거짓(F)
• B: 저는 확실히 범인이 아닙니다.
➔ D, E가 범인으로 진실(T)
• C: 제가 봤는데 E가 범인이에요.
➔ E가 범인으로 진실(T)
• D: A가 범인이 확실해요.
➔ D, E가 범인으로 거짓(F)
• E: 사실은 제가 범인이에요.
➔ E가 범인으로 진실(T)

각 진술들을 확인한 결과 거짓말을 하는 사람은 두 명(A, D)이며, 범인 또한 모순 없이 두 명(D, E)인 것을 확인할 수 있다. 따라서 보기 2번(D, E를 범인으로 가정)은 정답이라고 판단할 수 있다.

해당 유형 학습을 위해 나머지 보기들도 확인해 보자.

구분	A, B 범인	D, E 범인	B, C 범인	B, D 범인	C, E 범인
A 진술	T	F	F	T	T
B 진술	F	T	F	F	T
C 진술	F	T	F	F	T
D 진술	T	F	F	F	F
E 진술	F	T	F	F	T

K회사에 근무 중인 A ~ D사원 4명 중 1명이 주임으로 승진하였다. 다음 대화에서 A ~ D 중 한 명만 진실을 말하고 있을 때, 주임으로 승진한 사람은 누구인가?

- A : B가 주임으로 승진하였다.
- B : A가 주임으로 승진하였어.
- C : D의 말은 참이야.
- D : C와 B 중 한 명 이상이 주임으로 승진하였다.

① A사원
② B사원
③ C사원
④ D사원

PART 2 논리게임

풀이 STEP

[Step 1] 문제를 읽고 조건들을 파악한다!

- 총 인원 네 명(진실 한 명, 거짓말 세 명)
- 보기의 의미: 승진한 사람

[Step 2] 가정 대상을 선정한다!

이 문제의 경우 보기(승진한 사람)를 가정하여 해결한다. 보기의 값들을 승진한 사람으로 가정한 후 진술의 참 / 거짓을 확인하는 방식으로 문제를 풀이한다.

[Step 3] 가정과 조건의 모순 여부를 파악한다!

정답 ①

[A의 승진을 가정]

- A: B가 주임으로 승진하였다.
  ➔ A가 승진하였으므로 거짓(F)이다.
- B: A가 주임으로 승진하였어.
  ➔ A가 승진하였으므로 진실(T)이다.
- C: D의 말은 참이야.
  ➔ D의 말은 거짓이므로 C의 진술은 거짓(F)이다.
- D: C와 B 중 한 명 이상이 주임으로 승진하였다.
  ➔ A가 승진하였으므로 거짓(F)이다.

따라서 A가 승진했다고 가정했을 때 진실 한 명, 거짓 세 명이 나왔으므로 이는 정확한 가정이고, 정답은 1번(A)인 것을 알 수 있다.

구분	A 승진	B 승진	C 승진	D 승진
A	F	T	F	F
B	T	F	F	F
C	F	T	T	F
D	F	T	T	F

준수, 민정, 영재, 세희, 성은 5명은 항상 진실만을 말하거나 거짓만 말한다. 다음 진술을 토대로 추론할 때, 거짓을 말하는 사람을 모두 고르면?

- 준수: 성은이는 거짓만 말한다.
- 민정: 영재는 거짓만 말한다.
- 영재: 세희는 거짓만 말한다.
- 세희: 준수는 거짓만 말한다.
- 성은: 민정이와 영재 중 한 명만 진실만 말한다.

① 민정, 세희
② 영재, 준수
③ 영재, 성은
④ 영재, 세희

풀이 STEP

[Step 1] 문제를 읽고 조건들을 파악한다!

- 총 인원 다섯 명(진실 세 명, 거짓말 두 명)
  ➔ 문제에서 거짓말하는 인원을 알려주지 않았지만, 보기를 보면 몇 명이 거짓말을 하는지 알 수 있다.
- 보기의 의미: 거짓말하는 사람

[Step 2] 가정 대상을 선정한다!

이 문제의 경우 보기(거짓말하는 사람)를 가정하여 해결한다. 보기의 값들을 거짓말을 한 것으로 가정한 후 진술의 참 / 거짓을 확인하는 방식으로 문제를 풀이한다.

[Step 3] 가정과 조건의 모순 여부를 파악한다!

정답 ②

[민정, 세희(보기 1번)를 거짓말하는 사람으로 가정]
- 준수: 성은이는 거짓만 말한다.
  ➔ 민정, 세희가 거짓말을 하므로 거짓(F)
  민정, 세희의 진술을 거짓으로 가정했기 때문에 나머지 세 명(준수, 영재, 성은)의 진술은 진실(T)이어야 한다. 그러나 민정, 세희가 거짓말을 한다고 가정했을 때 준수의 발언은 거짓이므로 전제 조건과 모순이 발생한다. 따라서 가정이 잘못됐다고 판단할 수 있다.

구분	민정, 세희 거짓말 가정	영재, 준수 거짓말 가정	영재, 성은 거짓말 가정	영재, 세희 거짓말 가정
준수	F	F	T	F(모순 발생)
민정	F(모순 발생)	T	T	T
영재	T	F	F	F(모순 발생)
세희	F	T	F	F
성은	T	T	F(모순 발생)	T

[영재, 준수(보기 2번)를 거짓말하는 사람으로 가정]

- 준수: 성은이는 거짓만 말한다.
  ➔ 영재, 준수만 거짓을 말하므로 거짓(F)이다.
- 민정: 영재는 거짓만 말한다.
  ➔ 영재는 거짓을 말하므로 진실(T)이다.
- 영재: 세희는 거짓만 말한다.
  ➔ 영재, 준수만 거짓을 말하므로 거짓(F)이다.
- 세희: 준수는 거짓만 말한다.
  ➔ 준수는 거짓을 말하므로 진실(T)이다.
- 성은: 민정이와 영재 중 한 명만 진실만 말한다.
  ➔ 영재만 거짓을 말하므로 진실(T)이다.

A ~ D 4명은 각각 1명의 자녀를 두고 있는 아버지이다. 4명의 아이 중 2명은 아들이고, 2명은 딸이다. 아들의 아버지인 2명만 사실을 말할 때, 다음 중 올바른 결론은?

〈조건〉

- A : B와 C의 아이는 아들이다.
- B : C의 아이는 딸이다.
- C : D의 아이는 딸이다.
- D : A와 C의 아이는 딸이다.

① A의 아이는 아들이다.
② B의 아이는 딸이다.
③ C의 아이는 아들이다.
④ D의 아이는 아들이다.
⑤ D와 A의 아이는 딸이다.

풀이 STEP

[Step 1] 문제를 읽고 조건들을 파악한다!

- 총 인원 네 명(진실 두 명, 거짓말 두 명)
- 아들의 아버지만 진실(T)을 말함

[Step 2] 가정 대상을 선정한다!

이번에는 보기가 아닌 각 사람의 진술을 가정하며 문제를 해결한다. 즉, A ~ D의 진술을 참으로 가정하여 문제를 풀어보자.
(보기를 가정해서 풀어보는 연습도 해보자.)

[Step 3] 가정과 조건의 모순 여부를 파악한다!

정답 ④

[A의 진술을 참으로 가정]

- A: B와 C의 아이는 아들이다.
  ➔ 아들의 아버지만 진실을 말하며, A를 참으로 가정했다는 의미는 A의 자식은 아들이라는 의미를 내포하고 있다. 그런데 A의 진술에서는 B와 C의 자식이 아들이라고 했으므로 아들은 총 세 명이 된다. 따라서 전제 조건의 위배되므로 이는 잘못된 가정이다.

[B의 진술을 참으로 가정]

• B: C의 아이는 딸이다. (진실(T) 가정)

➔ B의 진술을 참으로 가정했기 때문에 C의 자식은 딸이며, 거짓을 말하고 있어야 한다.

• C: D의 아이는 딸이다.

➔ C는 가정에 의해 거짓을 말해야 한다. 그러므로 C의 진술은 거짓이며, D의 아이는 아들이고, 진실(T)을 말한다.

• D: A와 C의 아이는 딸이다.

➔ D는 진실을 말하며 A와 C의 아이는 딸이며, 거짓(F)을 말한다.

• A: B와 C의 아이는 아들이다.

➔ D의 진술에 의해 A의 진술은 거짓이여야 한다. 위 조건들에 의해 아들은 B와 D이므로 A의 진술은 거짓이다.

결론: B의 진술을 참으로 가정했을 때 모순이 발생하지 않았다. 즉, 정확히 가정을 했다는 의미이며 이를 토대로 정답을 고르면 된다.

➔ 아들 & 진실(B, D) / 딸 & 거짓(A, C)

➔ 정답 4번

이때 보기를 활용하여 문제를 풀 수도 있다. 다음 표를 참고하여 참 / 거짓 유무를 보기를 가정한 풀이 방법도 연습해 보자.

구분	A 아들 가정	B 딸 가정	C 아들 가정	D 아들 가정	A, D 딸 가정
A	T(모순)	T(모순)	T(모순)	F	F
B		F	F	T	T(모순)
C		T	T	F	T(모순)
D		F	F	T	F

(붉은 표시는 가정한 내용)

학교 수업이 끝난 후 수민, 한별, 영수는 각각 극장, 농구장, 수영장 중 서로 다른 곳에 갔다. 이들 3명은 다음과 같이 진술하였는데, 이 중 1명의 진술은 참이고 2명의 진술은 모두 거짓이다. 극장, 농구장, 수영장에 간 사람을 차례로 바르게 나타낸 것은?

- 수민: 나는 농구장에 갔다.
- 한별: 나는 농구장에 가지 않았다.
- 영수: 나는 극장에 가지 않았다.

① 수민, 한별, 영수 ② 수민, 영수, 한별
③ 한별, 수민, 영수 ④ 영수, 한별, 수민

풀이 STEP

[Step 1] 문제를 읽고 조건들을 파악한다!

- 총 인원 세 명(진실 한 명, 거짓말 두 명)
- 각자 서로 다른 곳을 갔다.
- 보기의 의미: 극장, 농구장, 수영장에 간 사람 순서

구분	수민	한별	영수
장소			

[Step 2] 가정 대상을 선정한다!

이 문제의 경우 보기를 가정하여 문제를 풀 수 없다. 그러므로 세 명의 인원을 차례대로 진실(T)로 가정하여 문제를 푼다. 이때 하나의 진술을 진실로 가정했다면 나머지 진술은 반드시 거짓이여야 한다. 그 이유는 Step 1에서 진실은 한 명, 거짓은 두 명이라고 문제의 전제 조건을 정리했기 때문이다.

[Step 3] 가정과 조건의 모순 여부를 파악한다!

정답 ①

[수민의 진술을 참으로 가정했을 때]

- 수민: 나는 농구장에 갔다.
  - ➔ 수민의 진술을 진실로 가정했으므로, 수민이는 농구장에 갔다.
- 한별: 나는 농구장에 가지 않았다.
  - ➔ 한별이의 진술은 전제 조건(진실 한 명, 거짓 두 명)에 의해 거짓이어야 한다. 그러면 한별이의 진술에 따라 한별이는 농구장을 가야 한다. 각자 서로 다른 곳에 간다는 전제 조건에 위반되므로 모순이 발생했다.

[한별의 진술을 참으로 가정했을 때]
• 한별: 나는 농구장에 가지 않았다.
➔ 한별이의 진술은 참이며, 한별이는 농구장에 가지 않았다.
• 수민: 나는 농구장에 갔다.
➔ 수민이의 진술이 거짓(F)이여야 하므로 수민이는 농구장에 가지 않았다. 한별 & 수민이 모두 농구장에 가지 않았기 때문에 영수가 농구장에 갔다는 것을 추론할 수 있다.
• 영수: 나는 극장에 가지 않았다.
➔ 영수의 진술은 거짓(F)이여야 하므로 영수는 극장에 가야 한다. 이는 위에 수민이의 발언과 다르다는 것을 확인할 수 있다. 즉, 모순이 발생했으므로 가정이 잘못되었다.

[영수의 진술을 참으로 가정했을 때]
• 한별: 나는 농구장에 가지 않았다.
➔ 한별이의 발언은 거짓(F)이므로 한별이는 농구장에 갔다.
• 수민: 나는 농구장에 갔다.
➔ 수민이의 발언은 거짓(F)이므로 수민이는 농구장에 가지 않았다.
• 영수: 나는 극장에 가지 않았다.
➔ 영수의 발언은 참이므로 영수는 극장에 가지 않았다.

세 명의 진술을 봤을 때 영수는 극장에 가지 않았으므로 영수는 수영장, 수민이는 극장에 간 것으로 추론할 수 있다.

구분	수민	한별	영수
장소	극장	농구장	수영장

S사의 영업팀 팀장은 팀원들의 근태를 평가하기 위하여 영업팀 직원 A ~ F의 출근 시각을 확인하였다. 확인한 결과가 다음과 같을 때, 항상 옳은 것은?(단, A ~ F의 출근 시각은 모두 다르며, 먼저 출근한 사람만 늦게 출근한 사람의 시간을 알 수 있다)

- C는 E보다 먼저 출근하였다.
- D는 A와 B보다 먼저 출근하였다.
- E는 A가 도착하기 직전 또는 직후에 출근하였다.
- E는 F보다 늦게 출근하였지만, 꼴찌는 아니다.
- F는 B가 도착하기 바로 직전에 출근하였다.

① A는 B의 출근 시각을 알 수 있다.
② B는 C의 출근 시각을 알 수 있다.
③ C는 A ~ F의 출근 순서를 알 수 있다.
④ D가 C보다 먼저 출근했다면, A ~ F의 출근 순서를 알 수 있다.
⑤ F가 C보다 먼저 출근했다면, D의 출근 시각을 알 수 있다.

풀이 STEP

[Step 1] 사람 인원 파악 후 표기하기!

- 인원: 여섯 명(A ~ F)
- 순서 찾기 문제 형식의 표를 작성해 준다.

구분	첫 번째	두 번째	세 번째	네 번째	다섯 번째	여섯 번째

[Step 2] 조건 도식화하기!

- 문제 조건: 먼저 출발한 사람만 늦게 출근한 시간을 알고 있다.
- 조건 1) C는 E보다 먼저 출근하였다.
  ➔ C < E
- 조건 2) D는 A와 B보다 먼저 출근하였다.
  ➔ D < A & D < B
- 조건 3) E는 A가 도착하기 직전 또는 직후에 출근하였다.
  ➔ EA or AE
- 조건 4) E는 F보다 늦게 출근하였지만, 꼴찌는 아니다.
  ➔ F < E , E꼴찌 ×(표에 직접 표시)
- 조건 5) F는 B가 도착하기 바로 직전에 출근하였다.
  ➔ FB

Thinking Box

순서 찾기에서 부등호는 딱히 의미가 없다. Step 1에서 작성한 표를 보면 먼저 도착한 사람이 왼쪽에 배치되므로, C를 왼쪽에 배치하여 직관적으로 도식의 의미를 파악할 수 있도록 하자.

조건들을 도식화할 때는 여러 가지 조건들을 하나의 도식으로 합칠 수 있을지에 대해 고민을 해야 한다. 이 문제의 경우 조건 4, 5를 합칠 수 있으며, 다음과 같이 표현할 수 있다.

[조건] 4 & 5=FB<E

[Step 3] 표에 도식 작성하기!

조건을 확인할 때 가장 많이 나오는 요소를 확인하는 것이 좋다.

E 요소를 보면 조건 1, 4, 5에 의해서 1～3번 & 6번에 위치할 수 없다.

따라서 E는 네 번째 or 다섯 번째에 위치된다. 이때 'C, F, B가 첫 번째～네 번째에 위치하겠구나'라고 생각하고 있어야 한다.

그 후 다음으로 많이 나오는 요소 A or B를 선택할 것이다. 어떤 것을 선택하든 답을 구할 수 있으니 각자 확인해 보도록 하자. A를 선택해서 조건을 확인해 보면 조건 2에 의해서 A는 D보다 뒤에 위치(D< A)하고, 조건 3에 의해서 A는 E와 이웃이 된다. 즉, D는 E보다 앞에 있다는 것을 의미하며, 따라서 E는 네 번째에 올 수 없다. 그 이유는 첫 번째 조건에서 C, F, B가 E보다 앞에 위치하였고 D도 E보다 앞에 위치하기 때문이다. 그러므로 E가 위치하는 곳은 다섯 번째이다. 또, E 앞에 4명의 사람이 특정되었기 때문에 자연스럽게 여섯 번째 위치는 A인 것을 확인할 수 있다.

다음으로는 B를 확인해 보자. 조건 2, 5에 의해서 B는 F 바로 뒤에 존재(FB)하고, D보다도 뒤에 존재하게 된다(D< FB). 따라서 B는 세 번째 or 네 번째에 배치된다. 이렇게 케이스가 나눠지는 경우 모든 케이스를 적어주는 것이 좋다.

그 다음은 D를 확인해 보자. D는 A, B보다 앞에 있으므로 경우 1(F가 두 번째 위치한 경우)에서는 첫 번째로 위치해야 하며, 경우 2(F가 세 번째 위치한 경우)에서는 1번, 2번 어디에 오든지 상관없다. 그리고 남은 빈칸에 마지막 사람인 C를 적어주면 가능한 경우의 수를 모두 표기할 수 있다.

	E(×)	E(×)	E(×)	E(×)		E(×)
구분	첫 번째	두 번째	세 번째	네 번째	다섯 번째	여섯 번째
경우 1	D	F	B	C	E	A
경우 2	D	C	F	B	E	A
경우 3	D	D	F	B	E	A

이 문제의 풀이 과정을 보면서 의문을 품은 사람이 있는가? 어떤 독자는 위 풀이를 보면서, '조건 4 & 5만 병합하지 말고 다른 조건들도 다 합치면 더 간단해지지 않나?'라고 궁금증을 가질지도 모른다. 아주 정확한 지적이다. 이 문제의 경우 1 ~ 5까지 규칙을 하나의 도식으로 나타낸다면 다음과 같다.

C < E

D < FB < EA or AE

이때 주의해야 할 점은 위에 C 도식과 D, F, B는 독립적인 관계라는 것이며, 위 도식이 의미하는 바는 다음 두 도식과 같다. 추가로 조건 4에 의해서 or 도식도 제거할 수 있으나 이해를 돕기 위해 작성하였다.

1) C < E

2) D < FB < EA or AE

이렇게 조건들을 도식화할 수 있다면 문제는 더 쉽게 풀 수 있다. 실제 풀이는 각자 해보도록 하자.
하나의 문제에서도 도식을 어떻게 하느냐에 따라 문제 풀이 과정이 변화한다. 그러므로 빠르고 정확하게 도식화하는 연습을 하는 것이 매우 중요하다. 그렇다면 위 표를 보고 문제의 정답을 구해보자.

[Step 4] 정답 고르기!

정답 ④

④ D가 C보다 먼저 출근했다면, A ~ F의 출근 순서를 알 수 있다.

➔ D는 첫 번째 위치하기 때문에 모든 사람의 순서를 알 수 있다.

S사의 A～F팀은 월요일부터 토요일까지 하루에 2팀씩 함께 회의를 진행한다. 다음 〈조건〉을 참고할 때, 반드시 참인 것은?(단, 월요일부터 토요일까지 각 팀의 회의 진행 횟수는 서로 같다)

〈조건〉

- 오늘은 목요일이고 A팀과 F팀이 함께 회의를 진행했다.
- B팀은 A팀과 연이은 요일에 회의를 진행하지 않는다.
- B팀은 오늘을 포함하여 이번 주에는 더 이상 회의를 진행하지 않는다.
- C팀은 월요일에 회의를 진행했다.
- D팀과 C팀은 이번 주에 B팀과 한 번씩 회의를 진행한다.
- A팀과 F팀은 이번 주에 이틀을 연이어 함께 회의를 진행한다.

① E팀은 수요일과 토요일 하루 중에만 회의를 진행한다.
② 화요일에 회의를 진행한 팀은 B팀과 E팀이다.
③ C팀과 E팀은 함께 회의를 진행하지 않는다.
④ C팀은 월요일과 수요일에 회의를 진행했다.
⑤ F팀은 목요일과 금요일에 회의를 진행한다.

풀이 STEP

[Step 1] 사람 인원 파악 후 표기하기!

- 인원: 여섯 명(A～F)
- 순서 찾기 문제 형식의 표를 작성해 준다.
- 회의 진행 횟수는 같으므로 모두 2회씩 진행해야 한다.

월	화	수	목	금	토

[Step 2] 조건 도식화하기!

조건 1 오늘은 목요일이고 A팀과 F팀이 함께 회의를 진행했다.
➔ Step 1 표에 직접 작성한다. / 목=(A, F)

조건 2 B팀은 A팀과 연이은 요일에 회의를 진행하지 않는다.
➔ AB or BA (×)

조건 3 B팀은 오늘을 포함하여 이번 주에는 더 이상 회의를 진행하지 않는다.
➔ B=(목, 금, 토) ×

조건 4 C팀은 월요일에 회의를 진행했다.
➔ C=월 (Step 1 표에 직접 작성한다.)

조건 5 D팀과 C팀은 이번 주에 B팀과 한 번씩 회의를 진행한다.
➔ (D, B), (C, B)

조건 6 A팀과 F팀은 이번 주에 이틀을 연이어 함께 회의를 진행한다.
➔ AF 2번 연속

[Step 3] 표에 도식 작성하기!

조건 1 목=(A, F)
➔ 목요일에 A, F 회의 진행 (표에 표기 #1)

조건 2 AB or BA (×)
➔ A, B는 연달아 회의할 수 없기 때문에 수, 금에 B는 올 수 없다. (#2)

조건 3 B=(목, 금, 토) ×
➔ B는 목, 금, 토 배치가 불가함. 그리고 각 인원은 2번씩은 반드시 회의에 참석해야 하므로 월, 화에 B가 회의에 참석한다. (#3)

조건 4 C=월
➔ C는 월요일 회의에 참석한다. (#4)

조건 5 (D, B), (C, B)
➔ D와 B가 반드시 함께 회의에 참석해야 하므로 D는 화요일에 회의를 진행한다. (#5)

조건 6 AF 2번 연속
➔ AF는 2번 연속으로 진행되므로 금요일에 배치된다. 수요일은 조건 2(AB or BA (×))에 위배되기 때문에 위치할 수 없다. (#6)

그리고 남은 위치에는 (C, E), (D, E)가 번갈아 가면서 나올 수 있는 두 개의 경우의 수가 있다. (#7)

		B(×) #2	B(×) #3	B(×) #2	B(×) #3
월	화	수	목	금	토
B #3 C #4	B #3 D #5	(C, E) #7 (D, E) #7	(A, F) #1	(A, F) #6	(D, E) #7 (C, E) #7

[Step 4] 정답 고르기!

정답 ⑤

목, 금은 (A, F)가 회의를 진행하므로 5번은 반드시 참인 보기이다.

영업팀의 A ~ E사원은 출장으로 인해 OO호텔에 투숙하게 되었다. OO호텔은 5층 건물로 A ~ E사원이 서로 다른 층에 묵는다고 할 때, 다음에 근거하여 바르게 추론한 것은?

- A사원은 2층에 묵는다.
- B사원은 A사원보다 높은 층에 묵지만, C사원보다는 낮은 층에 묵는다.
- D사원은 C사원 바로 아래층에 묵는다.

① E사원은 1층에 묵는다.
② B사원은 4층에 묵는다.
③ E사원은 가장 높은 층에 묵는다.
④ C사원은 D사원보다 높은 층에 묵지만, E사원보다는 낮은 층에 묵는다.
⑤ 가장 높은 층에 묵는 사람은 알 수 없다.

풀이 STEP

[Step 1] 사람 인원 파악 후 표기하기!

- 다섯 명(A ~ E) / 5층

층수	사람
5층	
4층	
3층	
2층	
1층	

[Step 2] 조건 도식화하기!

- 조건 1) A사원은 2층에 묵는다.
  ➔ A=2층(표에 직접 표시, #1)
- 조건 2) B사원은 A사원보다 높은 층에 묵지만, C사원보다는 낮은 층에 묵는다.
  A<B<C(세로 표기)

C
V
B
V
A

• 조건 3) D사원은 C사원 바로 아래층에 묵는다.

C
D

➔ 최종 도식

조건 2와 3을 합치게 되면 A<B<DC가 되는 것을 확인할 수 있다. 그런데 A가 2층에 있으므로, 층수의 배치는 E<A<B<D<C 순서라는 것을 추론할 수 있다. (#2)

C
D
∨
B
∨
A

[Step 3] 표에 도식 작성하기!

최종 도식에 의해서 2층~5층까지 결정된다. (표시 1, #1)

조건	층수	
	5층	C #2
	4층	D #2
	3층	B #2
	2층	A #1
	1층	E #2

[Step 4] 정답 고르기!

정답 ①

① E사원은 1층에 묵는다.

A ~ E는 아파트 101 ~ 105동 중 서로 다른 동에 각각 살고 있다. 다음 제시된 내용이 모두 참일 때, 반드시 참인 것은?(단, 101 ~ 105동은 일렬로 나란히 배치되어 있다)

- A와 B는 서로 인접한 동에 산다.
- C는 103동에 산다.
- D는 C 바로 옆 동에 산다.

① A는 101동에 산다.
② B는 102동에 산다.
③ D는 104동에 산다.
④ A가 102동에 산다면 E는 105동에 산다.
⑤ B가 102동에 산다면 E는 101동에 산다.

풀이 STEP

[Step 1] 사람 인원 파악 후 표기하기!

- 다섯 명(A ~ E) / 다섯 개동(101동 ~ 105동)

101동	102동	103동	104동	105동

[Step 2] 조건 도식화하기!

- 조건 1) A와 B는 서로 인접한 동에 산다.
  ➔ AB or BA
- 조건 2) C는 103동에 산다.
  ➔ C=103동 (표에 표시)
- 조건 3) D는 C 바로 옆 동에 산다.
  ➔ CD or DC

[Step 3] 표에 도식 작성하기!

1. 조건 2에 의해서 C는 103동에 위치한다. (#1)
2. 조건 3에 의해서 D는 102동 혹은 104동에 위치할 수 있으므로, 경우의 수를 2개로 나눠 작성한다. (#2)
3. 조건 1에 의해서 A와 B는 이웃해서 있어야 하므로, D가 102동에 배치한 경우(경우 1) A, B는 104, 105동에 살고, D가 104동에 있는 경우는 A, B는 101동, 102동에 거주하게 된다.

구분	101동	102동	103동	104동	105동
경우 1	E #3	D #2	C #1	A/B #3	B/A #3
경우 2	A/B #3	B/A #3	C #1	D #2	E #3

[Step 4] 정답 고르기!

정답 ④

④ A가 102동에 산다면 E는 105동에 산다.

➔ 경우 2에 해당하여 참이다.

○○기업에서는 이번 주 월 ~ 금 건강검진을 실시한다. 서로 요일이 겹치지 않도록 하루를 선택하여 건강검진을 받아야 할 때, 다음 중 반드시 참인 것은?

- 이 사원은 최 사원보다 먼저 건강검진을 받는다.
- 김 대리는 최 사원보다 늦게 건강검진을 받는다.
- 박 과장의 경우 금요일에는 회의로 인해 건강검진을 받을 수 없다.
- 이 사원은 월요일 또는 화요일에 건강검진을 받는다.
- 홍 대리는 수요일에 출장을 가므로 수요일 이전에 건강검진을 받아야 한다.
- 이 사원은 홍 대리보다는 늦게, 박 과장보다는 먼저 건강검진을 받는다.

① 홍 대리는 월요일에 건강검진을 받는다.
② 박 과장은 수요일에 건강검진을 받는다.
③ 최 사원은 목요일에 건강검진을 받는다.
④ 최 사원은 박 과장보다 먼저 건강검진을 받는다.
⑤ 박 과장은 최 사원보다 먼저 건강검진을 받는다.

풀이 STEP

[Step 1] 사람 인원 파악 후 표기하기!

- 5일(월 ~ 금), 다섯 명 예상

문제를 보고 몇 명의 사람이 나오는지 알 수 없으나, 대부분 요일의 숫자만큼 인원이 나오게 된다(조건들을 보며 나오는 대상을 확인할 수 있으나, 실제 시험에서는 이런 부분을 확인할 시간은 없다).

구분	월	화	수	목	금
경우 1					

[Step 2] 조건 도식화하기!

조건 1 이 사원은 최 사원보다 먼저 건강검진을 받는다.

조건 2 김 대리는 최 사원보다 늦게 건강검진을 받는다.

➔ 1&2 조건 통합: 이 사원 < 최 사원 < 김 대리

조건 3 박 과장의 경우 금요일에는 회의로 인해 건강검진을 받을 수 없다.

➔ 박 과장: 금 ×

조건 4 이 사원은 월요일 또는 화요일에 건강검진을 받는다.

➔ 이 사원: 월, 화 ○

조건 5 홍 대리는 수요일에 출장을 가므로 수요일 이전에 건강검진을 받아야 한다.

➔ 홍 대리: 월, 화 ○

조건 6 이 사원은 홍 대리보다는 늦게, 박 과장보다는 먼저 건강검진을 받는다.
홍 대리<이 사원<박 과장

[조건 1, 2, 6 도식 통합]
여러 가지 도식들을 하나의 도식들로 합치는 연습을 해주게 된다면, 문제를 풀 수 있는 정보들을 손쉽게 찾아낼 수 있다.
홍 대리<이 사원<박 과장
<최 사원<김 대리

[Step 3] 표에 도식 작성하기!

먼저 조건 3 ~ 5의 내용을 Step 1에 작성한 표에 작성하도록 한다. 그 후 조건 1, 2, 6에 대한 내용들을 적용해주면 된다. 최종 조건(조건 1, 2, 6)에 의해서 홍 대리, 이 사원은 반드시 월, 화요일에 근무를 해야 한다.(#1)

그 후 박 과장과 최 사원, 김 대리의 순서를 확정 지어야 하지만, 주어진 조건으로는 순서를 확정 지을 수 없다. 그러므로 경우의 수를 나누어 가능한 Case들을 모두 파악해야 한다. 우리는 조건 3에 의해서 금요일에 박과장이 올 수 없다는 것을 알 수 있다. 그러므로 박 과장이 수, 목에 배치될 수 있는 경우의 수를 나눠서 생각해주면 쉽게 답을 구할 수 있다.(#2)

그 다음 조건 2에 의해서 최 사원, 김 대리가 순서대로 배치되어야 하므로 나머지 빈칸을 채워주면 모든 경우의 수를 확인할 수 있다.(#3)

	홍 대리 ○ 이 사원 ○	홍 대리 ○ 이 사원 ○			박 과장(×)
구분	월	화	수	목	금
경우 1	홍 대리(#1)	이 사원(#1)	박 과장(#2)	최 사원(#3)	김 대리(#3)
경우 2			최 사원(#3)	박 과장(#2)	김 대리(#3)

[Step 4] 정답 고르기!

정답 ①

① 홍 대리는 월요일에 건강검진을 받는다.

다음은 이번 주 기상예보이다. 이에 근거하여 바르게 추론한 것은?

- 주말을 제외한 이번 주 월요일부터 금요일까지의 평균 낮 기온은 25도로 예상됩니다.
- 화요일의 낮 기온은 26도로 월요일보다 1도 높을 것으로 예상됩니다.
- 수요일 낮에는 많은 양의 비가 내리면서 전일보다 3도 낮은 기온이 예상됩니다.
- 금요일의 낮 기온은 이번 주 평균 낮 기온으로 예상됩니다.

① 월요일과 목요일의 낮 기온은 같을 것이다.
② 목요일의 낮 기온은 평균 26도로 예상할 수 있다.
③ 화요일의 낮 기온이 주말보다 높을 것이다.
④ 목요일의 낮 기온은 월~금요일의 평균 기온보다 낮을 것이다.
⑤ 월~금 중 낮 기온이 이번 주 평균보다 높은 날은 3일 이상일 것이다.

풀이 STEP

[Step 1] 사람 인원 파악 후 표기하기!

- 5일(월~금) / 온도

구분	월	화	수	목	금
경우 1					

[Step 2] 조건 도식화하기!

조건 1 주말을 제외한 이번 주 월요일부터 금요일까지의 평균 낮 기온은 25도로 예상됩니다.
➔ 월~금 평균 25도

조건 2 화요일의 낮 기온은 26도로 월요일보다 1도 높을 것으로 예상됩니다.
➔ 화요일: 26도, 월요일: 25도

조건 3 수요일 낮에는 많은 양의 비가 내리면서 전일보다 3도 낮은 기온이 예상됩니다.
➔ 수요일: 23도 (조건 2번 참고)

조건 4 금요일의 낮 기온은 이번 주 평균 낮 기온으로 예상됩니다.
➔ 금요일: 25도 (조건 1번 참고)

- 평균 25도
- 표에 표시(월 25도 / 화 26도)
- 표에 표시(수 23도)
- 표에 표시(금 25도)

구분	월	화	수	목	금
경우 1	25	26	23		25

[Step 3] 표에 도식 작성하기!

주어진 조건을 보면 목요일을 제외한 요일의 온도는 모두 파악할 수 있다. 우리는 조건 1(평균 온도: 25도)을 기반으로 목요일의 온도를 추론해야 한다.

구분	월	화	수	목	금
경우 1	25	26	23		25

주어진 조건 1에 의해서 평균 월 - 금 평균을 계산하여 목요일의 온도를 추론해야 한다.
평균을 구할 때는 공식을 사용하면 쉽게 구할 수 있지만, 인적성시험 특성상 다음과 같은 방법으로 풀이하게 되면 더 빠르게 답을 구할 수 있다. 다음 평균 구하기 팁을 참고해 보자.

Thinking Box

평균 구하기 Tip!

- Mind Set: 평균이 25라는 것은 모든 요일의 온도가 25이면 평균이 25가 될 것이다. 그러므로 모든 값들을 25로 맞춰준다.
- 평균 구하기: 화요일의 온도 값은 26(25+1)이므로 평균 값보다 +1이 된 값이다. 그러므로 이 초과된 수(+1)를 평균(25도)보다 작은 수에 추가해 줄 것이다. 그러면 기존에 23도인 수요일은 24도(25−1)가 된다. 그러나 아직도 1도가 모자르며 이 값을 목요일에서 가져올 것이다. 그러므로 목요일의 값은 26도(25+1)가 된다.

구분	월	화	수	목	금
경우 1	25	26	23	26	25

[Step 4] 정답 고르기!

정답 ②

② 목요일의 낮 기온은 평균 26도로 예상할 수 있다.

S전자 마케팅부 직원 A～J 10명이 점심식사를 하러 가서 다음 조건에 따라 6인용 원형테이블 2개에 각각 4명, 6명씩 나눠 앉았다. 항상 거짓인 것을 고르면?

- A와 I는 빈자리 하나만 사이에 두고 앉아 있다.
- C와 D는 1명을 사이에 두고 앉아 있다.
- F의 양 옆 중 오른쪽 자리만 비어 있다.
- E는 C나 D의 옆자리가 아니다.
- H의 바로 옆에 G가 앉아 있다.
- H는 J와 마주보고 앉아 있다.

① A와 B는 같은 테이블이다.
② H와 I는 다른 테이블이다.
③ C와 G는 마주보고 앉아 있다.
④ A의 양 옆은 모두 빈 자리이다.
⑤ D의 옆에 J가 앉아 있다.

풀이 STEP

[Step 1] 원탁 모양 그리기

- 인원: 열 명(여섯 & 네 명씩 나눠 앉음)
  - 특이사항: 모두 6인용 테이블

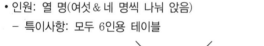

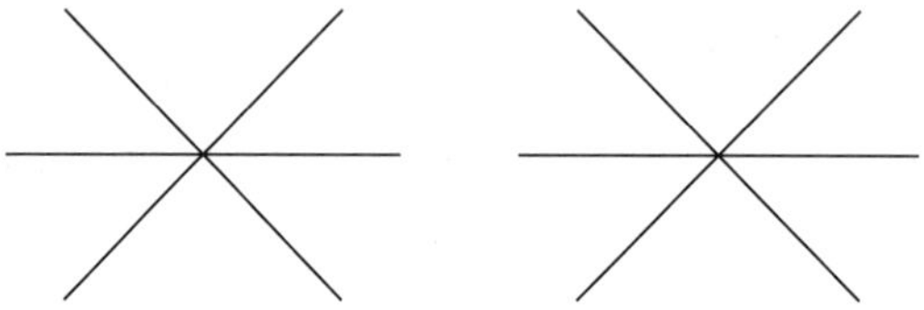

〈6인〉 〈4인〉

[Step 2] 조건 도식화하기

조건 1 A와 I는 빈자리 하나만 사이에 두고 앉아 있다.

➔ A(빈자리) I

도식의 의미: A와 I는 4명 테이블에 있는 것을 의미한다. (빈자리가 존재하기 때문)

조건 2 C와 D는 1명을 사이에 두고 앉아 있다.

➔ C(사람1)D

조건 3 F의 양 옆 중 오른쪽 자리만 비어 있다.

➔ (사람1)F(빈자리)

도식의 의미: F는 빈자리가 존재하므로 4명이 있는 테이블에 배치된다.

조건 4 E는 C나 D의 옆자리가 아니다.

➔ _E_ (C(×), D(×))

조건 5 H의 바로 옆에 G가 앉아 있다.

➔ HG or GH

조건 6 H는 J와 마주보고 앉아 있다.

➔ H ↔ J

단순히 도식을 작성하기보다는 조건에 숨겨진 의미를 파악하면서 작성하는 것이 중요하다. 위 문제에서는 테이블에 여섯 명&네 명이 앉아있으므로 어떤 사람이 네 명 테이블에 가는지, 여섯 명 테이블에 가는지 판단이 필요하다. 위 조건 중 1, 3번 조건을 확인해 보면 빈자리가 있는 것을 확인할 수 있다. 그 말인즉슨 6인용 테이블에 비어있는 자리가 있음을 의미하며, 네 명 테이블에 A, I, F, E가 앉았다는 것이고, C, D, H, G, J, B는 여섯 명 테이블에 앉았다는 것이다(이때 E는 바로 4인 테이블인지 확인할 수 없고, 6인 테이블의 인원이 확정된 후 마지막 남은 인원(E)이 4인 테이블에 존재하는 걸 확인하는 것이다).

구분	6명 테이블	4명 테이블
인원	B, C, D, H, G, J	A, I, F, E

조건을 파악한 후 항상 보기를 소거할 수 있는지 확인하는 습관을 갖도록 하자. 이 문제 같은 경우 원탁 배치를 작성하지 않아도 정답이 1번인 것을 바로 확인할 수 있다.

[Step 3] 원탁 모양에 조건 적용하기

[6인 테이블]

조건들은 조건 6(H ⇔ J)(#1) ⇒ 조건 5(HG or GH)(#2) ⇒ 조건 2(C(사람1)D)(#3) 순서로 표기하면 된다. 조건 5(HG or GH)(#2)를 표기할 때 G의 위치가 H의 좌 / 우에 배치되는 두 가지 경우에 대해 모두 작성해 주어야 한다.

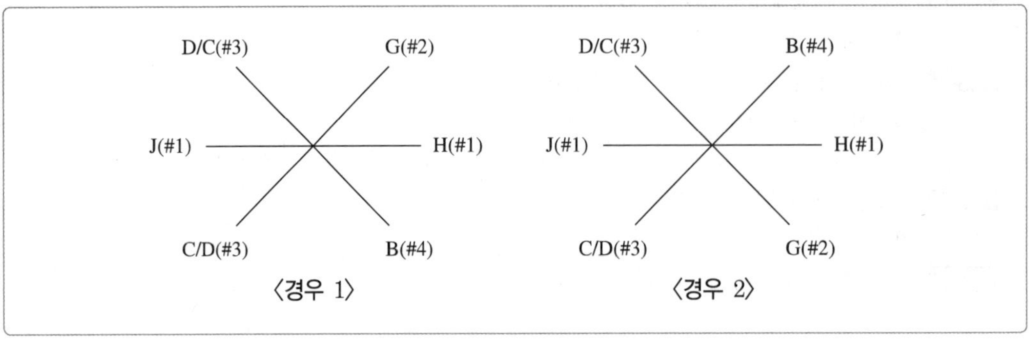

[4인 테이블]

조건들은 조건 1(A(빈자리)I)(#1) ⇒ 조건 3((사람1)F(빈자리))(#2) 순서로 적용하여 표기하면 된다. 이때 조건3(#2)에 위치에 따라 두 가지 경우가 나올 수 있다.

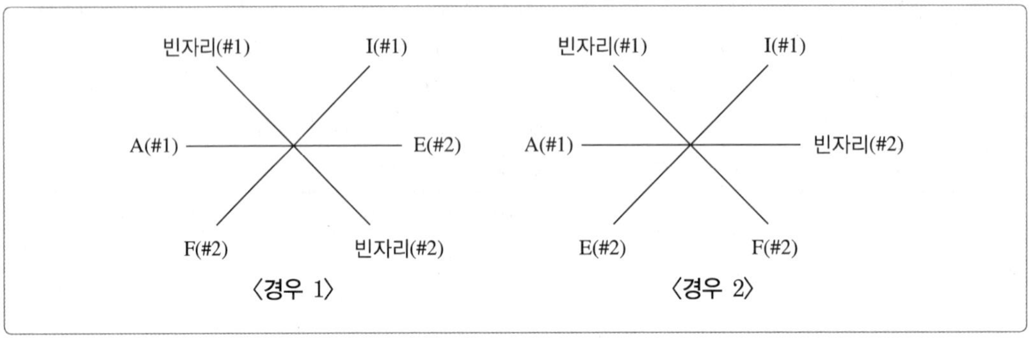

[Step 4] 정답 고르기!

정답 ①

① A와 B는 같은 테이블이다.

➔ A와 B는 같은 테이블에 있을 수 없다.

재정회계과는 회식 때 〈좌석배치 규칙〉에 따라 직원들을 배치하기로 하였다. 다음 규칙을 따를 때, 〈보기〉의 설명 중 항상 참인 것만을 있는 대로 고르면?

〈좌석배치 규칙〉

- 재정회계과에는 A과장, B대리, C대리, D주임, E주임, F주임, G사원, H사원이 있다.
- 재정회계과에서 회식 때 앉을 테이블은 8명이 모두 좌우로 동일한 간격을 두고 앉는 원형 테이블이다.
- 사원들은 서로 마주보고 앉는다.
- B대리와 H사원은 A과장으로부터 동일한 거리만큼 떨어진 자리에 앉는다.
- C대리는 H사원과 이웃하여 앉는다.
- E주임과 F주임은 G사원으로부터 동일한 거리만큼 떨어진 자리에 앉는다.

〈보기〉

ㄱ. A과장이 C대리와 이웃하여 앉는 경우가 있다.
ㄴ. E주임과 D주임 사이에는 항상 최소 두 명의 직원이 앉는다.
ㄷ. B대리는 D주임과 항상 마주보고 앉는다.
ㄹ. C대리는 E주임 또는 F주임과 마주보고 앉는다.

① ㄱ, ㄴ
② ㄱ, ㄷ
③ ㄱ, ㄹ
④ ㄴ, ㄷ
⑤ ㄷ, ㄹ

풀이 STEP

[Step 1] 원탁 모양 그리기!

- 인원: 여덟 명(과장 한 명 / 대리 두 명 / 주임 세 명 / 사원 두 명)

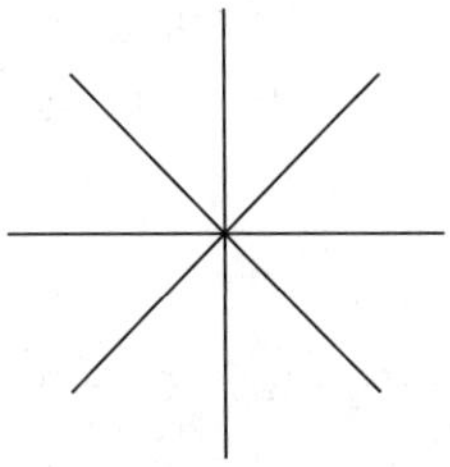

[Step 2] 조건 도식화하기!

조건 1 사원들은 서로 마주보고 앉는다.

➔ 도식화: G ⇔ H

조건 2 B대리와 H사원은 A과장으로부터 동일한 거리만큼 떨어진 자리에 앉는다.

➔ 도식화: B ⇔ A=H ⇔ A

조건 3 C대리는 H사원과 이웃하여 앉는다.

➔ 도식화: CH or HC

조건 4 E주임과 F주임은 G사원으로부터 동일한 거리만큼 떨어진 자리에 앉는다.

➔ 도식화: G ⇔ E=F ⇔ G

[Step 3] 원탁 모양에 조건 적용하기!

위 조건 중 쉽게 표기할 수 있는, 서로 마주보는 조건인 조건 1(G ⇔ H)을 먼저 적용해준다.

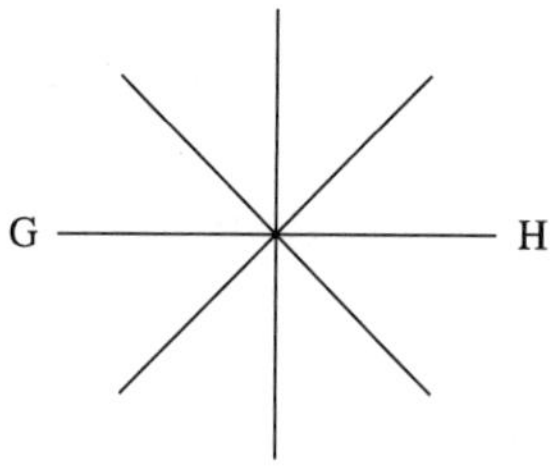

그 후 G, H와 관련된 조건 중 두 가지 경우가 나오는 조건 3(CH or HC)을 적용한다.

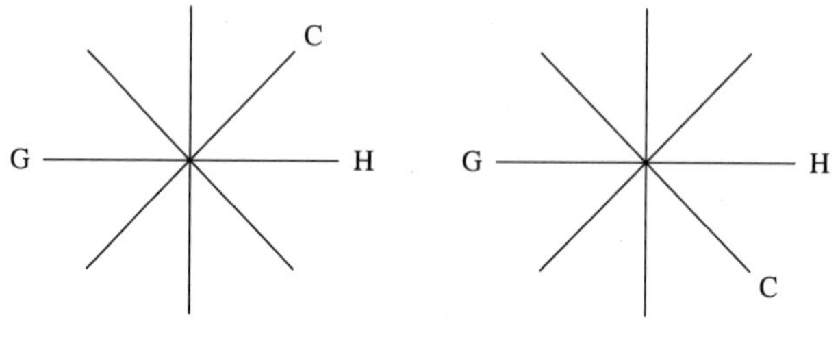

세 번째는 조건 4(G ⇔ E=F ⇔ G)를 적용한다. 그러면 총 여덟 가지 경우의 수를 확인할 수 있다. 이때 E&F가 교환될 수 있는 경우를 "E / F, F / E" 이렇게 적어줌으로써 경우의 수를 최소화하도록 하자.

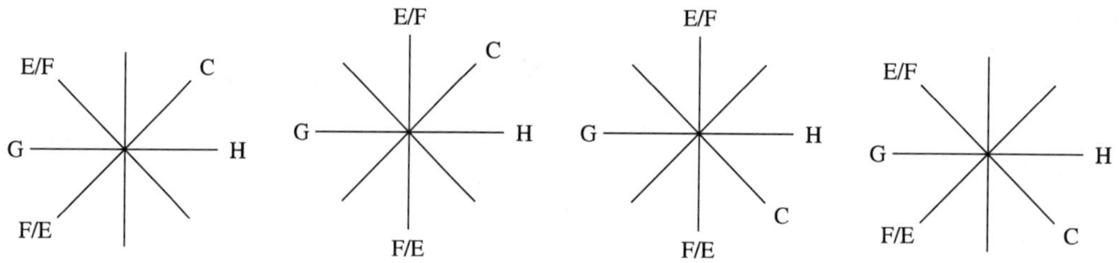

마지막으로 조건 2(B ⇔ A = H ⇔ A)를 적용하여 모든 경우의 수를 확인한다. 이때 조건 2를 만족할 수 있는 경우는 A와 H의 바로 옆에 위치할 수 있는 첫 번째와 네 번째 도식이다. 그리고 이를 만족하는 모든 경우의 수는 다음과 같다.

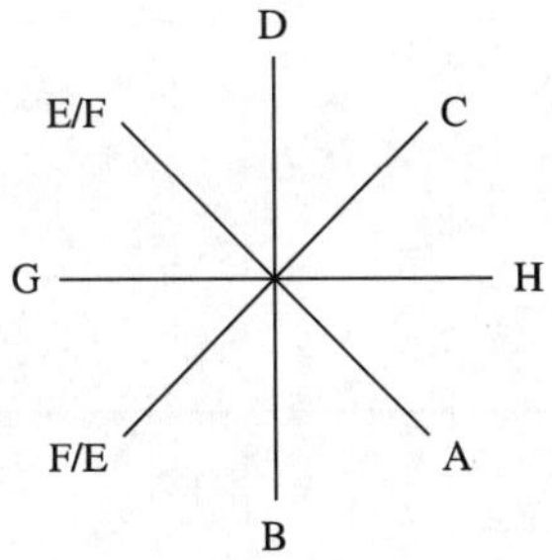

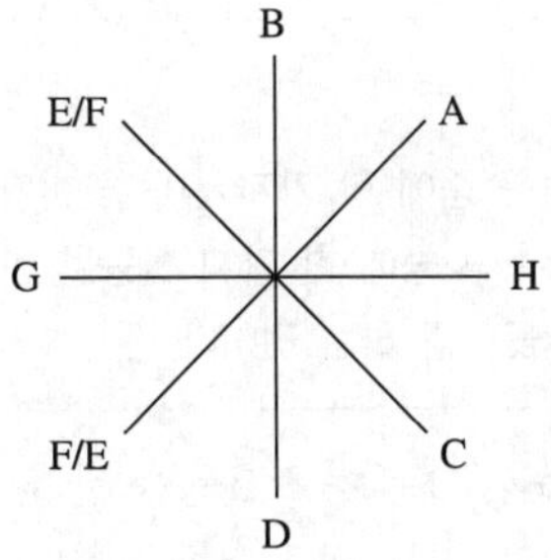

[Step 4] 정답 고르기!

정답 ⑤

위 도식을 만족하는 보기를 고르면 ㄷ, ㄹ이 되므로 정답은 5번이 된다.

A ~ D는 취미로 꽃꽂이, 댄스, 축구, 농구 중에 한 가지 활동을 한다. 취미는 서로 겹치지 않으며, 모든 사람은 취미 활동을 한다. 다음 〈조건〉을 바탕으로 항상 참인 것은?

〈조건〉

• A는 축구와 농구 중에 한 가지 활동을 한다.
• B는 꽃꽂이와 축구 중에 한 가지 활동을 한다.
• C의 취미는 꽃꽂이를 하는 것이다.

① B는 축구 활동을, D는 농구 활동을 한다.
② A는 농구 활동을, D는 댄스 활동을 한다.
③ A는 댄스 활동을, B는 축구 활동을 한다.
④ B는 축구 활동을 하지 않으며, D는 댄스 활동을 한다.
⑤ A는 농구 활동을 하지 않으며, D는 댄스 활동을 하지 않는다.

풀이 STEP

[Step 1] 문제의 조건 확인 후 표의 가로 & 세로축 구상하기!

가로축: 활동 / 세로축: 인원으로 하여 문제 풀이에 필요한 표를 작성한다.

구분	꽃꽂이	댄스	축구	농구
A				
B				
C				
D				

[Step 2] 조건 도식화하기!

위 문제는 따로 조건들을 도식화하지 않고 문제에 직접 작성 가능하기 때문에 표에 바로 표기하면 된다. 그러나 이해를 돕기 위해 각 조건이 어떤 의미를 갖는지 작성해 보도록 하겠다.

조건 1 A는 축구와 농구 중에 한 가지 활동을 한다.
➔ 꽃꽂이, 댄스 활동 × (#1)

조건 2 B는 꽃꽂이와 축구 중에 한 가지 활동을 한다.
➔ 댄스, 농구 활동 × (#2)

조건 3 C의 취미는 꽃꽂이를 하는 것이다.
➔ C=꽃꽂이 활동 (#3)

C가 꽂꽂이 활동을 하기 때문에 나머지(A, B, D)는 꽂꽂이 활동을 할 수 없으며, C도 꽂꽂이 외의 활동은 할 수 없다.

[Step 3] 표에 도식 작성하기!

조건 1, 2, 3을 순차적으로 표기하면 다음과 같은 표를 만들 수 있게 된다.

구분	꽂꽂이	댄스	축구	농구
A	×(#1)	×(#1)	×(#4)	○(#5)
B	×(#3)	×(#2)	○(#4)	×(#2)
C	○(#3)	×(#3)	×(#3)	×(#3)
D	×(#3)	○(#5)	×(#4)	×(#5)

조건 1 ~ 3이 #1 ~ #3을 의미하며 #4, #5는 표에서 행 / 열 중 행과 열 당 ○는 1개만 있게끔 표의 빈칸을 채운 것이다.

[Step 4] 정답 고르기!

정답 ②

위 표를 확인했을 때 A는 농구 활동을, D는 댄스 활동을 한다. 즉 보기 2번이 참이라는 것을 확인할 수 있다.

지각을 한 영업사원 甲은 어제 소주, 맥주, 양주, 막걸리, 고량주를 각각 한 병씩 마셨다고 한다. 술을 어느 순서로 마셨냐고 묻자, 甲은 다음 술집으로 이동하기 전에 필름이 끊겨 기억이 잘 나지 않는다고 하고 급하게 화장실로 뛰어갔다. 다음 중 반드시 참이 아닌 진술은?

- 양주는 언제 마셨는지 기억이 없다.
- 맥주는 소주를 다 마신 후에 마셨고, 그때 고량주는 아직 마시지 않은 상태였다.
- 취한 상태에서 맥주를 마시면 속이 안 좋아져서, 맥주는 마지막에 마시지 않았다고 한다.
- 소주는 고량주와 막걸리(또는 막걸리와 고량주) 사이에 마셨다.
- 막걸리를 마시고 바로 맥주를 마시지는 않았다.

① 고량주를 막걸리보다 먼저 마실 수 없다.
② 양주를 처음에 마시지 않았다면, 가장 처음 마신 술은 막걸리이다.
③ 소주보다 막걸리를 먼저 마셨다.
④ 맥주를 마시고 바로 고량주를 마셨을 것이다.
⑤ 양주를 마지막에 마시지 않았다면 고량주를 마실 때에는 이미 필름이 끊겼을 것이다.

풀이 STEP

[Step 1] 문제의 조건 확인 후 표의 가로 & 세로축 구상하기!

술 마신 순서를 찾는 것이므로 첫 번째 ~ 다섯 번째까지 나타낼 수 있는 표를 구상한다.

1	2	3	4	5

[Step 2] 조건 도식화하기!

조건 1 양주 마실 때는 기억이 안 난다.

조건 2 맥주는 소주를 다 마신 후에 마셨고, 그때 고량주는 아직 마시지 않은 상태였다.
➔ 소주 < 맥주 < 고량주

조건 3 취한 상태에서 맥주를 마시면 속이 안 좋아져서, 맥주는 마지막에 마시지 않았다고 한다.
➔ 맥주 다섯 번째 × (표에 직접 작성)

조건 4 소주는 고량주와 막걸리(또는 막걸리와 고량주) 사이에 마셨다.
➔ 막걸리 < 소주 < 고량주

조건 5 막걸리를 마시고 바로 맥주를 마시지는 않았다.
➔ 막맥 ×

이때 합칠 수 있는 조건이 있다면 최대한 합쳐주는 것이 좋다. 위 문제에서는 조건 2&4를 한 번에 적어 줄 수 있다.

> [조건] 2&4: 막걸리<소주<맥주<고량주

그리고 이렇게 적어주게 되면 자연스럽게 조건 5도 해결되기 때문에 조건 2&4, 조건 1만 고려해주면 된다.

[Step 3] 표에 도식 작성하기!

위 조건들을 바탕으로 표에 직접 작성해 보도록 하자.

조건 2&4에 의해서 소주는 2번 or 3번에 위치할 수 있다. 이렇게 하나의 위치를 설정해두고 나머지 경우들을 확인하면 다양한 케이스들을 쉽게 구할 수 있다. 이 문제에서는 다음과 같이 모든 경우의 수를 확인할 수 있다.

				맥주 ×
1	2	3	4	5
막걸리	소주	맥주	고량주 / 양주	양주 / 고량주
막걸리	소주	양주	맥주	고량주
막걸리	양주	소주	맥주	고량주
양주	막걸리	소주	맥주	고량주

[Step 4] 정답 고르기!

정답 ④

위 표를 확인했을 때 보기 4번을 제외하고는 모두 반드시 참인 조건이다.

④ 맥주를 마시고 바로 고량주를 마셨을 것이다.

➔ 보기 4번의 경우 막걸리> 소주> 맥주> 양주> 고량주라는 경우가 있기 때문에 반드시 참이라고 할 수 없다.

S사는 자율출퇴근제를 시행하고 있다. 출근은 12시 이전에 자유롭게 할 수 있으며 본인 업무량에 비례하여 근무하고 바로 퇴근한다. 다음 1월 28일의 업무에 대한 〈조건〉을 고려하였을 때, 항상 참인 것은?

〈조건〉

- 점심시간은 12시부터 1시까지이며 점심시간에는 업무를 하지 않는다.
- 업무 1개당 1시간이 소요되며, 출근하자마자 업무를 시작하여 쉬는 시간 없이 근무한다.
- S사에 근무 중인 K팀의 A, B, C, D는 1월 28일에 전원 출근했다.
- A와 B는 오전 10시에 출근했다.
- B와 D는 오후 3시에 퇴근했다.
- C는 팀에서 업무가 가장 적어 가장 늦게 출근하여 가장 빨리 퇴근했다.
- D는 B보다 업무가 1개 더 많았다.
- A는 C보다 업무가 3개 더 많았고, A는 팀에서 가장 늦게 퇴근했다.
- 이날 K팀은 가장 늦게 출근한 사람과 가장 늦게 퇴근한 사람을 기준으로, 오전 11시에 모두 출근하였으며 오후 4시에 모두 퇴근한 것으로 보고되었다.

① A는 4개의 업무를 하고 퇴근했다.
② B의 업무는 A의 업무보다 많았다.
③ C는 2시에 퇴근했다.
④ A와 B는 팀에서 가장 빨리 출근했다.
⑤ C가 D의 업무 중 1개를 대신 했다면 D와 같이 퇴근할 수 있었다.

풀이 STEP

[Step 1] 문제의 조건 확인 후 표의 가로 & 세로축 구상하기!

문제에는 표를 그릴 수 있는 조건이 나와 있지 않다. 주어진 조건을 보며 9시 ~ 16시까지의 표를 그리도록 한다. (순서찾기 유형과 유사)

구분	9시	10시	11시	12시	13시	14시	15시	16시
출근								
퇴근								

[Step 2] 조건 도식화하기!

1) 12시 이전에 모두 출근
2) 12 ~ 13시 근무 × (#1)
3) A, B 10시 출근 (표에 바로표기 #1)
4) B, D 오후 3시 퇴근 (표에 바로표기)
5) C 가장 늦게 출근, 일찍 퇴근 (#4)

6) B+1=D(#5)

7) C+3=A, A 가장 늦게 퇴근(#4)

➔ 주어진 조건 중 '업무 1개당 1시간 소요' 같은 조건들은 굳이 작성하지 않고 머릿속으로 기억하는 것이 문제 풀이 속도를 높이는 중요한 요소이다. 자신이 직관적으로 이해 가능한 부분을 기억하도록 하자. 만약 옥선생이 시험을 보는 사람의 입장이라면 '업무 1개당 1시간 소요'뿐만 아니라 조건 1, 2의 내용들도 Step 2에서 적지 않고 넘어갈 것이다. 기억하는 요소가 너무 많아서 실수가 잦아진다면 기억을 하는 것 보다는 도식화를 더 꼼꼼히 하는 방식을 택하는 것을 추천한다.

[Step 3] 표에 도식 작성하기!

구분	9시	10시	11시	12시	13시	14시	15시	16시
출근	D(#5)	A, B(#1)	C(#4)	점심시간				
퇴근				점심시간		C(#4)	B, D(#3)	A(#4)

- #1: 조건 2
- #2: 조건 3
- #3: 조건 4
- #4: 조건 7, 조건 5
  - A는 가장 늦게 퇴근하므로 16시 퇴근하게 되며 총 5시간을 일하게 된다.
    그러므로 C는 총 2시간을 일해야 하며, C는 조건 5에 의해서 가장 늦게 출근하고, 일찍 퇴근해야 한다.
    따라서 C는 11시 출근, 14시 퇴근을 하게 한다는 것을 파악할 수 있다.
- #5: 조건 6
  - D는 B보다 1시간 일을 더 해야 하고 퇴근 시간은 15시로 동일하기 때문에, D는 B보다 1시간 빠른 9시에 출근한다.

[Step 4] 정답 고르기!

정답 ③

Step 3의 표에 일치하는 3번이 정답이다.

③ C는 2시에 퇴근했다.

S사의 사내 기숙사 3층에는 다음과 같이 크기가 모두 같은 10개의 방이 일렬로 나열되어 있다. A ~ E 5명의 신입사원을 10개의 방 중 5개의 방에 각각 배정하였을 때, 〈정보〉를 바탕으로 항상 참인 것은?(단, 신입사원이 배정되지 않은 방은 모두 빈방이다)

1	2	3	4	5	6	7	8	9	10

〈정보〉

- A와 B의 방 사이에 빈방이 아닌 방은 하나뿐이다.
- B와 C의 방 사이의 거리는 D와 E의 방 사이의 거리와 같다.
- C와 D의 방은 나란히 붙어 있다.
- B와 D의 방 사이에는 3개의 방이 있다.
- D는 7호실에 배정되었다.

① 1호실은 빈방이다.
② 4호실은 빈방이다.
③ 9호실은 빈방이다.
④ C는 6호실에 배정되었다.
⑤ E는 10호실에 배정되었다.

풀이 STEP

[Step 1] 문제의 조건 확인 후 표의 가로 & 세로축 구상하기!

문제에서 그림을 주었기 때문에 주어진 표를 활용하도록 한다.

1	2	3	4	5	6	7	8	9	10

- A와 B의 방 사이에 빈방이 아닌 방은 하나뿐이다.
- B와 C의 방 사이의 거리는 D와 E의 방 사이의 거리와 같다.
- C와 D의 방은 나란히 붙어 있다.
- D는 7호실에 배정되었다.

[Step 2] 조건 도식화하기!

조건 1 A와 B의 방 사이에 빈방이 아닌 방은 하나뿐이다.
➔ A(사람1)B & 빈방이 껴 있어도 됨

조건 2 B와 C의 방 사이의 거리는 D와 E의 방 사이의 거리와 같다.
➔ B ⇔ C=D ⇔ E

조건 3 C와 D의 방은 나란히 붙어 있다.
➔ CD or DC

조건 4 B와 D의 방 사이에는 3개의 방이 있다.
➔ B _ _ _ D or D _ _ _ B

조건 5 D는 7호실에 배정되었다.
➔ D=7호실 (표에 직접 표기)

[Step 3] 표에 도식 작성하기!

구분	1	2	3	4	5	6	7	8	9	10
경우 1 (A배치 불가)			~~B(#2)~~			~~C(#3)~~	~~D(#1)~~			~~E(#4)~~
경우 1-1			B(#2)	E(#4)	A(#5)	C(#3)	D(#1)			
경우 2	A(#5)	E(#4)	B(#2)				D(#1)	C(#3)		

- #1: 조건 5 (표에 직접 표기)
- #2: 조건 4 (B _ _ _ D or D _ _ _ B)
  - D와 B 사이에 3개 방이 있어야 하는데 D가 7호실로 확정되어 있기 때문에 B가 D보다 뒤에 배치될 수 없다. 그러므로 B의 위치는 3호실로 확정된다.
- #3: 조건 3 (CD or DC)
  - 세 번째 조건에 의해서 C는 D 옆에 배치될 수 있고, 왼쪽 & 오른쪽 모두 위치할 수 있다. 그러므로 C는 6, 8번에 위치할 수 있으며 이 경우를 나눠 표를 작성하면 된다.
- #4: 조건 2 (B ⇔ C=D ⇔ E)
  - 경우 1의 경우 B ⇔ C의 간격은 2이므로 E의 위치는 4, 10호실에 위치할 수 있다.
  - 경우 2의 경우 B ⇔ C의 간격은 3이므로 E의 위치는 2호실에 위치하게 된다.
- #5: 조건 1 (A(사람1)B)+사이 빈방 있어도 된다.
  - 경우 1의 경우 A와 B 사이에 사람이 한 명만 있는 경우가 발생하지 않으므로 옳지 않은 케이스가 된다. 그러므로 적어둔 내용들은 모두 취소하여 헷갈리지 않도록 표시한다.

[Step 4] 정답 고르기!

정답 ③

위 표를 보면 9호실은 항상 빈방이므로 정답은 3번이 된다.

PART 2 논리게임

A～D국의 각 기상청은 최근 태평양에서 발생한 태풍의 이동 경로를 다음과 같이 예측하였고, 이들 중 단 두 국가의 예측만이 실제 태풍의 이동 경로와 일치했다. 다음 중 실제 태풍의 이동 경로를 바르게 예측한 나라로 옳은 것은?(단, 예측이 틀린 국가는 모든 예측에 실패했고, 각 태풍은 한 나라에만 상륙한다)

- A국 : 8호 태풍 바비는 일본에 상륙하고, 9호 태풍 마이삭은 한국에 상륙할 것입니다.
- B국 : 9호 태풍 마이삭이 한국에 상륙한다면, 10호 태풍 하이선은 중국에 상륙할 것입니다.
- C국 : 8호 태풍 바비의 이동 경로와 관계없이 10호 태풍 하이선은 중국에 상륙하지 않을 것입니다.
- D국 : 10호 태풍 하이선은 중국에 상륙하지 않고, 8호 태풍 바비는 일본에 상륙하지 않을 것입니다.

① A국, B국
② A국, C국
③ B국, C국
④ B국, D국
⑤ C국, D국

풀이 STEP

[Step 1] 문제의 조건 확인 후 표의 가로 & 세로축 구상하기!

해당 문제는 거짓말하는 사람 찾기 문제의 유형과 동일하다. 그렇기 때문에 각 보기를 가정하여 문제를 풀면 된다. 거짓말하는 사람 찾는 유형의 문제 풀이 방법이 기억나지 않는다면 앞의 개념 설명을 확인하길 바란다. 만약 모순을 통해 문제를 푸는 사람이 있다면 A, D국의 주장의 모순을 찾아 풀어보길 바란다.

구분	8호(바비)	9호(마이삭)	10호(하이선)
보기 1 참 가정			
보기 2 참 가정			
보기 3 참 가정			
보기 4 참 가정			
보기 5 참 가정			

이때 문제에서 두 개의 국가만 정확하게 예측했으므로 참으로 가정하지 않은 보기는 잘못된 예측을 하고 있어야만 한다.
예를 들어 보기 1번을 참으로 가정한 경우 A & B국은 정확한 예측을 하고, C & D국은 잘못된 예측을 하는 것이다.

[Step 2] 조건 도식화하기!

- 거짓말하는 사람 찾기 유형과 비슷하므로 따로 도식을 작성하지 않는다. (2T / 2F)

[Step 3] 표에 도식 작성하기!

구분	8호(바비)	9호(마이삭)	10호(하이선)
보기 1 참 가정	일본	한국	중국
보기 2 참 가정	일본	한국	중× (모순)

[Step 4] 정답 고르기!

정답 ①

모순이 발생하지 않는 경우는 1번밖에 없으므로 정답은 1번이다.
보기 2번의 경우 10호는 중국에 상륙한다는 B국의 주장이 거짓이므로 각 태풍은 하나의 나라에 상륙한다는 조건에 위배된다.
보기 3번의 경우 A, D의 8호가 일본에 상륙한다는 주장이 상반되므로 조건에 위배된다.

고용노동부와 산업인력공단이 주관한 서울관광채용박람회의 해외채용관에는 8개의 부스가 마련되어 있다. A호텔, B호텔, C항공사, D항공사, E여행사, F여행사, G면세점, H면세점이 〈조건〉에 따라 8개의 부스에 각각 위치하고 있을 때, 다음 중 항상 참이 되는 것은?

〈조건〉

- 같은 종류의 업체는 같은 라인에 위치할 수 없다.
- A호텔과 B호텔은 복도를 사이에 두고 마주 보고 있다.
- G면세점과 H면세점은 양 끝에 위치하고 있다.
- E여행사 반대편에 위치한 H면세점은 F여행사와 나란히 위치하고 있다.
- C항공사는 제일 앞 번호의 부스에 위치하고 있다.

[부스 위치]

1	2	3	4
복도			
5	6	7	8

① A호텔은 면세점 옆에 위치하고 있다.
② B호텔은 여행사 옆에 위치하고 있다.
③ C항공사는 여행사 옆에 위치하고 있다.
④ D항공사는 E여행사와 나란히 위치하고 있다.
⑤ G면세점은 B호텔과 나란히 위치하고 있다.

풀이 STEP

[Step 1] 문제의 조건 확인 후 표의 가로 & 세로축 구상하기!

주어진 표를 활용한다.

1	2	3	4
복도			
5	6	7	8

[Step 2] 조건 도식화하기!

조건들이 배치와 관련있는 경우 그림을 활용하여 표현하면 좀 더 직관적으로 문제를 풀 수 있다.

조건 1 같은 종류의 업체는 같은 라인에 위치할 수 없다.

➔ 따로 도식화하지 않고 머릿속에 기억해두기

조건 2 A호텔과 B호텔은 복도를 사이에 두고 마주보고 있다.

A
B

B
A

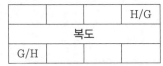

조건 3 G면세점과 H면세점은 양 끝에 위치하고 있다.

			H/G
복도			
G/H			

G/H			
복도			
			H/G

조건 4 E여행사 반대편에 위치한 H면세점은 F여행사와 나란히 위치하고 있다.

E	
H	F

	E
F	H

H	F
E	

F	H
	E

이때 화살표를 활용하여 FH의 위치가 서로 바뀔 수 있음을 표현하면 좀 더 간단히 표현할 수 있다.

조건 5 C항공사는 제일 앞 번호의 부스에 위치하고 있다.

➔ C항공사=1번 (표에 직접 표기, #1)

[Step 3] 표에 도식 작성하기!

• 경우 1

C(#1)	A/B(#4)	F(#3)	H(#2)
복도			
G(#2)	B/A(#4)	D(#5)	E(#3)

• 경우 2

C(#1)	2	3	G(#2)
복도			
H(#2)	6	7	8

• #1: 조건 5

• #2: 조건 3

– 조건 3에는 네 가지 경우가 있으나 C가 1번에 위치하고 있기 때문에 두 가지 경우밖에 나올 수 없다.

• #3: 조건 4

– 조건 4에 따르면 H 맞은편에 E가 존재해야 한다. 그러나 경우 2의 경우 C가 존재하게 되므로 잘못된 것을 알 수 있다. (경우 2 취소선 처리) 그리고 H 옆에는 F가 존재해야 하므로 3번에 F를 배치시킨다.

• #4: 조건 2
  – A/B의 위치가 2, 6 서로 교환될 수 있으므로 2가지 경우의 수가 나오게 된다.
• #5: 나머지 부스

[Step 4] 정답 고르기

정답 ④

④ D항공사는 E여행사와 나란히 위치하고 있다.
  ➔ 주어진 그림을 참고했을 때 보기 4번이 항상 참인 것을 알 수 있다.

1번부터 5번까지의 학생들이 다음 규칙에 맞추어 다음과 같이 배열되어 있는 번호의 의자에 앉아 있을 때 옳은 것은?

(가) 세 명의 학생이 자기의 번호와 일치하지 않는 번호의 의자에 앉아 있다.
(나) 2명의 학생은 자기의 번호보다 작은 번호의 의자에 앉아 있다.
(다) 홀수 번호의 학생들은 모두 홀수 번호의 의자에 앉아 있다.

1	2	3	4	5

① 1번 학생은 5번 의자에 앉아 있다.
② 2번 학생은 4번 의자에 앉아 있다.
③ 3번 학생은 3번 의자에 앉아 있다.
④ 4번 학생은 2번 의자에 앉아 있다.
⑤ 5번 학생은 1번 의자에 앉아 있다.

풀이 STEP

[Step 1] 문제의 조건 확인 후 표의 가로 & 세로축 구상하기!

주어진 도형을 활용하도록 한다.

1번 의자	2번 의자	3번 의자	4번 의자	5번 의자

[Step 2] 조건 도식화하기!

이 문제의 경우 조건이 많지 않고 특별히 도식화할 내용이 없다. 이 문제에서 중요한 것은 도식화보다는 주어진 조건의 숨은 의미를 파악하는 것이다. 각 조건이 어떤 의미를 가지고 있는지 파악했다면 정확한 문제 풀이를 했다고 할 수 있다.

조건 1 세 명의 학생이 자기의 번호와 일치하지 않는 번호의 의자에 앉아 있다.
➔ (3명) 자기번호≠의자번호

조건 2 2명은 자기번호보다 작은 의자에 앉음

조건 3 홀수 번호는 모두 홀수 의자에 있음

• 조건들의 숨겨진 의미: 세 명이 의자 번호가 다르다는 것은 세 명이 서로 의자를 바꿨다는 것을 의미한다. 그리고 '조건 (다)'에 의해서 의자에 잘못 앉은 세 명이 홀수 사람이라는 것을 추론할 수 있다. 이때 조건 2를 충족시키는 경우의 수를 찾으면 문제를 쉽게 찾을 수 있다.

결론 • 홀수 사람들이 모두 잘못 앉음(짝수 사람들은 제대로 앉음)
• 3명이 서로 위치를 바꿔야 함
 - 3명 중 2명은 자신 번호보다 낮은 의자에 앉아야 한다.

[Step 3] 표에 도식 작성하기!

위 조건에 충족되는 학생을 배치하기 위해서는
1번 의자 ⇒ 5번 의자
3번 의자 ⇒ 1번 의자
5번 의자 ⇒ 3번 의자로 배치해야 위 조건을 모두 충족할 수 있다.

구분	1번 의자	2번 의자	3번 의자	4번 의자	5번 의자
경우 1	3번 학생	2번 학생	5번 학생	4번 학생	1번 학생

[Step 4] 정답 고르기!

정답 ①

위에 작성한 표를 확인했을 때 1번이 참인 보기이다.
① 1번 학생은 5번 의자에 앉아 있다.

A ~ E는 부산에 가기 위해 서울역에서 저녁 7시에 출발하여 대전역과 울산역을 차례로 정차하는 부산행 KTX 열차를 타기로 했다. 이들 중 2명은 서울역에서 승차하였고, 다른 2명은 대전역에서, 나머지 1명은 울산역에서 각각 승차하였다. 다음을 바탕으로 항상 옳은 것은?(단, 같은 역에서 승차한 경우 서로의 탑승 순서는 알 수 없다)

- A : 나는 B보다 먼저 탔지만, C보다 먼저 탔는지 알 수 없어.
- B : 나는 C보다 늦게 탔어.
- C : 나는 가장 마지막에 타지 않았어.
- D : 나는 대전역에서 탔어.
- E : 나는 내가 몇 번째로 탔는지 알 수 있어.

① A는 대전역에서 승차하였다.
② B는 C와 같은 역에서 승차하였다.
③ C와 D는 같은 역에서 승차하였다.
④ D는 E와 같은 역에서 승차하였다.
⑤ E는 울산역에서 승차하였다.

풀이 STEP

[Step 1] 문제의 조건 확인 후 표의 가로 & 세로축 구상하기!

구분	서울역(2명)	대전역(2명)	울산역(1명)
탑승객			

[Step 2] 조건 도식화하기!

조건 1 A: 나는 B보다 먼저 탔지만, C보다 먼저 탔는지 알 수 없어.
➔ A<B , A=C

조건 2 B: 나는 C보다 늦게 탔어.
➔ C<B

조건 3 C: 나는 가장 마지막에 타지 않았어.
➔ C=울산 × (표에 표기)

조건 4 D: 나는 대전역에서 탔어.
➔ D=대전 (표에 표기)

조건 5 E: 나는 내가 몇 번째로 탔는지 알 수 있어.
➔ E=울산 (표에 표기)

[Step 3] 표에 도식 작성하기!

구분	서울역		대전역		울산역(C(×)#1)
탑승객	A(#2)	C(#2)	B(#2)	D(#1)	E(#1)

- #1: 조건 3 ~ 5 표기
- #2: 조건 1 표기 (A < B, C = A)

➔ 조건 1에 의하여 B는 A보다 나중에 타고 있기 때문에 B는 대전역에 위치하게 되고, A, C는 서울역에 위치하게 된다.

[Step 4] 정답 고르기!

정답 ⑤

위에 작성한 표를 확인했을 때 5번이 참인 보기이다.

⑤ E는 울산역에서 승차하였다.

짱구, 철수, 유리, 훈이, 맹구는 어떤 문제에 대한 해결 방안으로 A ~ E 중 각각 하나씩을 제안하였다. 다음 〈조건〉이 모두 참일 때, 제안자와 그 제안이 바르게 연결된 것은? (단, 모두 서로 다른 하나의 제안을 제시하였다)

〈조건〉

- 짱구와 훈이는 B를 제안하지 않았다.
- 철수와 짱구는 D를 제안하지 않았다.
- 유리는 C를 제안하였으며, 맹구는 D를 제안하지 않았다.
- 맹구는 B와 E를 제안하지 않았다.

① 짱구 A, 맹구 B　　② 짱구 E, 훈이 D

③ 철수 B, 짱구 E　　④ 철수 B, 훈이 E

PART 2 논리게임

풀이 STEP

[Step 1] 문제의 조건 확인 후 표의 가로 & 세로축 구상하기!

- 인원 다섯 명, 제안 다섯 개, 사람 당 한 개씩 제안

구분	A	B	C	D	E
짱구					
철수					
유리					
훈이					
맹구					

[Step 2] 조건 도식화하기!

조건 1 짱구와 훈이는 B를 제안하지 않았다. (#1)

조건 2 철수와 짱구는 D를 제안하지 않았다. (#2)

조건 3 유리는 C를 제안하였으며, 맹구는 D를 제안하지 않았다. (#3)

조건 4 맹구는 B와 E를 제안하지 않았다. (#4)

이 문제의 조건들은 도식화하지 않고 Step 1에 작성한 표에 표시할 수 있다.

[Step 3] 표에 도식 작성하기!

구분	A	B	C	D	E
짱구		×(#1)		×(#2)	
철수				×(#2)	
유리			○(#3)		
훈이		×(#1)			
맹구		×(#4)		×(#3)	×(#4)

위 조건을 표에 표시하면 #4까지 어렵지 않게 도식을 작성할 수 있을 것이다. 그러나 주어진 조건 네 개로는 답을 구할 수는 없을 것이다. 이렇게 조건을 모두 표기했는데도 답을 구할 수 없을 때는 Step 1에서 작성한 문제의 전제 조건들을 확인해 보자. 한 사람당 한 개의 제안을 하기 때문에 각 행과 열에는 ○표기가 한 개씩만 존재해야 한다. 그러므로 #3에서 표기한 ○도식의 행과 열은 모두 ×로 표시해야 한다.(#5)
그러면 이제 철수: B & 훈이: D를 제안한 것을 확인(#6)할 수 있으며 표의 나머지 부분도 어렵지 않게 찾을 수 있다.

구분	A	B	C	D	E
짱구	×(#7)	×(#1)	×(#5)	×(#2)	○(#7)
철수	×(#6)	○(#6)	×(#5)	×(#2)	×(#6)
유리	×(#5)	×(#5)	○(#3)	×(#5)	×(#5)
훈이	×(#6)	×(#1)	×(#5)	○(#6)	×(#6)
맹구	○(#7)	×(#4)	×(#5)	×(#3)	×(#4)

[Step 4] 정답 고르기!

정답 ②

따라서 위 문제의 정답은 2번(짱구 E, 훈이 D)이다.

60초 안에 끝내는 인적성 추리

PART 3
수추리

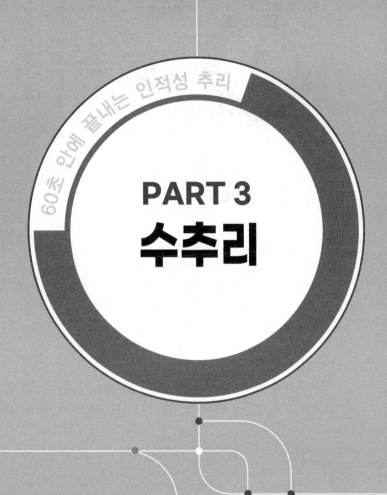

인적성 시험에 나오는 수추리 유형은 대표적으로 두 가지가 있다.

유형 1 기본 수추리

유형 2 응용 수추리

이번 PART에서는 수추리 문제들에 어떤 유형과 특징이 있는지 파악하고, 각 유형별로 어떻게 풀이할지 알아보도록 한다.

CHAPTER 1 기본 수추리

01 유형 알아보기

기본 수추리 문제는 수열을 기반으로 빈칸에 들어갈 숫자를 찾는 유형이다. 대표적인 수열로는 등차 / 등비 / 계차 / 피보나치 / 군 수열 등이 있다. 수열에 대한 이해가 있으면 문제를 빠르게 풀 수 있으나, 수열을 이해하지 못하더라도 옥선생이 제시하는 방법을 통해서 풀이 속도와 정확성을 빠르게 향상시킬 수 있다. 이 유형의 경우 난이도가 문제마다 천차만별이지만, 실제 시험에서의 체감 난이도는 높은 편이니 많은 문제를 풀어보면서 다양한 케이스들을 익혀보자.

[기초이론]

각 수열의 명칭이나 수식에 대한 이해가 없더라도 다양한 유형의 반복 학습을 통해 실력을 빠르게 늘릴 수 있지만, 다음 설명을 정확하게 이해하기 위해 중요한 용어들을 정리하였다.

• 꼬인 관계: 제시된 숫자들의 배열 증가 & 감소가 혼합되어 있는 관계

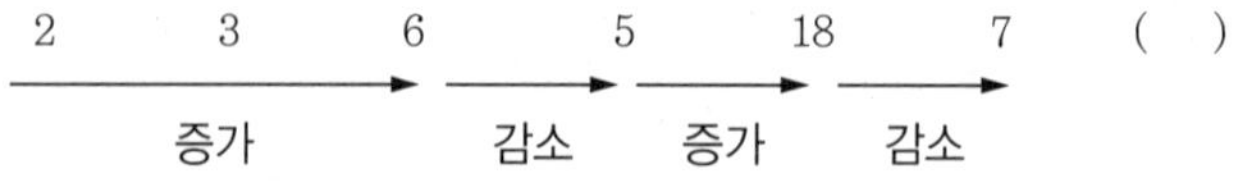

• 계차 수열: 수열에 인접하는 두 항의 차로 이루어진 수열

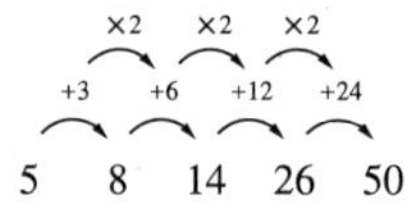

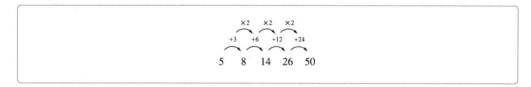

• 피보나치 수열: 앞의 두 수의 합이 바로 뒤의 수가 되는 수열

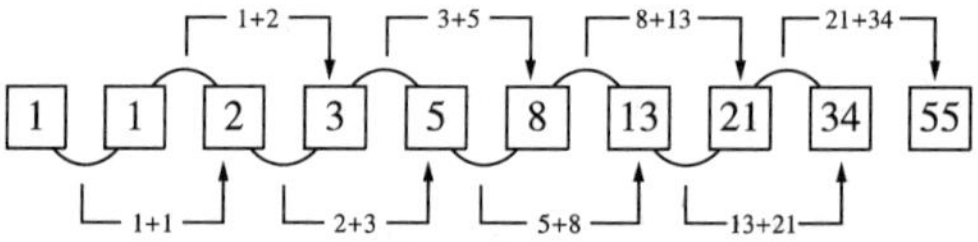

• 군 수열: 수열 중 몇 개의 항을 묶어 무리 지었을 때 규칙성을 가지는 수열

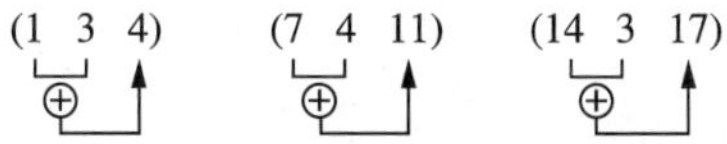

[수추리 문제 풀이 순서]

옥선생은 모든 수추리 문제를 다음과 같은 순서로 풀 것이다. 하나의 방법으로 문제를 푸는 것은 풀이 속도를 향상시키는 데 효과적이다. 다음 방법을 반복 연습하여 체화(體化)시키기 바란다.

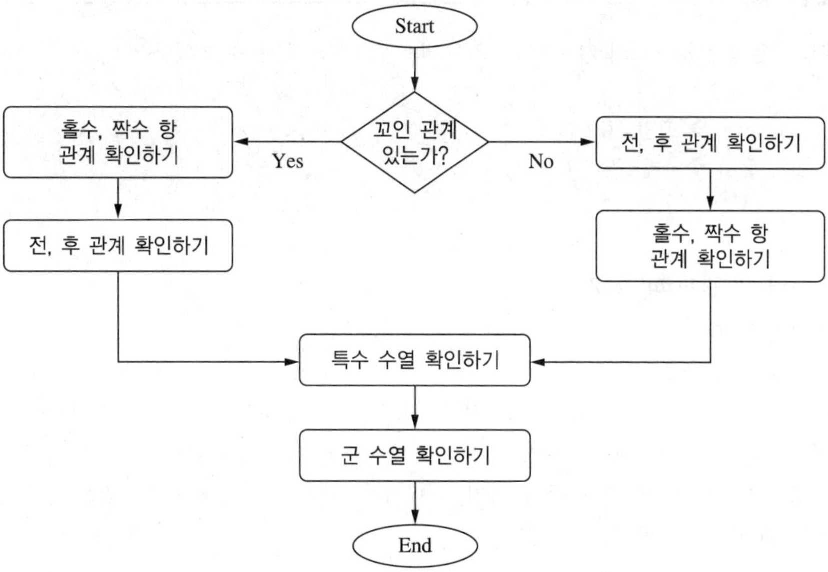

02 옥선생의 Step by Step 풀이법

순서대로 풀어보기

[Step 1] 꼬인 관계 여부 확인!

문제를 시작할 때 꼬인 관계를 먼저 확인하여 홀수, 짝수 항의 관계를 확인할지 각 요소의 전후 관계를 확인할지 결정한다. 꼬인 관계일 경우 건너뛰기 수열인 경우가 많기 때문에 홀수, 짝수 항의 관계를 먼저 파악한다.

Thinking Box

꼬인 관계: 수열의 진행 방식이 계속해서 증가하거나, 감소하지 않는 것을 의미한다.

Ex1) 1, 2, 3, 4, 5 ➔ 꼬인 관계 ×
Ex2) 1, 3, 2, 5, 4 ➔ 꼬인 관계 ○

[Step 2] 각 항들의 관계 파악하기!

① 홀수, 짝수 항의 관계
② 각 요소 전후 관계 확인

주어진 수열에서 각 요소들의 상관관계를 파악한다. 관계를 빠르게 파악하기 위해서 사칙연산(+, −, ×, ÷)으로 표현 가능한 요소들을 모두 적는다. 자세한 표기 방법은 뒤에 예제 문제를 보면서 이해하도록 한다. Step 2까지 모두 시행하였다면 등차, 등비, 계차, 건너뛰기 수열에 대해서 완벽히 점검한 것이다. 수추리의 대부분 문제는 Step 2에서 판단할 수 있다.

[Step 3] 특수 수열 확인하기!

해당 Step에서는 앞에 n, n+1항의 연산이 n+2항이 되는 특수 수열에 대해서 점검한다. 대표적인 예로 피보나치 수열이 있을 수 있으며, 시험에서 적어도 한 문제씩은 출제되기 때문에 문제 풀이 시 점검하도록 한다.

[Step 4] 군 수열 확인하기!

위 과정을 모두 진행했는데 답을 찾지 못했다면 그 문제의 유형은 군 수열일 것이다. 군 수열의 경우 수열 문제 중 난이도가 굉장히 높은 편에 속한다. 군 수열이라는 것을 예상하고 있더라도 숫자들의 조합을 파악하는 것은 어려운 일이다. 뒤에서 군 수열의 종류들에 대해 나열할 예정이나, 이 외에도 다양한 수열이 나올 수 있다. 만약 실제 시험 중 군 수열에 규칙을 바로 파악하지 못했다면 다른 문제로 넘어가는 것을 권장한다.

이 책에서는 획일화된 한 가지 방식으로 모든 수추리 문제를 풀 것이다. 모든 유형을 하나의 방식으로 푼다는 것은 실제 시험에서 어려운 문제에 직면했을 때 당황하지 않고 연습한대로 문제를 빠르게 풀 수 있는 비법이다. 옥선생이 제시하는 네 가지 Step을 통해 모든 수열의 관계를 파악하고, 이어지는 Step by Step에서는 마지막 단계에서 점검하는 군 수열 예제를 풀어볼 예정이다. 각 단계별로 어떤 식으로 문제를 다루는지 확인해 보자!

대표 예제 1

다음 빈칸에 들어갈 수로 알맞은 것은?

5	19	24	3	6	9	(　)	9	11

① 2　　② 12

③ 8　　④ 14

⑤ 4

풀이 STEP

[Step 1] 꼬인 관계 여부 확인!

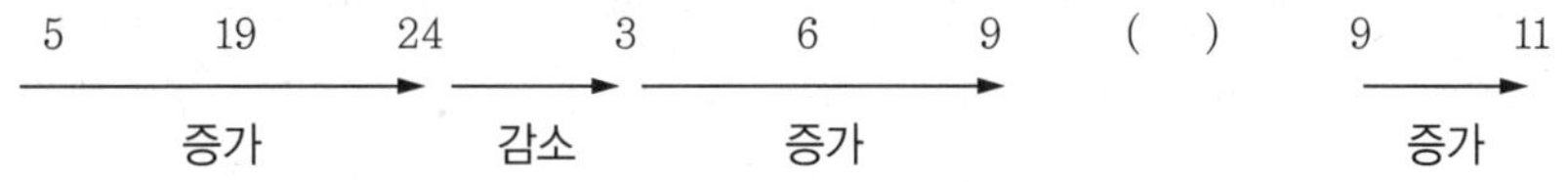

제시된 수열들은 수열 앞뒤 관계의 증가 & 감소가 혼합되어 있기 때문에 꼬인 관계인 것을 확인할 수 있다.

Thinking Box

실제로 문제를 풀 때는 위처럼 증가 & 감소를 적지 않고 눈으로만 파악해야 한다. 위 과정은 단순히 증가와 감소만을 판단하는 것이기 때문에 누구든 빠르게 판단할 수 있다.

[Step 2] 주어진 수열의 요소 간 관계 파악하기!

[2 − 1] 홀수, 짝수 항들의 관계 파악하기

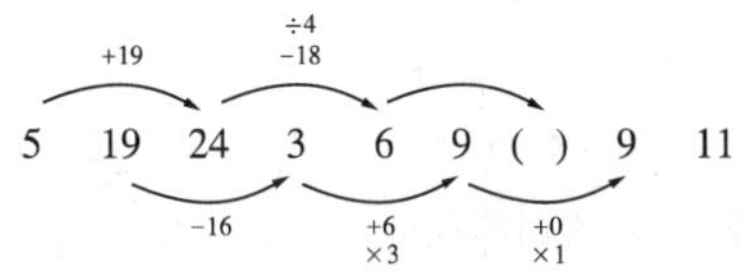

꼬인 관계인 경우 건너뛰기 수열일 확률이 높다. 그렇기 때문에 홀수, 짝수 항의 관계를 먼저 확인한다. 여기서 주의해야 할 점은 두 수의 관계가 사칙연산으로 여러 개를 표현할 수 있는 경우 이를 모두 적어 주어야 한다는 것이다. 모든 가능성(위 세 번째, 다섯 번째 항 참고)을 적게 되면 규칙을 빠르고 정확하게 파악할 수 있다.

Ex 24(3항)에서 6(5항)이 위해서는 나눗셈 연산(÷4)이 될 수 있지만 뺄셈 연산(−18)도 될 수 있다는 점을 생각하자.

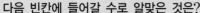

홀수, 짝수 항의 관계를 모두 적은 후에는 이들의 규칙성(계차수열, 반복성)을 확인해 본다.
만약 규칙성을 찾지 못했다면 다음 단계로 넘어가도록 한다.

[2 - 2] 수열의 전, 후 관계 확인하기

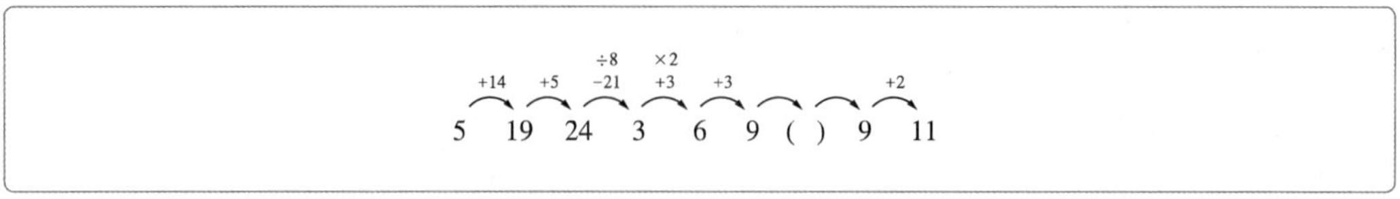

Step 2 − 1에서 규칙을 판단하지 못했다면 n, n+1 간 수열들의 관계를 적은 후 이들 간의 규칙성(계차 수열, 반복성)을 판단한다. 이 과정을 빠짐없이 진행했다면 우리는 등차, 등비, 계차, 건너뛰기 수열에 대하여 모두 점검한 것이다. 수추리 문제는 이 단계에서 해결되는 경우가 많다. 만약 규칙성을 찾지 못했다면 다음 단계로 넘어가도록 한다.

[Step 3] 앞에 두 수의 연산 조합으로 바로 뒤 항이 나오는 경우

Step 3에서는 앞의 두 수의 연산이 바로 뒤 항이 되는 특수 수열(예 피보나치 수열)에 대하여 점검한다. 위 수열을 확인해 보면 첫 번째 항(5), 두 번째 항(19)의 조합(더하기)이 세 번째 항(24)이 되는 것을 확인할 수 있다(5+19=24). 그러나 이는 다음 항부터는 적용되지 않기 때문에 특수 수열이 존재하지 않는다고 판단한다.

[Step 4] 군 수열 확인!

정답 ①

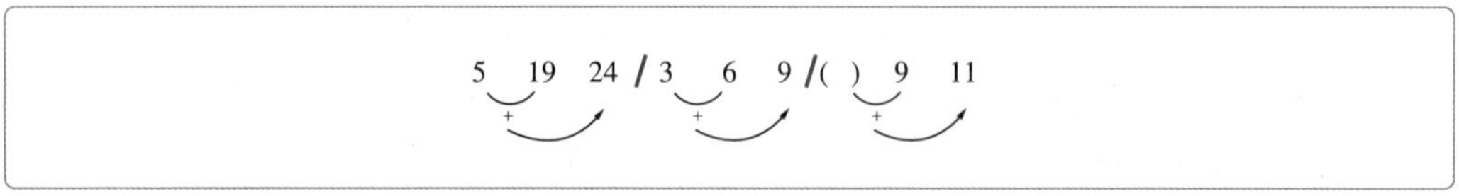

Step 3까지 진행했는데 정답을 구하지 못했다면, 이 유형의 문제는 군 수열이다. 군 수열의 규칙을 파악할 때는 먼저 몇 개의 군으로 나눌지 정해야 한다. 군을 나눌 때는 수열의 전체 항 수(9개)의 약수(1, 3, 9)로 군의 개수를 정할 수 있다. 그러나 대부분의 문제에서는 세 개 또는 네 개씩 묶어서 푸는 것이 대부분이기 때문에 제시된 전체 항 수가 3 또는 4로 나눠지는지 확인하면 된다.
위 문제에서 전체 항 수는 아홉 개이고, 이는 3으로 나눠지기 때문에 세 개의 군으로 나눠서 규칙을 파악한다.

- 군 수열 규칙: 첫 번째 항+두 번째 항=세 번째 항

따라서 괄호 안에 들어갈 숫자는 '2'인 것을 확인할 수 있다. 군 수열의 규칙은 매우 다양하기 때문에 문제를 풀 때 군 수열 규칙이 나올 때마다 따로 정리해 두는 것을 권장한다.

PART 3 수추리

CHAPTER 2

응용 수추리

01 유형 알아보기

응용 수추리에서는 기호나 문자 등에 일정한 규칙을 부여하고, 그러한 규칙에 따라 최종의 값을 구하거나 순서와 과정을 분석하는 문제가 출제된다. 보통 한글이나 알파벳을 순서에 해당하는 숫자로 치환하여 해결하는 능력을 평가한다.

● 문제 유형 1 ●

일정한 규칙으로 문자를 나열할 때, 다음 빈칸에 들어갈 알맞은 문자를 고르면?

ㄱ ㄷ ㄴ ( ) ㄹ ㅅ

① ㅈ ① ㅅ
① ㅇ ① ㅁ

● 문제 유형 2 ●

일정한 규칙으로 문자를 나열할 때, 다음 빈칸에 들어갈 알맞은 문자를 고르면?

Q O M K I G ( ) C

① A ② D
③ B ④ E

최근 출제되는 문제들을 확인해 보면 숫자뿐만 아니라 한글(자음, 모음), 알파벳 관련 문제들도 빈번하다. 응용 수추리 문제는 문자의 순서를 암기하고 있으면 매우 좋다.
문자들을 작성하고 문제 풀이를 시작하는 것도 나쁘지 않은 방법이다. 문자를 모두 작성하는 데 시간이 소요되지만, 정확한 풀이를 위해서는 이 정도 시간은 과감히 투자해야 한다.

문자를 적을 때 주의해야 할 점은 문자를 다섯 개 단위로 작성해야 한다는 것이다. 문제에서 주어진 규칙 간 연산을 하는 경우가 존재하기 때문에 다섯 개 단위로 작성하는 것이 시간을 절약하는 데 효과적이다.

만약 암기하기를 원한다면, 다음으로 이어질 설명을 정확하게 이해하기 위해 중요한 용어들을 정리하였다.

[문자추리 정리]

(1) 한글 – 자음

1	2	3	4	5	6	7	8	9	10	11	12	13	14
ㄱ	ㄴ	ㄷ	ㄹ	ㅁ	ㅂ	ㅅ	ㅇ	ㅈ	ㅊ	ㅋ	ㅌ	ㅍ	ㅎ
15	16	17	18	19	20	21	22	23	24	25	26	27	28
ㄱ	ㄴ	ㄷ	ㄹ	ㅁ	ㅂ	ㅅ	ㅇ	ㅈ	ㅊ	ㅋ	ㅌ	ㅍ	ㅎ

(2) 한글 – 모음

1	2	3	4	5	6	7	8	9	10
ㅏ	ㅑ	ㅓ	ㅕ	ㅗ	ㅛ	ㅜ	ㅠ	ㅡ	ㅣ
11	12	13	14	15	16	17	18	19	20
ㅏ	ㅑ	ㅓ	ㅕ	ㅗ	ㅛ	ㅜ	ㅠ	ㅡ	ㅣ

(3) 한글 – 가나다

1	2	3	4	5	6	7	8	9	10	11	12	13	14
가	나	다	라	마	바	사	아	자	차	카	타	파	하
15	16	17	18	19	20	21	22	23	24	25	26	27	28
가	나	다	라	마	바	사	아	자	차	카	타	파	하

(4) 알파벳

1	2	3	4	5	6	7	8	9	10	11	12	13
A	B	C	D	E	F	G	H	I	J	K	L	M
14	15	16	17	18	19	20	21	22	23	24	25	26
N	O	P	Q	R	S	T	U	V	W	X	Y	Z
27	28	29	30	31	32	33	34	35	36	37	38	39
A	B	C	D	E	F	G	H	I	J	K	L	M
40	42	42	43	44	45	46	47	48	49	50	51	52
N	O	P	Q	R	S	T	U	V	W	X	Y	Z

주로 나오는 응용 수추리 유형은 한글과 알파벳 유형이 많으므로 시간 여유가 있다면 꼭 암기해 두자.

이제, 암기하지 않아도 풀이할 수 있는 방법을 알아보자. 다음과 같은 작성 방법을 알아두면 특수문자 또는 로마자와 같이 변형된 문자가 나와도 당황하지 않고 풀이할 수 있다.

[한글(자음)]	[한글(모음)]	[알파벳]
ㄱ ㄴ ㄷ ㄹ ㅁ	ㅏ ㅑ ㅓ ㅕ ㅗ	A B C D E
ㅂ ㅅ ㅇ ㅈ ㅊ	ㅛ ㅜ ㅠ ㅡ ㅣ	F G H I J
ㅋ ㅌ ㅍ ㅎ		K L M N O
		P Q R S T
		U V W X Y
		Z

02 옥선생의 Step by Step 풀이법

순서대로 풀어보기

문제 풀이 방법은 기존 숫자 문제와 크게 다르지 않다. 다만, 문자를 숫자로 치환하여 문제를 풀어주는 것으로, 문자를 숫자로 변형하는 과정만 추가하면 된다.

[Step 1] 문자를 숫자로 치환하여 꼬인 관계 여부 확인!

[Step 2] 각 항들의 관계 파악하기!

① 홀수, 짝수 항들의 관계 파악하기!
② 각 요소 전후 관계 확인

[Step 3] 특수 수열 확인하기!

[Step 4] 군 수열 확인하기!

그렇다면 문제를 통해 문자의 수추리 내용을 확인해 보자.

대표 예제 1

일정한 규칙으로 문자를 나열할 때, 다음 빈칸에 들어갈 알맞은 문자를 고르면?

ㄱ ㄷ ㄴ ( ) ㄹ ㅅ

① ㅈ ② ㅅ
③ ㅇ ④ ㅁ

풀이 STEP

[Step 1] 꼬인 관계 여부 확인!

우선 문제를 풀이하기 위해서 각 문자를 숫자로 치환하여 문제를 풀어보자. 문자의 번호를 모두 외웠다면 주어진 문제의 문자 위에 숫자를 작성하면 된다. 만약 문자에 매칭되는 숫자를 암기하지 않았다면, 직접 표를 작성하여 문제를 풀어보도록 한다.

[한글(자음)]
ㄱ ㄴ ㄷ ㄹ ㅁ
ㅂ ㅅ ㅇ ㅈ ㅊ
ㅋ ㅌ ㅍ ㅎ

위와 같이 표를 작성하여 문제에 매치된 숫자를 확인하면, 주어진 수열(문자)을 다음과 같이 숫자 수열로 변형할 수 있다.

문자	숫자
ㄱ	1
ㄷ	3
ㄴ	2
ㄹ	4
ㅅ	7

1 3 2 ( ) 4 7

이제부터는 이 숫자 수열을 가지고 ( ) 안의 값(숫자)을 추론한 후 문자로 치환하여 답을 구하면 된다.

이제 Step 1의 물음에 답해보자. 위 수열은 꼬인 관계인가?
➔ Yes! 그렇다.

[Step 2] 주어진 수열의 요소 간 관계 파악하기!

정답 ④

[2 - 1] 홀수, 짝수 항들의 관계 파악하기

Step 1에서 꼬인 관계라는 것을 확인했기 때문에 홀, 짝수들의 관계를 먼저 확인한다. 홀수들(1, 2, 4) 간의 연산관계를 확인해 보면 다음처럼 확인할 수 있다.

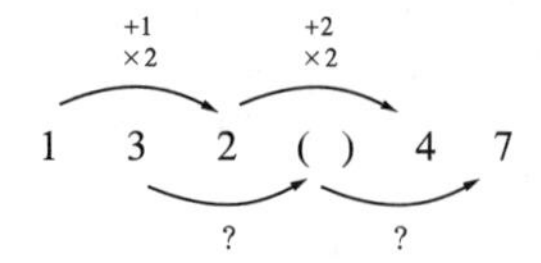

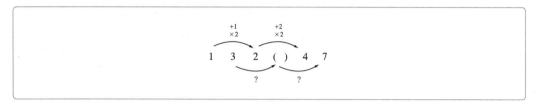

홀수 항의 관계들을 확인해 보면 +1, +2 연산이나 ×2가 반복해서 나오는 것을 알 수 있다. 이때 어떤 것이 정답인지는 확정 지을 수 없지만, 홀수와 짝수 항들이 높은 가능성으로 수열을 이룰 것이라고 예측할 수 있다. 그렇다면 짝수 항은 어떤 수열을 이루는지 확인해 보자. 해당 문제를 보면 짝수 항의 정보들을 아무것도 확인할 수 없다.

이런 경우에는 각 항의 차이를 나눗셈 연산해주면 쉽게 확인할 수 있다. 위 문제에서는 7과(여섯 번째 항) 3(두 번째 항)의 차이를 통해 ( )의 값을 추론할 수 있다. 이 항들의 차이는 4(7－3)이므로 각 항들은 +2씩 증가하는 수열이라고 추론할 수 있다.

따라서 ( ) 값은 5이며, 5에 해당되는 한글의 자음 값은 'ㅁ'이다.

정답을 구했기 때문에 나머지 Step은 생략한다.

대표 예제 2

일정한 규칙으로 문자를 나열할 때, 다음 빈칸에 들어갈 알맞은 문자를 고르면?

Q	O	M	K	I	G	( )	C

① A ② D
③ B ④ E

풀이 STEP

[Step 1] 꼬인 관계 여부 확인!

우선 문제를 풀기 전에 각 알파벳들을 숫자로 치환한다.

문자	숫자
Q	17
O	15
M	13
K	11
I	9
G	7
C	3

치환 결과를 확인해 보면 다음 숫자 수열로 표현할 수 있고, 이제부터는 이 숫자 수열을 가지고 ( ) 안의 값(숫자)을 추론한 후 문자로 치환하여 답을 구하면 된다.

17	15	13	11	9	7	( )

이제 Step 1의 물음에 답해보자. 위 수열은 꼬인 관계인가?
➔ No! 그렇지 않다. (그렇다면 수열의 전후 관계를 먼저 확인해 보자.)

[Step 2] 주어진 수열의 요소 간 관계 파악하기!

정답 ④

[2-1] 수열의 전, 후 관계 확인하기

각 항의 전후 관계를 확인해 보면 N항에서 N+1 항으로 갈 때 −2 연산을 수행하는 것을 알 수 있다. 그러므로 ( ) 안의 값은 '5'로 추론할 수 있다. 숫자 5를 알파벳으로 치환하면, 정답은 알파벳 E이다.

정답을 구했으므로 뒤에 Step들은 생략하도록 하자.

CHAPTER 3

연습문제 풀이

일정한 규칙으로 수를 나열할 때, 다음 빈칸에 들어갈 알맞은 수를 고르면?

1　2　2　6　4　18　(　)

① 8　② 9
③ 10　④ 12

풀이 STEP

[Step 1] 꼬인 관계 여부 확인!

2, 3항 & 4, 5항에서 꼬인 관계가 발생했으므로 홀수, 짝수 항들의 관계를 먼저 확인한다.

[Step 2 - 1] 홀수, 짝수 항들의 관계 파악하기!

정답 ①

홀수, 짝수 항들 간의 관계를 적을 수 있는 사칙연산은 다 적어준다. 최대한 많은 연산을 적어 주어야 경향을 파악하기 쉽고, 실수를 최소화할 수 있다.

위 문제에서 홀수 항을 예시로 확인해 보자.
홀수 항은 1 ⇒ 2 ⇒ 4 ⇒ (　) 순서로 나타나 있다.
이때 1항과 3항의 사칙연산 관계를 확인해 보면 +1일 수 있고, ×2일 가능성도 있다. 반복해서 3항과 5항의 관계를 보면 +2, ×2 등 두 가지 사칙연산일 가능성이 있다.
이제 이 사칙연산들의 규칙을 보면서 문제의 답을 구해보자.
시험에서 나오는 수열들은 사칙연산 관계에서 대부분 반복성을 띄고 있다. 예를 들어 수열에서 각 항들의 관계가 +1, +2, +3였다면, 그 다음은 +4 사칙연산 관계를 나타내는 항이 나오기 마련이다.
또 다른 예로 ×2, ×2가 순서대로 나왔다면 그 다음 항의 사칙연산 관계는 ×2가 될 것이다. 이렇게 사칙연산의 관계들은 규칙성을 뛰기 때문에 위 문제에서 5항과 7항 간의 사칙연산은 +3이거나 ×2일 가능성이 존재한다. 이때 규칙이 +3이라면 정답은 7(4+3), 규칙이 ×2였다면 정답은 8(4×2)이 된다. 이렇게 규칙을 찾아서 바로 정답을 구했다면 이후 Step들은 수행하지 않고 다음 문제로 넘어가도록 하자.

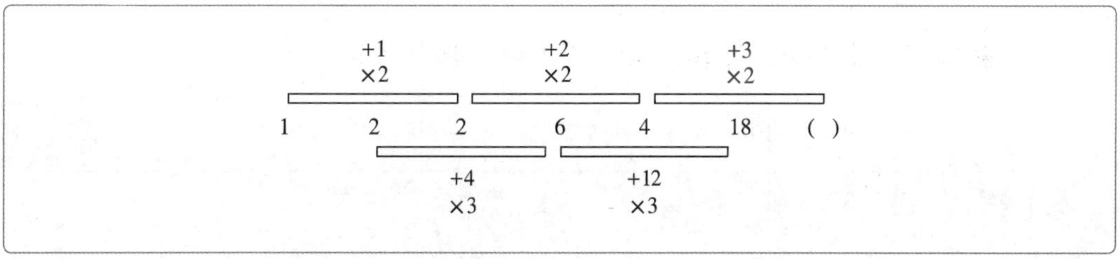

하지만 이때 규칙을 찾지 못했다면 어떻게 될까? 이런 경우 두 가지 판단을 할 수 있다.
첫 번째는 정말 규칙이 없는 경우이다. 사칙연산 간 상관관계가 없을 시 다음 Step으로 넘어가면 된다.

두 번째는 규칙이 있으나 파악하지 못하는 경우이다. 만약 규칙이 있으나 이를 찾지 못한다면 다음 Step을 넘어가더라도 정답을 찾을 수 없게 된다. 즉, 각 Step을 진행하면서 시간은 계속해서 사용하는데, 정답은 고르지 못하는 불상사가 생기는 것이다.

위 문제를 보면 홀수 항들의 규칙이 정답을 이끌어내는 중요한 요소였다. 하지만 홀수 항의 규칙을 찾지 못했다면, 우리는 짝수 항의 규칙을 확인하여 홀수 항들의 규칙을 추론할 수 있다.
문제에서 짝수 항은 2 ⇒ 6 ⇒ 18로 각 단계의 사칙연산은 (＋4, ×3), (＋12, ×3)인 것을 빠르게 확인할 수 있다. 이 사칙연산의 규칙과 홀수 항의 사칙연산 규칙((＋1, ×2), (＋2, ×2))들을 비교해 봤을 때 유사성이 있다면 그것이 이 수열의 규칙일 가능성이 있다. 위 문제에서 홀수 항은 ×2의 반복, 짝수 항은 ×3의 반복이라는 유사성을 띈다. 따라서 위 문제의 정답인 일곱 번째 항은 8(4×2)이 될 확률이 크다.

그러나 유사성이 반드시 답이 되는 것은 아니다. 홀수 항에서는 ＋ 규칙이 나오고, 짝수 항에서는 × 규칙이 나오는 경우도 자주 존재하기 때문에 경향성을 파악하는 용도로만 알아두자.
다시 한 번 말하지만, 각 Step에서 정답을 고를 수 있는데 이를 놓치고 다음 Step으로 넘어가는 경우, 마지막 Step까지 가더라도 문제의 정답을 고를 수 없으므로 반드시 각 Step에서 수열들의 규칙성들을 꼼꼼하게 확인하는 연습을 하자.

➔ Step 2－1에서 정답을 선정했기 때문에 이후 Step들은 수행하지 않는다.

일정한 규칙으로 수를 나열할 때, 다음 빈칸에 들어갈 알맞은 수를 고르면?

3　−10　−4　−7　10　−1　(　)　8

① 4　　② −12

② 8　　④ −18

풀이 STEP

[Step 1] 꼬인 관계 여부 확인!

• 1 ~ 3항을 보며 꼬인 관계인 것을 확인할 수 있다.

[Step 2 - 1] 홀수, 짝수 항들의 관계 파악하기!

정답 ④

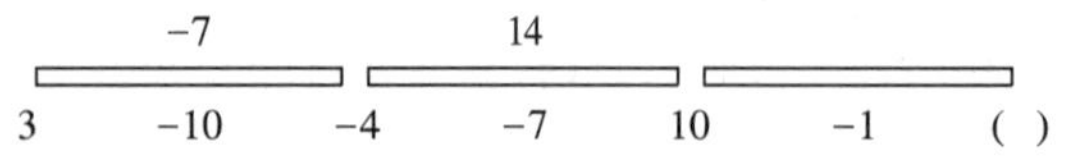

먼저 홀수 항의 관계를 보면 1항(3)에서 3항(−4)으로 갈 때 −7이 되고, 3항(−4)에서 5항(+10)으로 갈 때 +14가 된다. 이것만 보고 바로 문제를 푸는 사람이 있는가 하면 아직도 머릿속에 물음표가 떠오르는 독자도 있을 것이다.

만약 여기서 빠르게 정답을 고르지 못했다면, 계차 수열을 머릿속에 염두해두고 있지 않아서 그럴 것이다. 계차 수열이라는 개념을 여기서 자세하게 다루지는 않을 것이지만 개념은 정말 간단하다. 기본 개념은 각 항들의 사칙연산 값들도 하나의 수열이 될 수 있다는 것이다. 즉, 위 문제에서 사칙연산 값인 −7과 14도 하나의 수열로 1항(−7), 2항(+14)가 될 수 있다는 것을 의미한다. 그리고 −7, +14가 규칙 및 연관성이 있다고 판단하면 각 수열들 간에 사칙연산 관계를 파악해 주어야 한다.

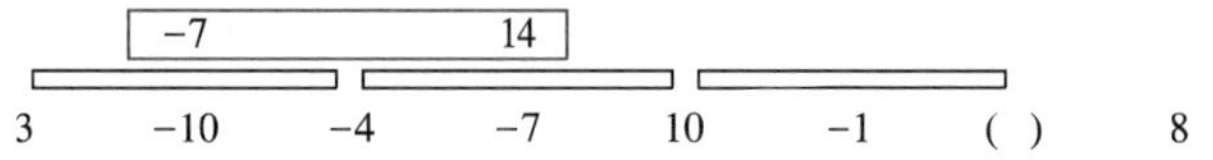

−7, +14 사이에서는 바로 생각나는 것이 ×(−2) 관계일 것이다. 그리고 덧셈과 뺄셈은 언제든 관계를 나타낼 수 있기 때문에 +21 차이도 표현할 수 있다. 그렇다면 다음 규칙도 '×(−2)이거나 +21일 수 있겠다'라고 생각하며 문제를 풀어나가야 한다. 그러면 첫 번째 계차에서는 ×(−2)를 고려하여 −28이 될 수 있고, +21을 고려하여 +35가 될 수 있다. 이때까지는 어떤 것이 맞는지 틀린지 알 수 없기 때문에 최대한 많은 연산들을 작성하는 게 좋다. 그리고 이후 연산을 진행해, 보기에 답이 있으면 이는 정답이 되는 것이다. 그렇다면 연산을 확인해 보자.

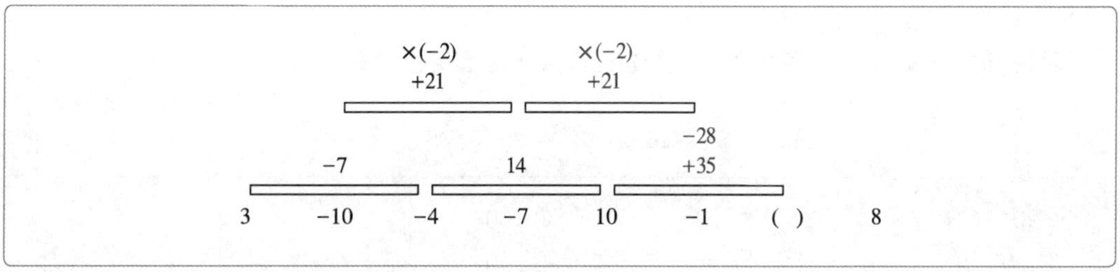

두 번째 계차가 ×(−2)인 경우 10−28=−18 ➔ 보기 4번
두 번째 계차가 +21인 경우 10+21=31 ➔ 보기에 31 없음

따라서 위 문제의 정답은 −18번이 된다.

정답이 구해졌으므로 이후 Step은 스킵하고 다음 문제로 넘어가면 된다.

하지만 우리는 연습하는 단계이므로 짝수 항에 대해서는 각자 연습해 보도록 하자.

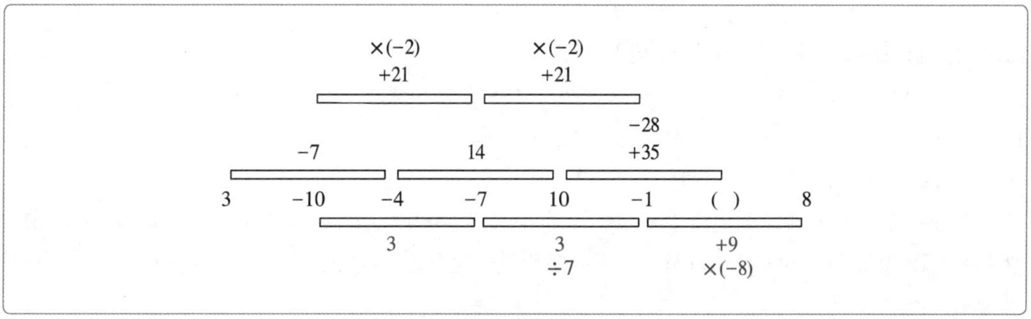

짝수 항들의 관계를 보고 +3, +6, +9 …, 라는 규칙을 갖고 있다는 것을 추론할 수 있다.

일정한 규칙으로 수를 나열할 때, 다음 빈칸에 들어갈 알맞은 수를 고르면?

10　8　16　13　39　35　(　)

① 90　② 100
③ 120　④ 140
⑤ 150

풀이 STEP

[Step 1] 꼬인 관계 여부 확인!

1항(10) ~ 3항(16)을 확인해 보면 꼬인 관계인 것을 확인할 수 있다. (감소 후 증가)

[Step 2-1] 홀수, 짝수 항들의 관계 파악하기!

꼬인 관계이므로 홀수, 짝수 항들 사이의 사칙연산 관계를 확인해야 한다. 먼저 홀수 항들을 확인해 보면 1항과 3항 사이의 관계는 +6이고, 3항과 5항과의 관계는 +23이 된다. 이때 6과 23은 특별한 관계가 없어 보이기 때문에 계차를 고려하지 않는다.

그리고 짝수 항들의 관계를 확인해 보면 2항(8)과 4항(13) 사이의 관계는 +5이고, 4항(13)과 6항(35)의 관계는 +22이다. 짝수 항들 사이에서도 유의미한 관계를 찾아볼 수 없다. 이런 경우 다음 Step으로 넘어가면 된다.

[Step 2-2] 전, 후 관계 확인하기!

정답 ④

꼬인 관계일 때에도 순차 수열인 경우가 존재하기 때문에 1항부터 마지막까지의 관계도 확인해 주어야 한다. 먼저 각 항들의 관계를 확인해 보면 다음 그림과 같다. 각 항들의 사칙연산은 단순 계산이니 각자 해보도록 하자.

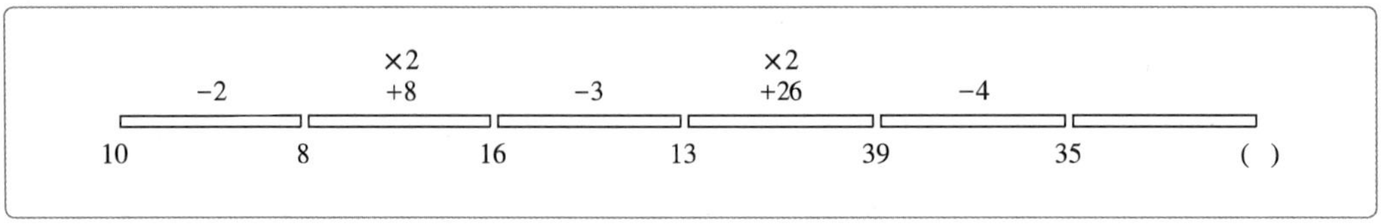

이렇게 각 연산들의 관계를 적어 놓고 난 후 관계들을 확인해 보자. 각 연산들을 적어보면 사칙연산 간에 규칙 or 상관관계를 어렵지 않게 확인할 수 있다.

위 문제의 경우 연산들이 뺄셈과 곱셈 연산이 반복적으로 나오는 것을 확인할 수 있다. 즉 −2, ×2, −3, ×3의 규칙을 갖고 있으며 그 이후에는 −4, ×4 연산이 나오게 된다. 따라서 (　)의 값은 35×4=140이 나오는 것을 추론할 수 있다. 따라서 정답은 14가 된다.

	−2		×2 +8		−3		×3 +26		−4		×4	
10		8		16		13		39		35		( )

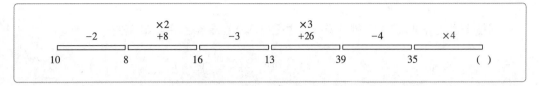

이렇게 답이 정해졌으므로 이후 Step 또한 생략하고 다음 문제로 넘어가도록 하자.

다음은 일정한 규칙으로 나열한 수열이다. 빈칸에 들어갈 알맞은 수를 고르면?

2　5　14　41　122　(　)

① 364　② 365
③ 366　④ 367

풀이 STEP

[Step 1] 꼬인 관계 여부 확인!

• 꼬인 관계 ×

[Step 2 - 1] 전, 후 관계 확인하기!

정답 ②

각 수열 항의 연산 관계를 확인하면 +3, +9, +27, …의 관계를 가지고 있다. 이때 각 연산 값들은 ×3의 연산 관계를 갖고 있기 때문에 계차 수열임을 예측할 수 있다. 이때 (　) 값을 구하기 위해서는 122+243의 연산을 진행해야 한다. 그러나 풀이 시간을 최소화하기 위해 1의 자리 숫자(2+3)만 먼저 계산하면 좀 더 빠른 문제 풀이를 할 수 있다. 따라서 이 문제의 답은 365이다.

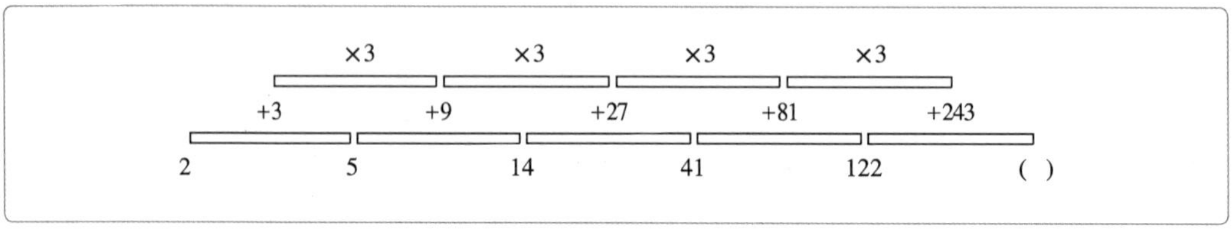

다음은 일정한 규칙으로 나열한 수열이다. 빈칸에 들어갈 알맞은 수를 고르면?

10　3　7　-4　11　-15　(　)

① 22　　② 24

③ 26　　④ 28

풀이 STEP

[Step 1] 꼬인 관계 여부 확인!

1항 ~ 3항까지 수열을 확인해 보면 꼬인 관계인 것을 알 수 있다.

[Step 2 - 1] 홀수, 짝수 항들의 관계 파악하기!

꼬인 관계인 경우 홀수, 짝수 항의 관계를 확인해 보자.
각 항들의 연산 값들을 확인하면 다음 그림과 같다.

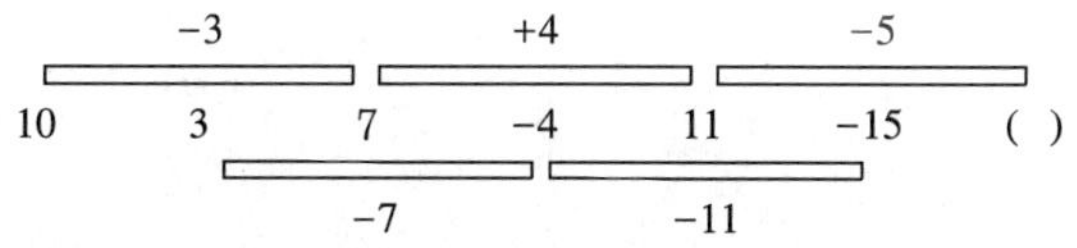

먼저 정답에 바로 직결되는 홀수 항들의 규칙들을 알아보도록 하자. 홀수 항의 차이를 나타내는 연산들을 확인해 보면 $-3 \Rightarrow +4$인 것을 알 수 있다. 이것만 보고 다음 규칙을 확신하는 것은 어렵지만 $-3 \Rightarrow +4 \Rightarrow -5$가 되면 규칙이 만들어질 수 있다.

이 규칙을 바탕으로 일곱 번째 항을 구해보자. 연산을 수행해보면 $11-5=6$이 된다. 그 후 보기를 확인하면 생각한 답이 보기에 없어서 당황스러울 것이다. 보기에 예상한 답이 없다는 것은 문제에서 원하는 답이 아니라는 것을 의미한다. 그렇기 때문에 빠르게 다음 Step으로 넘어가 보자.

[Step 2 - 2] 전, 후 관계 확인하기!

홀수, 짝수 항에서 결정 짓지 못한 경우 1항부터 마지막 항까지 순차적으로 관계를 확인해야 한다. 각 항들의 연산 관계를 확인하면 다음 그림과 같다.

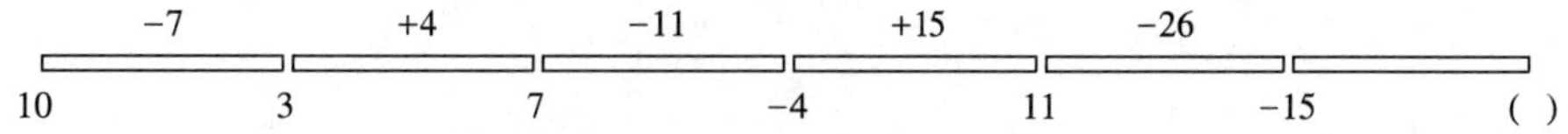

각 수열의 연산 결과들을 확인해 보면 －7, ＋4, －11, ＋15, －26, (　)인 것을 알 수 있다. 이렇게 수열이 주어졌을 때 특별히 각 단계별 규칙을 찾기는 어렵다. 그러므로 다음 Step을 진행하도록 한다.

[Step 3] 특수 수열 확인하기!

정답 ③

2－2 Step을 모두 진행하고도 결과가 나오지 않았다면 이제는 특수 수열을 확인해 줄 것이다. 이번 Step에서 말하는 특수 수열은 피보나치 수열처럼 n, n＋1항의 연산이 n＋2항이 되는 것을 의미한다.
그렇다면 위 문제에서 어떠한 특수한 수열이 있는지 확인해 보자. 2－2 Step에서 전, 후 관계의 사칙연산으로 뭔가 특이한 점을 발견한 이들도 있을 것이다. n, n＋1항의 차이가 n＋2항이 된다. 즉, 이 말의 뜻은 n항에서 n＋1 항에 대해 뺄셈 연산을 하게 되면 n＋2항이 된다는 것이다.
따라서 문제 안에 괄호 값은 11－(－15) 연산을 수행한 26이 된다.

정답이 결정됐으므로 Step 4는 생략하고 다음 문제로 넘어간다.

다음은 일정한 규칙으로 나열한 수열이다. 빈칸에 들어갈 알맞은 수를 고르면?

5	6	13	3/2	3/2	3	12	( )	−1

① 4　　② 11/3

③ 10/3　　④ 3

풀이 STEP

[Step 1] 꼬인 관계 여부 확인!

2항 ~ 4항을 확인하여, 증가 후 감소했으므로 꼬인 관계인 것을 알 수 있다.

[Step 2 - 1] 홀수, 짝수 항들의 관계 파악하기!

각 항들의 관계를 확인해 보면 다음 그림처럼 표현할 수 있다. 이 문제에서는 분수가 포함되어 있어 이전 문제들보다 어렵게 느껴질 수도 있다. 실제 문제에서는 3항, 5항의 관계처럼 −(23/2)의 연산이 나오면 다음 문제로 넘어가는 것이 시간을 분배하는 데 효율적이다. 물론 −(23/2)이 규칙의 일부일 수도 있겠지만 그런 경우는 드물기 때문에, 이런 경우 생략하고 과감하게 다음 Step으로 넘어가는 용기가 필요하다. 다양한 문제를 풀어보면서 자신만의 노하우를 만들길 바란다.

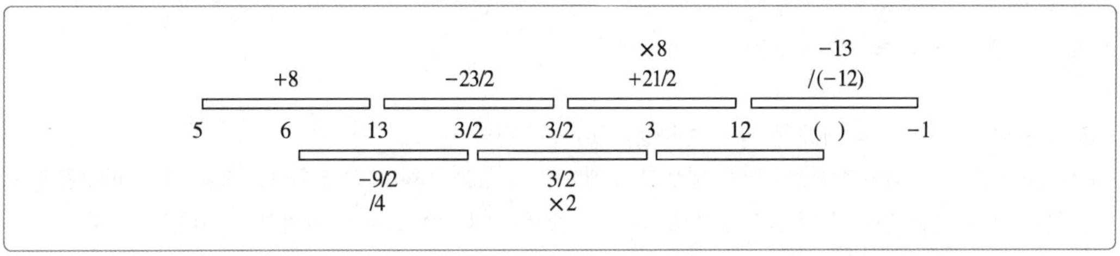

[Step 2 - 2] 전, 후 관계 확인하기!

홀수, 짝수 항들의 관계를 파악한 후에는 각 항들의 관계를 순차적으로 확인해야 한다. 계산한 값은 다음 그림과 같다.

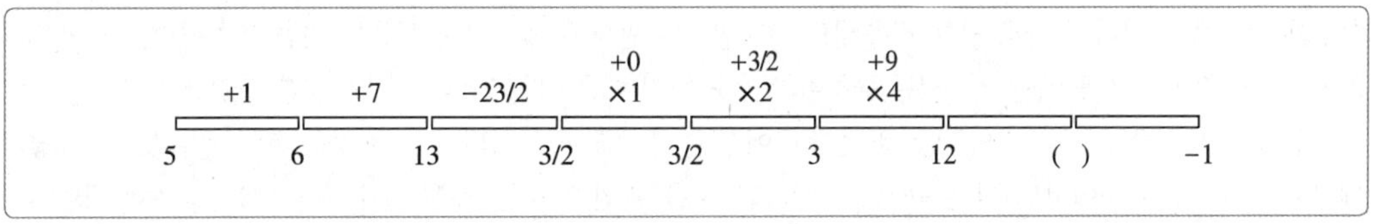

각 항들의 관계를 확인해 보면 +1, +7. −23/2, (+0 or ×1), …와 같은 식이 나타난다. 이때 앞의 세 개의 수열만 보더라도 특별한 규칙이 없을 것이라는 것을 예측할 수 있다.

[Step 3] 특수 수열 확인하기!

이번 Step은 특수 수열을 확인하는 것이다. n, n+1 연산이 n+2항이 되는지 확인해 보면 된다. 1~3항을 확인한 결과 1, 2항의 단순 사칙연산으로 3항을 만들 수는 없다. 그러므로 마지막 Step 4로 넘어가자.

[Step 4] 군 수열 확인하기!

정답 ②

마지막 Step까지 왔다면 우리가 확인할 것은 군 수열밖에 없다. 군 수열은 군 수열이라는 것을 알더라도 그 규칙을 찾는 것이 굉장히 어려우므로 많은 문제를 풀어보는 것이 좋다. 군 수열이라는 것을 확신했다면 일정한 수로 수열을 나누어주면 된다. 이를 위해 수열의 항이 몇 항까지 있는지를 확인해 보자. 현재 주어진 문제에서는 수열의 항이 9개 있다. 이 항의 개수를 약수로 나누어 균등한 군으로 만들어주면 된다. 9의 약수에는 3이 있으므로 세 개씩 나누어주면 된다. 대부분 세 개 or 네 개로 나누어지기 때문에 항의 개수를 확인하지 않고 세 개 or 네 개로 나누는 것도 하나의 방법일 수 있다.

그렇다면 세 개로 균등하게 나누어 보자.

5 6 13 / 3/2 3/2 3 / 12

이렇게 세 개의 군으로 나눠 표시했다면 이제 본격적으로 그 규칙들을 찾으면 된다.
규칙은 다음 두 가지가 대표적이다.

- 1항 & 2항의 조합으로 3항 만들기
- 1항 & 3항의 조합으로 2항 만들기

조합을 만들 때는 약수와 배수를 잘 활용하는 것이 중요하다.
예를 들어 1항 & 2항의 조합으로 3항을 만들고자 했으면, 1항(5), 2항(6)의 조합으로 3항(13)의 배수를 만들 수 있는지 확인하는 것이다. 즉, 5, 6으로 13, 26, 39를 만들 수 있는지 확인하면 된다.
이 조합으로 만들 수 없다고 판단되면 1항(5) & 3항(13)의 조합으로 2항(6)을 만들어 보자. 이때도 배수를 활용하면 된다. 5, 13으로 6, 12, 18을 만들 수 있다면 이것이 답일 확률이 높다.
이 문제에서는 5와 13의 덧셈으로 18을 만들 수 있고, 이것을 3으로 나누게 되면 6이 된다. 이를 정리해 보면 가운데 항은 양 끝 항들의 덧셈 결과를 3으로 나눈 것[1항(5)+3항(13)]/3=2항(6)]과 같다.

이렇게 규칙을 찾았다면 바로 답에 적용해도 되지만, 두 번째 군에도 적용해보는 것을 추천한다. 그 이유는 2개의 군에 중 하나의 군에만 적용되는 규칙이 있기도 하기 때문이다. 가령 두 번째 군을 확인했을 때 1항(3/2)과 2항(3/2)의 합은 3항(3)이 되지만 첫 번째 군에서는 이 규칙이 성립되지 않는 것을 확인할 수 있다. 그렇기 때문에 서로 다른 군에서도 찾은 규칙이 적용되는지를 확인해 보는 것이 실수를 줄이는 좋은 방법이다.

(12−1)/3이므로 정답은 11/3이다.

일정한 규칙으로 수를 나열할 때, 다음 빈칸에 들어갈 알맞은 수를 고르면?

10	5	5/3	5/12	1/12	(　)

① 3/12　　② 1/3
③ 1/60　　④ 1/72

풀이 STEP

[Step 1] 꼬인 관계 여부 확인!

• 꼬인 관계 ×

[Step 2 - 1] 전, 후 관계 확인하기!

정답 ④

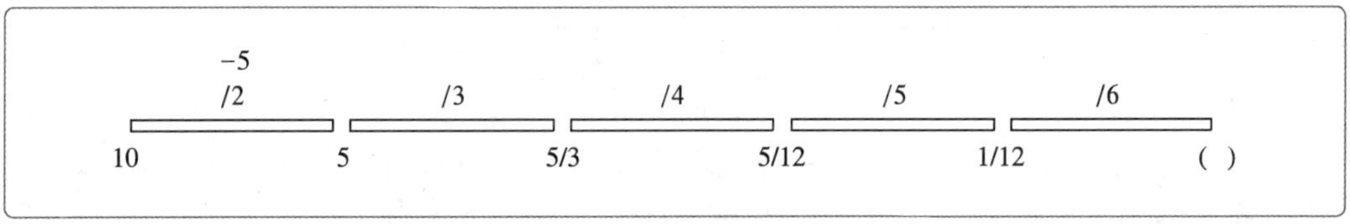

➔ 각 항의 관계를 확인해 보면 1/2, 1/3, 1/4, …과 같은 규칙을 갖고 있다. 따라서 (　) 안에 들어갈 값은 (1/12)×(1/6)=1/72인 것을 확인할 수 있다.

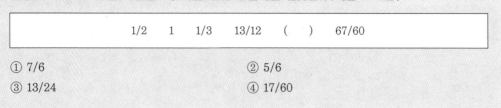

일정한 규칙으로 수를 나열할 때, 다음 빈칸에 들어갈 알맞은 숫자를 고르면?

1/2 　 1 　 1/3 　 13/12 　 (　) 　 67/60

① 7/6 　 ② 5/6
③ 13/24 　 ④ 17/60

풀이 STEP

[Step 1] 꼬인 관계 여부 확인!

• 꼬인 관계

[Step 2 - 1] 홀수, 짝수 항들의 관계 파악하기!

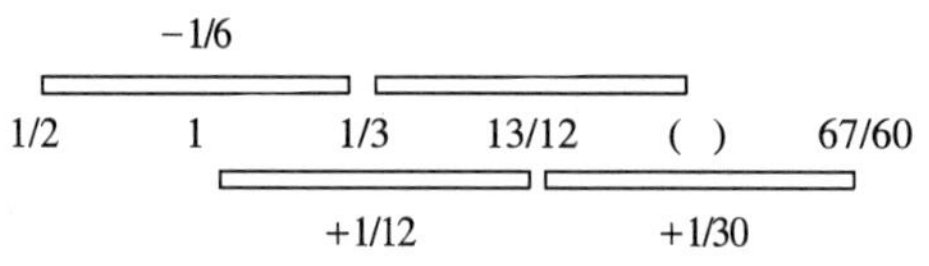

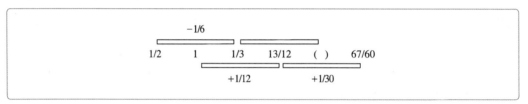

홀수 & 짝수 항 간의 특별한 관계를 확인할 수 없으므로 다음 Step으로 넘어간다.

[Step 2 - 2] 전, 후 관계 확인하기!

정답 ④

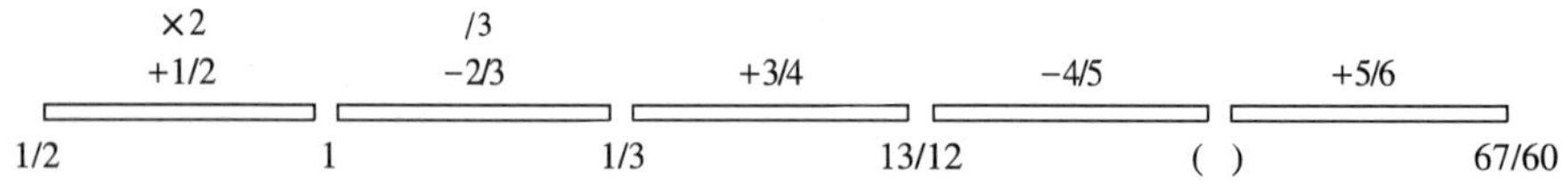

각 항들의 관계를 확인해 보면 +1/2, −2/3, +3/4라는 규칙을 갖고 있다.
따라서 다음에 오는 규칙은 −4/5, +5/6일 가능성이 있다. 유추한 규칙을 통해 계산을 진행하면 13/12−4/5=17/60이 나오게 되는데, 즉 정답은 4번이 된다.
정확한 문제 풀이를 위해서는 (　) 항과 마지막 항의 연산도 진행해야 하지만, 풀이 속도가 중요한 시험에서는 생략하는 것이 좋다.

일정한 규칙으로 수를 나열할 때, 다음 빈칸에 들어갈 알맞은 숫자를 고르면?

0.4 0.5 0.65 0.85 1.1 ( )

① 1.35
② 1.4
③ 1.45
④ 1.5
⑤ 1.55

풀이 STEP

[Step 1] 꼬인 관계 여부 확인!

• 꼬인 관계 ×

[Step 2 - 1] 전, 후 관계 확인하기!

정답 ②

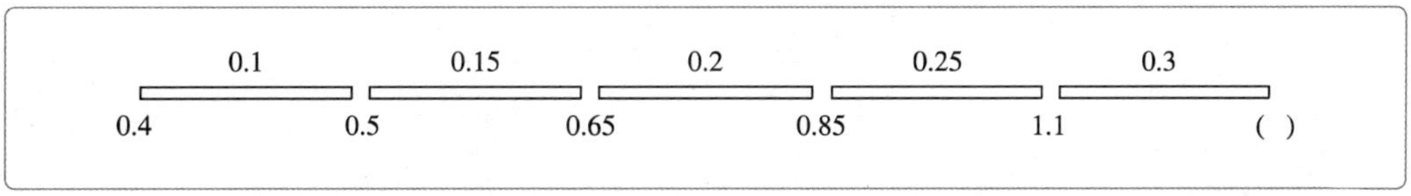

위 문제를 보면 각 항의 연산 관계가 0.1, 0.15, 0.2로 0.05씩 차이가 나는 것을 확인할 수 있다. 그러나 이를 바로 파악하지 못했다면, 다음과 같이 각 항의 차이를 수열로 만들어 계차 수열임을 확인할 수 있다.

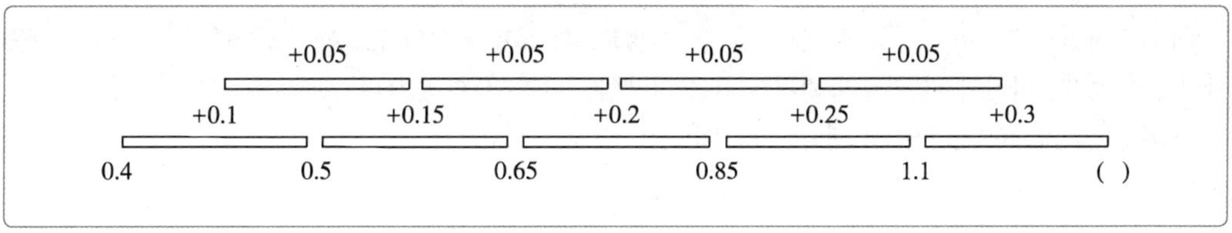

따라서 정답은 1.4이다.

일정한 규칙으로 수를 나열할 때, 다음 빈칸에 들어갈 알맞은 숫자를 고르면?

4/3 4/3 ( ) 8 32 160

① 1/3 ② 8/3
③ 1 ④ 2

풀이 STEP

[Step 1] 꼬인 관계 여부 확인!

• 꼬인 관계 ○(1, 2항이 증가하지 않고 일치하기 때문)

[Step 2 - 1] 홀수, 짝수 항들의 관계 파악하기!

짝수 항에서 특별한 규칙을 찾을 수 없다. 그러므로 다음 Step으로 넘어가자.

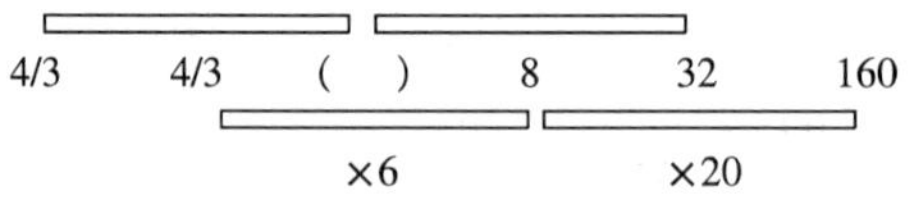

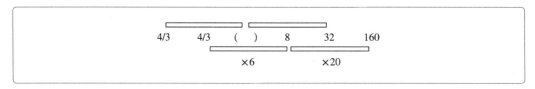

[Step 2 - 2] 전, 후 관계 확인하기!

정답 ②

1항과 2항 사이의 연산이 ×1 or +0인 것을 알 수 있고, 4 ~ 6항 사이의 연산이 ×4, ×5로 되어있는 것을 확인할 수 있다. 따라서 위 수열의 주된 연산은 곱셈임을 추론할 수 있으며, 2 ~ 4항 사이의 연산은 ×2, ×3으로 추론 가능하다. 따라서 정답은 8/3이다.

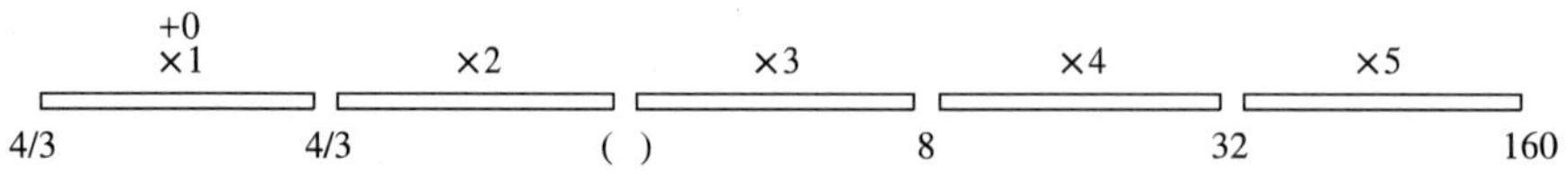

일정한 규칙으로 수를 나열할 때, 다음 빈칸에 들어갈 알맞은 숫자를 고르면?

7　20　59　176　527　(　)

① 1,482　② 1,580
③ 1,582　④ 1,680

풀이 STEP

[Step 1] 꼬인 관계 여부 확인

• 꼬인 관계 ×

[Step 2 - 1] 전, 후 관계 확인하기

정답 ②

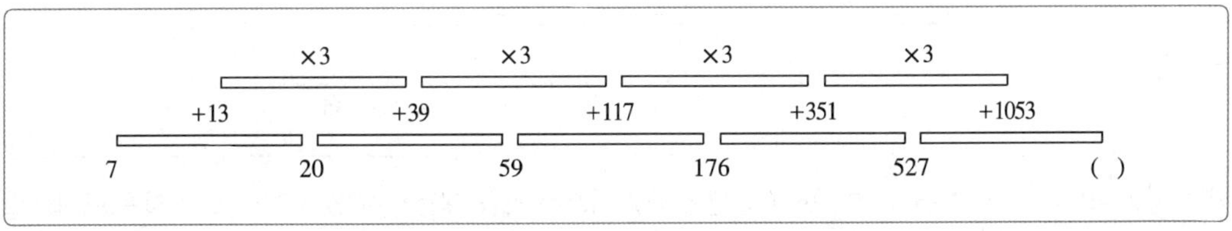

전후 관계를 확인했을 때 계차 수열을 고려하면 쉽게 상관관계를 확인할 수 있다. 1항, 3항 사이의 연산 결과를 확인해 13과 39처럼 배수관계(×3)가 명확히 보일 때는 계차를 반드시 고려해 주어야 한다.

따라서 (　) 값은 527+1,053=1,580이다.

이 수열의 실제 규칙은 n×3－1=n+1이며, 우리는 이 규칙을 계차를 통해 파악한 것이다.

일정한 규칙으로 수를 나열할 때, 다음 빈칸에 들어갈 알맞은 숫자를 고르면?

6 9 27 24 8 11 33 ( )

① 29 ② 30

③ 31 ④ 32

풀이 STEP

[Step 1] 꼬인 관계 여부 확인!

• 꼬인 관계 ○

[Step 2 - 1] 홀수, 짝수 항들의 관계 파악하기!

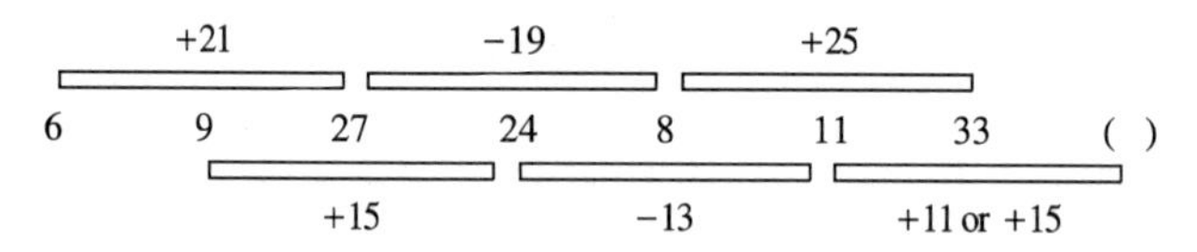

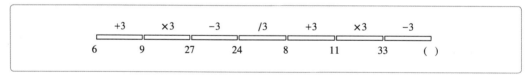

짝수 항을 확인해 보면 +15, −13, …이 연산 결과로 나오는 것을 확인할 수 있다. 그러므로 다음 규칙으로는 +11 또는 +15가 나올 수 있다. 그러나 이 규칙으로 연산을 했을 때 보기에 해당되는 답이 없으므로 이는 답이라고 할 수 없다. 다음 Step으로 넘어간다.

[Step 2 - 2] 전, 후 관계 확인하기!

정답 ②

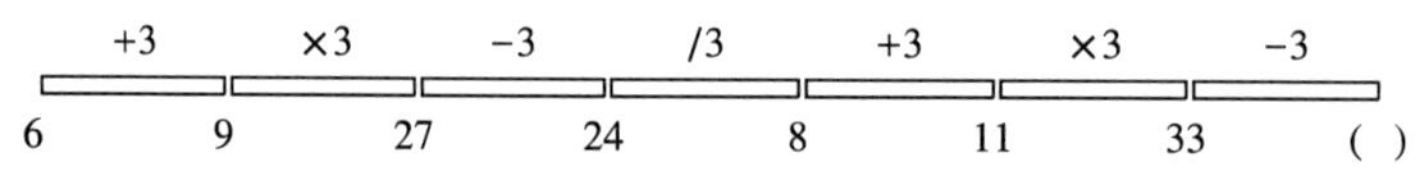

수열을 확인해 보면 +3, ×3, −3, /3이 반복적으로 나타나는 것을 확인할 수 있다. 그러므로 규칙을 연산에 적용해 보면 ( )의 값은 33−3=30이다.

일정한 규칙으로 수를 나열할 때, 다음 빈칸에 들어갈 알맞은 것은?

2　6　14　30　(　)　126

① 56　　② 58
③ 60　　④ 62
⑤ 64

풀이 STEP

[Step 1] 꼬인 관계 여부 확인!

• 꼬인 관계 ×

[Step 2 - 1] 전, 후 관계 확인하기!

정답 ④

각 수열의 전후 관계를 확인해 보면 +4, +8, +16으로 증가하고 있으며, 증가 연산의 크기가 2배씩 차이가 난다. 그러므로 위 문제의 규칙을 다음과 같이 표현할 수 있다.

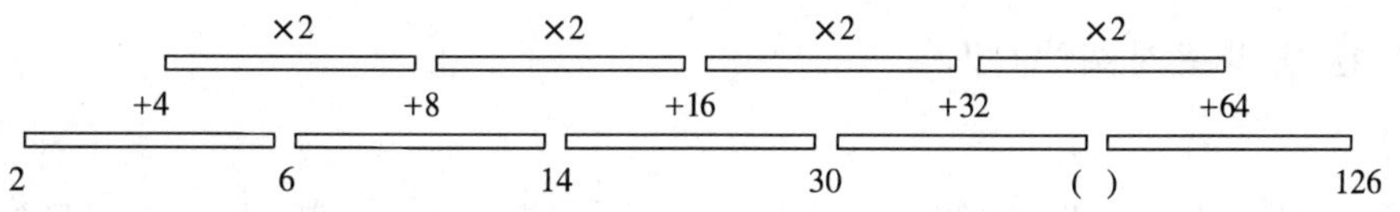

따라서 위 문제의 정답은 30+32=62이다.

일정한 규칙으로 수를 나열할 때, 다음 빈칸에 들어갈 알맞은 수를 고르면?

5 10/9 9/2 20/81 ( )

① 729/40 ② 718/40
③ 707/40 ④ 729/30
⑤ 718/30

풀이 STEP

[Step 1] 꼬인 관계 여부 확인!

• 꼬인 관계 ○

Thinking Box

Tip! 꼬인 관계이기 때문에 홀수, 짝수 항의 관계를 먼저 파악해야 하지만, 위 문제에서는 항의 개수가 적으므로 홀수, 짝수 항의 관계로 규칙이 형성되기 어렵다. 그러므로 이럴 때는 전후 관계를 먼저 확인하는 것이 문제 풀이 시간을 줄이는 데 효과적이다.

[Step 2 - 1] 전, 후 관계 확인하기!

정답 ①

각 항들의 관계를 확인해 보면 n항에서 n+1항으로 갈 때의 특별한 규칙을 파악할 수 없다. 그럴 때 연산 내용이 n+2항과 연관이 있는지도 확인해주는 것이 좋다. 물론 확인하지 않더라도 Step 3이 있기 때문에 필수적인 요건은 아니지만, 문제를 빠르게 풀기 위한 Tip임을 기억하자.

이 문제의 경우 각 연산의 결과를 확인해 보면 ×2/9, ×81/20, …으로 되어있다. 이 값들은 주어진 수열들의 값들과 다르지만, n+2항의 숫자 구성과 같고 단순히 역수를 취한 것이다. 즉, N+2=N/N+1이다. 따라서 ( )의 값은 729/40이 된다.

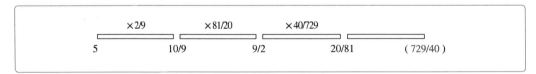

×2/9	×81/20	×40/729	
5 → 10/9	10/9 → 9/2	9/2 → 20/81	20/81 → (729/40)

일정한 규칙으로 문자를 나열할 때, 다음 빈칸에 들어갈 알맞은 문자는?

ㅑ ㅓ ㅗ ㅠ ( )

① ㅑ　② ㅕ
③ ㅛ　④ ㅣ

풀이 STEP

[Step 1] 꼬인 관계 여부 확인!

우선 문제를 풀기 전에 각 문자들을 숫자로 치환한다.
치환 결과를 확인해 보면 다음 숫자 수열로 표현할 수 있고, 이제부터는 이 숫자 수열을 가지고 ( ) 안의 값(숫자)을 추론한 후 문자로 치환하여 답을 구할 것이다.

2 3 5 8 ( )

이제 Step 1의 물음에 답해보자. 위 수열은 꼬인 관계인가?
➔ No! 각 수열의 전, 후 관계를 확인한다.

[Step 2] 주어진 수열의 요소 간 관계 파악하기!

정답 ①

[2 - 1] 수열의 전, 후 관계 확인하기

각 항들의 차이를 확인해 보면 +1, +2, +3의 규칙을 갖고 있다. 그러므로 ( )의 값은 12(8+4)인 것을 추론할 수 있다. 따라서 이 값(12)을 문자로 치환하면 정답은 'ㅑ'이다.

PART 3 수추리

일정한 규칙으로 수 · 문자를 나열할 때, 다음 빈칸에 들어갈 알맞은 것을 고르면?

A B A L B W D B ( )

① F
② G
③ H
④ I
⑤ J

풀이 STEP

정답 ②

위 문제에서는 처음부터 군 수열임을 알려주었다. (Step을 확인할 필요 없다)
그렇다면 우리는 각 알파벳들을 숫자로 치환하여 문제를 풀어주도록 하자.

1 2 1 12 2 23 4 2 ( )

군 수열 같은 경우 다음과 같은 Case들을 확인해야 한다.

- Case 1) 첫 번째 & 두 번째 연산 = 세 번째
- Case 2) 첫 번째 & 세 번째 연산 = 두 번째

연산의 규칙을 찾는 것은 어렵기 때문에 만약 정답이 나오지 않는다면 다른 문제로 넘어가길 바란다.
이 문제 같은 경우 두 번째 그룹이 힌트가 될 수 있다. 첫 번째 그룹(1 2 1)은 가능한 연산의 경우의 수가 많다. 그러므로 두 번째 그룹(12 2 23)을 활용하여 문제를 푼다.
이 경우 Case 1(첫 번째 & 두 번째 연산 = 세 번째)을 활용하면 되며, $12\times2-1$ 연산을 하게 되면 세 번째 항 23이 나오는 것을 확인할 수 있다. 이 규칙을 세 번째 그룹에 적용하게 되면 $4\times2-1=7$이고, 이 값을 알파벳으로 치환하게 되면 정답은 G이다.

일정한 규칙으로 문자를 나열할 때, 다음 괄호 안에 들어갈 알맞은 문자를 고르면?

ㄱ ㄷ ㄴ ( ) ㄹ ㅅ

① ㅈ ② ㅅ
③ ㅇ ④ ㅁ

풀이 STEP

[Step 1] 꼬인 관계 여부 확인!

우선 문제를 풀기 전에 각 문자들을 숫자로 치환한다.
치환 결과를 확인해 보면 다음 숫자 수열로 표현할 수 있고, 이제부터는 이 숫자 수열을 가지고 ( ) 안의 값(숫자)을 추론한 후 문자로 치환하여 답을 구할 것이다.

1 3 2 ( ) 4 7

이제 Step 1의 물음에 답해보자. 위 수열은 꼬인 관계인가?
➔ Yes! 꼬여있는 관계로 홀수, 짝수 항 먼저 확인해 본다.

[Step 2] 주어진 수열의 요소 간 관계 파악하기!

정답 ④

[2 - 1] 홀수, 짝수 항들의 관계 파악하기

홀 / 짝수 항들의 연산을 확인하자.
- 홀수 항은 +1, +2의 규칙을 가진다.
- 짝수 항은 확인할 수 없다.

홀수 항은 규칙을 가지고 있을 경우 짝수 항도 규칙을 가질 가능성이 있다. ( )의 값을 구하고자 할 때는 다음과 같다.
- 등비 수열인 경우: 나눗셈 활용 (7÷3=나누어 떨어지지 않기 때문에 등비수열 ×)
- 등차 수열인 경우: 뺄셈 활용(7−3=4, 연산 값이 짝수이면, 그 값의 절반(2)이 공차인 등차 수열이 될 수 있다)

따라서 ( )의 값은 5(3+2)라는 것을 추론할 수 있으며, 이 값을 한글로 치환하면 정답은 ㅁ이다.

일정한 규칙으로 문자를 나열할 때, 다음 괄호 안에 들어갈 알맞은 문자를 고르면?

B C E I G ( )

① K ② B
③ G ④ D

풀이 STEP

[Step 1] 꼬인 관계 여부 확인!

우선 문제를 풀기 전에 각 알파벳들을 숫자로 치환한다.

2 3 5 9 17 ( )

이제 Step 1의 물음에 답해보자. 위 수열은 꼬인 관계인가?

➔ No! 수열의 전, 후 관계를 먼저 파악해 보자.

[Step 2] 주어진 수열의 요소 간 관계 파악하기!

정답 ④

[2 - 1] 수열의 전, 후 관계 확인하기

각 항들의 전, 후 관계를 확인해 보면 +1, +2, +4, +8의 차이를 갖는 것을 알 수 있다. 그리고 이 연산들의 관계를 보면 ×2씩 차이가 나는 것을 확인할 수 있다. 즉 17 다음 연산은 +16(8×2)가 된다. 따라서 위 괄호에 들어갈 숫자는 17+16=33이 되며, 33에 대치되는 값은 G인 것을 확인할 수 있다.

이때 알파벳은 26까지 밖에 없으므로 33−26=7의 값을 찾아주면 된다. 따라서 정답은 4번(G)이다.

일정한 규칙으로 문자를 나열할 때, 다음 빈칸에 들어갈 알맞은 문자를 고르면?

b　g　e　j　(　)　m　k　p

① h　② I
③ l　④ n
⑤ o

풀이 STEP

[Step 1] 꼬인 관계 여부 확인!

우선 문제를 풀기 전에 각 알파벳들을 숫자로 치환하여 문제를 풀어준다.

2　7　5　10　(　)　13　11

이제 Step 1의 물음에 답해보자. 위 수열은 꼬인 관계인가?

➔ Yes! 수열의 전, 후 관계를 먼저 파악해 보자.

[Step 2] 주어진 수열의 요소 간 관계 파악하기!

정답 ①

[2 - 1] 홀수, 짝수 항들의 관계 파악하기

- 짝수 항: 각 항들 간의 +3의 차이가 나는 규칙을 가지고 있다.
- 홀수 항: 1항(2)에서 3항(5)으로 갈 때 +3의 연산이 발생하는 것 확인할 수 있으며, (　) 안에도 +3 연산을 수행하게 되면 (　)의 값은 8로 홀수 항 규칙에 어떠한 모순도 발생하지 않는다.

그러므로 위 문제의 정답은 H(8)이다.

다음 중 규칙이 다른 하나를 고르면?

① OMKI
② 하타차아
③ 지이비미
④ RPNL
⑤ 리류료려

풀이 STEP

정답 ③

3번을 제외한 나머지 문자들은 n항－2＝n＋1항의 규칙을 갖는다.

각 규칙들을 확인해 보자. 문자들이 나오는 경우 각 숫자로 치환하게 되면 좀 더 쉽게 규칙들을 확인할 수 있다.

1) OMKI
   문자 치환: OMKI ➔ 15, 13, 11, 9
   각 요소들은 n항－2＝n＋1항의 규칙을 갖는다.
2) 하타차아
   문자 치환: 하타차아 ➔ 14, 12, 10, 8
   이때 모음은 모두 같으므로 자음의 값만 숫자로 치환하여 문제를 풀어준다.
   각 요소들은 n항－2＝n＋1항의 규칙을 갖는다.
3) 지이비미
   문자 치환: 지이비미 ➔ 9, 8, 6, 5
   －1, －2, －1의 규칙을 갖고 있다.
4) RPNL
   문자 치환: RPNL ➔ 18, 16, 14, 12
   각 요소들은 n항－2＝n＋1항의 규칙을 갖는다.
5) 리류료려
   문자 치환: 리류료려 ➔ 10, 8, 6, 4
   이때 자음은 모두 같으므로 모음의 값만 숫자로 치환하여 문제를 풀어준다.
   각 요소들은 n항－2＝n＋1항의 규칙을 갖는다.

60초 안에 끝내는 인적성 추리

PART 4
도식추리

도식추리는 주어진 자료의 변화 관계를 통해 도식이 의미하는 바를 추론하고, 문제에 제시된 도형이나 기호에 다양한 규칙을 적용하여 도식에 따라 결과를 도출해내는 유형이다. 이 유형의 경우 도식 한 개를 바로 구하는 문제는 난이도가 낮지만, Case를 나누어 도식을 추론해야 하는 경우 풀이가 어려운 편이니 고득점을 위해서는 이 유형을 반드시 해결해야 한다.

유형 1 하나의 도식으로 바로 답을 구하는 경우
[Step 1] 입출력 사이에 도식이 한 개인 도식을 찾는다.
[Step 2] 나머지 도형의 도식을 추론한다.

유형 2 Case별로 도식을 추론해야 하는 경우
[Step 1] 순서를 바꾸는 도식을 찾는다.
[Step 2] 값+위치 변경으로 구성된 도식을 찾는다.
[Step 3] 값을 변경하는 도식의 규칙이 무엇인지 추론한다.
[Step 4] 나머지 도식의 규칙들을 찾는다.

CHAPTER 1 도식추리

01 유형 알아보기

문제 유형 1

다음 도식에서 기호들은 일정한 규칙에 따라 문자를 변화시킨다. ?에 들어갈 알맞은 문자는?(단, 규칙은 가로와 세로 중 한 방향으로만 적용된다)

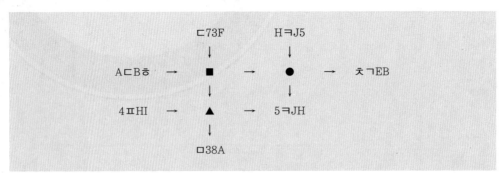

```
            ㄷ73F         Hㅋ J5
              ↓             ↓
AㄷBㅎ  →     ■      →      ●      →   ㅊㄱEB
              ↓             ↓
4ㅍHI   →     ▲      →    5ㅋJH
              ↓
            ㅁ38A
```

GHKT → ■ → ● → ?

① PFNH
② PFMH
③ SFNH
④ PFMI
⑤ PFNR

문제 유형 2

다음 도식에서 기호들은 일정한 규칙에 따라 문자를 변화시킨다. ?에 들어갈 알맞은 문자는?

		C9P0		A2N7		
		↓		↓		
T4W8	→	◇	→	★	→	6X0A
		↓		↓		
D5H6	→	◎	→	◇	→	H5D6
		↓		↓		
		C0P9		6C1P		

L53I → ◎ → ★ → ?

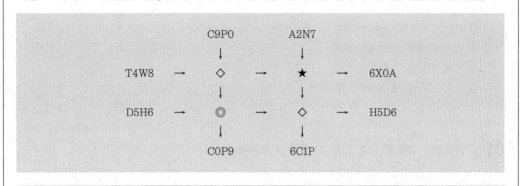

① K72K
② 72KK
③ 5KK4
④ 7KK2
⑤ 54KK

[실전 문제 유형]

1. 한 개의 도식을 찾을 수 있는 유형

   Ex 입력 ➔ ★ ➔ 출력

2. Case별로 나눠서 판단해야 하는 경우(도식 최소 개수가 두 개 이상)

   Ex 입력 ➔ ★ ➔ ■ ➔ 출력

Case별로 나눠서 판단해야 하는 경우, 한 개의 도식을 찾을 수 있는 유형과 다르게 중간에 치환하는 도형이 한 개인 식이 없기 때문에 도식의 내용을 바로 파악할 수 없다. 그렇기 때문에 다양한 Case들을 고려해야 하고 체감 난이도가 상당히 높다. 옥선생은 이를 Case별로 도식을 추론해야 하는 경우로 분류하여 네 가지 Step으로 문제 풀이법을 나누었다.

[기초이론]

• 표기 방법

문제 풀이를 하기에 앞서 표기 방법에 대해서 배워보자. 표기를 직관적으로 하는 것은 문제 풀이 속도를 높이는 가장 좋은 방법이다.

● 문제 유형 3 ●

※ ★의 규칙이 다음과 같을 때, ?의 값을 구하시오.

1. 첫 번째 문자를 세 번째로 이동
2. 두 번째 문자를 네 번째로 이동
3. 세 번째 문자를 첫 번째로 이동
4. 네 번째 문자를 두 번째로 이동

01 입력값과 규칙을 알고 있을 때 결괏값 추론하기

ABCD → ★ → ?

정답 CDAB

02 결괏값과 규칙을 알고 있을 때 입력값 추론하기

? → ★ → ABCD

정답 CDAB

02 옥선생의 Step by Step 풀이법

순서대로 풀어보기

[예제 1번 풀이]

ABCD → ★ → ?

[Step 1] 입력값에 숫자(1234)를 적어보자!

ABCD	→	★	→	?
1234				

입력값 아래에 1234를 적어준다. 이 과정은 문제 풀이 과정이 숙련되었다면 생략해도 된다. 그러나 생략할 경우 실수할 확률이 높아지니 명심해두자. 숫자는 각 자리수의 위치를 직관적으로 표기하기 위해 적는 것으로 A: 1번, B: 2번, C: 3번, D: 4번을 의미한다.

[Step 2] 규칙을 도식화하라!

ABCD	→	★	→	?
1234		3412		

★의 규칙을 직관적으로 표기하여 ★ 아래에 적어 둔다. 이때 앞서 거듭 설명했듯 자신이 직관적으로 파악할 수 있는 방식을 사용해도 된다.

※ 3412의 의미: ★ 규칙을 도식화 한 것으로 입력의 3번 위치(C)가 1번 / 4번 위치(D)가 2번 / 1번 위치(A)가 3번 / 2번 위치(B)가 네 번째로 이동한다는 것을 의미한다.

[Step 3] 도식화한 값을 문자로 치환하라!

ABCD	→	★	→	CDAB
1234		3412		3412

'ABCD'를 도식화한 숫자 '1234'를 규칙 ★에 맞춰 순서대로 적은 '3412'를 주어진 문자로 치환한다. 따라서 예제 1번의 답은 'CDAB'가 된다.

[예제 2번 풀이]
결괏값이 먼저 주어진 경우에는 위의 방법을 역으로 수행하여 입력값을 구하면 된다. 다음 문제 풀이를 보면서 자세하게 살펴보자.

? → ★ → ABCD

[Step 1] 결괏값에 '도식 규칙'을 적어준다.

?	→	★	→	ABCD
		3412		3412

도식 규칙에서는 숫자가 기준이 된다. 결괏값 밑에 ★ 규칙(3412)을 적어준다. 예제 1번 풀이 방법을 복습해 보면, 입력(1234)이 ★ 규칙(3412)을 지나가게 되면 순서가 3412로 바뀐다는 것을 알 수 있다. 예제 2번 문제는 예제 1번의 반대 문제이므로 결과의 ABCD(3412) 값을 1234로 도식화할 수 있다.

[Step 2] 도식화한 값을 문자로 치환하라!

CDAB	→	★	→	ABCD
1234		3412		3412

결과에 도식화한 값 'ABCD(3412)'를 입력값에 '1234' 순으로 차례대로 적어준다. 그 결과 입력값은 CDAB(1234)가 되는 것을 확인할 수 있다. 따라서 예제 2번의 답은 'CDAB(1234)'이다. 위 내용은 도식 추리에서 기본이 되는 내용이므로 완벽하게 이해하고 충분히 연습하길 바란다.

Thinking Box

도식 추리 문제 풀이에서 가장 중요한 것은 얼마나 빠르고 정확하게 규칙을 찾는가이다. 도식 추리 문제의 유형은 크게 두 가지로 나눌 수 있는데, 다음 장에서는 유형별 규칙을 찾는 방법에 대해서 알아볼 것이다.

대표 예제 1

다음 도식에서 기호들은 일정한 규칙에 따라 문자를 변화시킨다. ?에 들어갈 알맞은 문자를 고르면?(단, 규칙은 가로와 세로 중 한 방향으로만 적용된다).

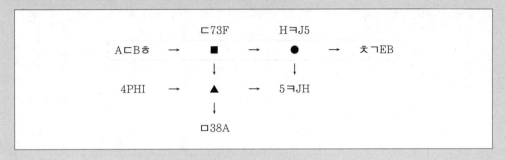

```
              ㄷ73F         Hㅋ J5
A ㄷ Bㅎ  →     ■      →      ●      →   ㅊㄱEB
                ↓             ↓
4PHI      →     ▲      →   5ㅋJH
                ↓
              ㅁ38A
```

```
GHKT → ■ → ● → ?
```

① PFNH
② PFMH
③ SFNH
④ PFMI
⑤ PFNR

풀이 STEP

[Step 1] 한 가지 도형의 규칙을 찾는다.

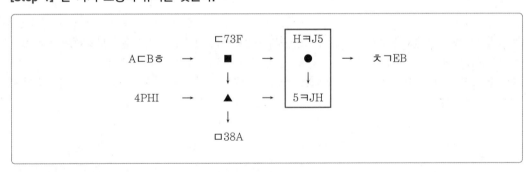

```
              ㄷ73F        [Hㅋ J5]
A ㄷ Bㅎ  →     ■      →   [  ●  ]   →   ㅊㄱEB
                ↓          [  ↓  ]
4PHI      →     ▲      →   [5ㅋJH]
                ↓
              ㅁ38A
```

도식의 규칙을 찾기 위해선 입 / 출력의 상관관계를 확인하면 된다. 이 상관관계를 확인하기 위해서는 위에서 입력값에 1234를 작성하고 1234에 맵핑되는 값을 출력에 작성해야 한다. 그러면 출력값(5ㅋJH)의 맵핑된 값은 4231이 된다. 즉 어떠한 입력값이 ●를 지나가게 되면 첫 번째와 네 번째 값이 바뀌게 되는 것을 의미한다.

H ㅋJ5 → ● → 5ㅋJH

1234　　4321

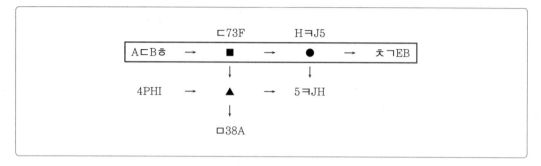

ㄷ73F　　Hㅋ J5

AㄷB ㅎ → ■ → ● → ㅊㄱEB

↓　↓

4PHI → ▲ → 5ㅋJH

↓

ㅁ38A

- ● : 1234 → 4231

[Step 2] 나머지 규칙을 찾는다.

정답 ①

남은 규칙들을 찾기 위해서는 Step 1에 연관되어 있는 규칙을 먼저 찾는 것이 효율적이다. 따라서 우리는 위의 박스에 있는 ■ 도식의 값을 확인해야 한다. ●의 규칙을 알고 있기 때문에 AㄷBㅎ가 ■ 도식을 지나갔을 때의 출력값을 알 수 있다.

AㄷBㅎ → ■ → ● → ㅊㄱEB

BㄱEㅊ 4321　　4321

위 방법처럼 ●의 입력값을 쉽게 찾아낼 수 있다. 위 내용이 이해되지 않는다면 후에 나올 예제 문제 2번 풀이를 꼼꼼히 읽어보길 바란다.

이제 ■ 도식 앞뒤에 입력(AㄷBㅎ)과 출력값(BㄱEㅊ)을 모두 확인할 수 있으며, ■ 도식을 어렵지 않게 찾을 수 있다. ■ 도식은 다음과 같이 +1, −2, +3, −4라는 규칙을 가지고 있다.

AㄷBㅎ → ■ → ● → ㅊㄱEB

+1, −2, +3, −4　BㄱEㅊ　4231　　4231

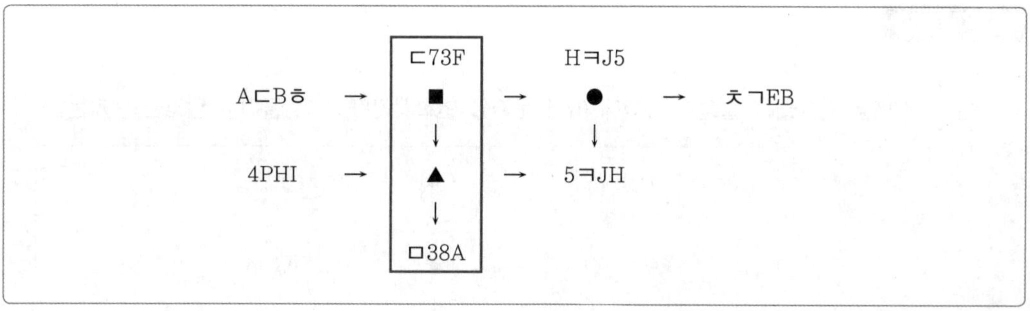

●, ■ 도식을 찾았다면 이제 마지막 도식인 ▲ 도식의 규칙을 찾으면 된다. 방법은 위에서 설명한 방법과 일치한다. 다음 방법에 따라 ▲ 도식의 값은 (+1, −2, +2, −1)이라는 것을 추론할 수 있다.

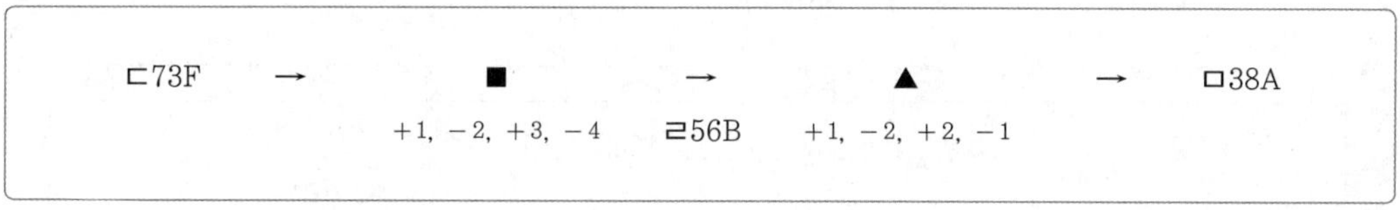

이렇게 각 도식의 규칙들을 정확하게 구할 수 있다면 도식 추리 문제는 100% 정답률을 달성할 수 있을 것이다. 다만 규칙을 찾는 과정을 반복적으로 연습하여 풀이 속도를 높이는 것이 매우 중요하므로 꾸준히 연습하도록 하자.

- ■: 각 자릿수에 +1, −2, +3, −4
- ▲: 각 자릿수에 +1, −2, +2, −1

대표 예제 2

다음 도식에서 기호들은 일정한 규칙에 따라 문자를 변화시킨다. ?에 들어갈 알맞은 문자는?

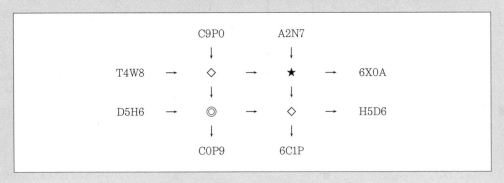

		C9P0		A2N7		
		↓		↓		
T4W8	→	◇	→	★	→	6X0A
		↓		↓		
D5H6	→	◎	→	◇	→	H5D6
		↓		↓		
		C0P9		6C1P		

L53I → ◎ → ★ → ?

① K72K ② 72KK

③ 5KK4 ④ 7KK2

⑤ 54KK

풀이 STEP

[Step 1] 순서를 바꾸는 도식을 찾는다!

		C9P0		A2N7		
		↓		↓		
T4W8	→	◇	→	★	→	6X0A
		↓		↓		
D5H6	→	◎	→	◇	→	H5D6
		↓		↓		
		C0P9		6C1P		

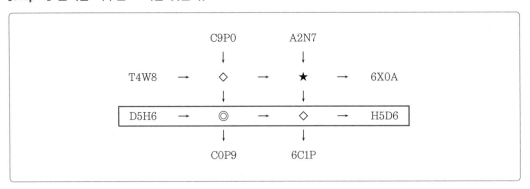

이 유형의 문제를 풀 때는 가장 먼저 순서를 바꾸는 도식을 찾는 것이 중요하다. 순서를 바꿔주는 도식을 확인하기 위해선 도식의 입출력 결과를 체크해야 한다. 위의 박스 표시를 확인해 보자.

내용을 확인해 보면 입력과 출력의 요소들이 배열만 바뀌었을 뿐 각 요소들은 바뀌지 않았다는 것을 알 수 있다(입력: D5H6 출력: H5D6). 즉, 입력이 ◎, ◇ 도식을 지나도 각 요소들의 값이 변하지 않았기 때문에 ◎, ◇ 도식은 위치를 변경하는 도식인 것을 알 수 있다.

위치 변경 도식: ◎, ◇

[Step 2] 값 + 위치 변경으로 구성된 도식을 찾는다!

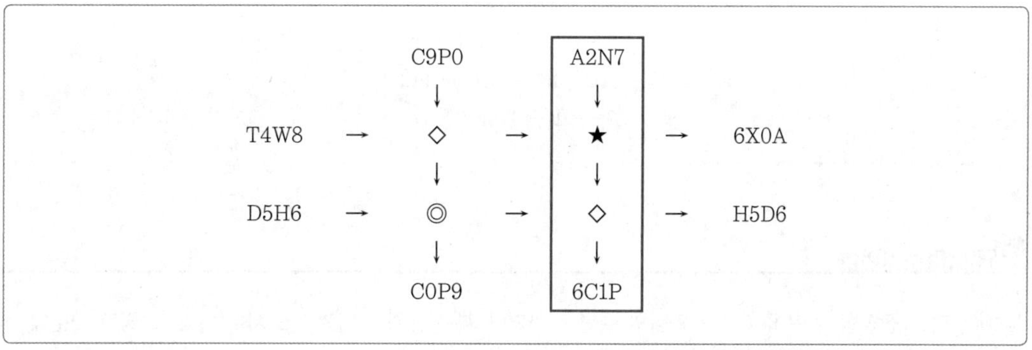

이번 Step에서는 각 요소의 값을 변경시키는 도식을 찾는다. 우리는 Step 1 과정을 통해 ◎, ◇가 위치를 바꾸는 도식이라는 것을 추론했다. 위의 박스 부분을 확인해 보면 입력과 출력의 각 요소가 바뀐 것을 확인할 수 있다. 그리고 ◇는 위치를 바꾸는 도식이기 때문에 각 요소의 값을 변경할 수 없다. 따라서 ★은 값을 변화시키는 도식(연산)이라는 것을 추론할 수 있다.

값을 변화시키는 도식(연산): ★

[Step 3] 값을 변경하는 도식의 규칙이 무엇인지 추론한다!

우리는 두 번째 Step을 수행하면서 '★: 값 변화, ◇: 순서 변화'라는 것을 파악했다. 그렇다면 이번 Step에서는 값을 변화시키는 도식(★)이 어떤 연산을 하는지 추론해 보도록 하자.

A2N7 → ★ → ◇ → 6C1P

위 내용을 확인해 볼 때 입력값의 각 요소는 알파벳(A, N) 과 숫자(2, 7)로 구성되어 있고, ★과 ◇ 도식을 지나면서 알파벳(C, P), 숫자(6, 1)로 변경되었다.
즉, 입력 알파벳 A, N은 C와 P로 변경되었고, 숫자 2, 7은 1과 6으로 변경됐다는 것을 알 수 있다.

A → C or P
2 → 1 or 6
N → C or P
7 → 1 or 6

그렇다면 A와 N 중 누가 C로 변경되고 누가 P로 바뀌는 지 확인해야 한다. 이를 확인하기 위해서 입력과 출력의 차이를 계산해 보자.
첫 번째 입력값 A를 예로 들어 출력 결과와의 관계를 확인해 보겠다.
A(숫자 1)가 C(숫자 3)가 되기 위해선 +2 연산을 해야 하고, A가 P가 되기 위해선 −11 또는 +15 연산을 해야 한다.
이 작업으로 A, N, 2, 7을 모두 확인해 보면 다음 박스처럼 표현할 수 있다.

A → C(+2) or P(−11, +15)
2 → 1(−1) or 6(+4)
N → C(−13, +13) or P(+2)
7 → 1(−6) or 6(−1)

Thinking Box

100%라고 장담할 수는 없지만 8 이상의 수를 더하거나 빼는 규칙은 거의 나오지 않는다. 그렇기 때문에 위처럼 C(+2)와 P(−11, +15)를 두고 선택을 고민할 때는 과감하게 C(+2)를 선택하는 것도 좋은 방법이다.

이렇게 각 요소들의 차이에 대해 확인했다면 유사성 및 공통성을 찾아 규칙을 포착해야 한다. 모든 시험에 출제된 문제들은 도식들의 규칙이 정제된 형식이었다.

즉, ★의 규칙들이 (−11, +4, +13. −1+) 같은 식의 불규칙적인 순서로 배열되지 않고, 정제된 형식(+2, −1, +2, −1)으로 예측 가능하게 나오게 된다. 따라서 ★의 규칙은 (+2, −1, +2, −1)라고 추론할 수 있을 것이다. 이는 어렵지 않은 개념이므로 지금 완벽히 이해가 되지 않더라도 연습문제를 반복적으로 풀어보면 이해할 수 있다.

Thinking Box

실제 시험에서는 이렇게 표를 작성하지 않아도 된다. 이는 이해를 돕기 위해 작성한 것이며 실제 시험에서는 입출력의 차이를 눈으로 빠르게 체크하고 넘어가는 것이 중요하다.

[Step 4] 나머지 도식의 규칙들을 찾는다!

정답 ④

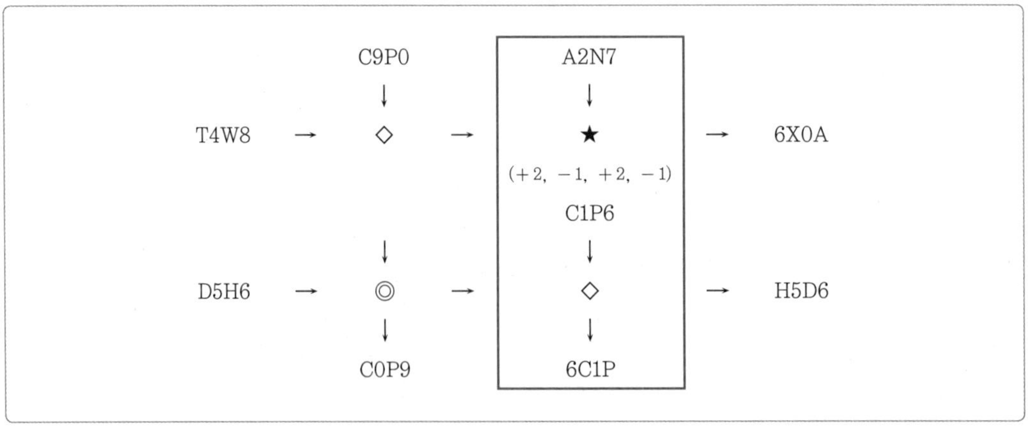

도식 추리 문제는 하나의 규칙만 찾으면 나머지 규칙은 계산을 통해 쉽게 구할 수 있다. 현재 ★ 규칙(+2, −1, +2, −1)을 알고 있기 때문에 위의 박스 부분을 쉽게 계산할 수 있다. A2N7이 ★(+2, −1, +2, −1) 도식을 지나가게 되면 C1P6이 된다. 그 후 입력: C1P6이 도식 ◇을 지나게 되면 출력: 6C1P이 되는 것을 파악할 수 있다.

C1P6	→	◇	→	6C1P
1234		??		4123

◇ 도식을 구하기 위해 먼저 입력값(C1P6)에 1234 순서를 맵핑 해준다. (C: 1 / 1: 2 / P: 3 / 6: 4)
그 후 맵핑된 값이 ◇을 지나가게 되면 어떻게 변화가 되는지 확인해 보자.
입력값 C1P6이 ◇을 지나게 되면 6C1P가 되었다.
즉, 입력에 배치된 값 1234가 ◇를 지나면서 4123으로 순서가 바뀌게 된 것이다. 따라서 ◇의 규칙은 4123이 되는 것이며, 이 표시는 다음의 규칙을 의미한다.

1. 첫 번째 문자를 두 번째로 이동
2. 두 번째 문자를 세 번째로 이동
3. 세 번째 문자를 네 번째로 이동
4. 네 번째 문자를 첫 번째로 이동

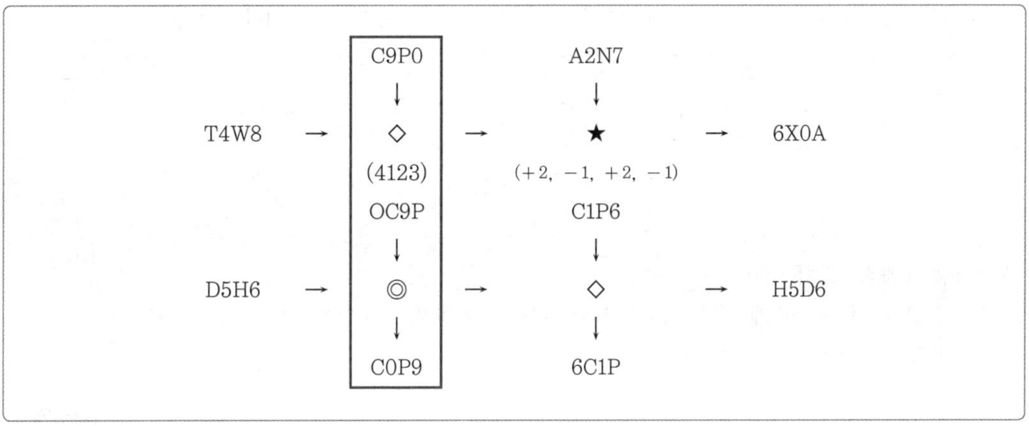

이렇게 ◇의 규칙을 구했다면 나머지 규칙 ◎을 구해보자.
도식 ◎를 구하기 위해선 위의 박스 친 부분을 확인하면 된다.
먼저 C9P0이 규칙 ◇을 지나가게 되면 OC9P가 된다.

그리고 똑같은 방법으로 입력: 0C9P, 출력: C0P9를 보고 도식 ◎의 규칙을 파악하면 된다.

0C9P	→	◎	→	C0P9
1234		??		2143

입출력된 값에 맵핑된 값을 적어주면 ◎의 규칙은 2143이 되는 것을 알 수 있다.

이렇게 규칙을 모두 파악했다면 다음 문제를 차근차근 풀어보도록 하자.

L53I → ◎ → ★ → ?

우선 문제를 풀기 전에 도식 아래에 각 규칙들을 적어두는 것을 권장한다. 많은 연습을 통해 도식 표시 과정을 생략할 수 있지만, 도식을 작성하는 데에는 시간이 오래 걸리지 않으므로 실수를 최소화하기 위해 도식을 작성해주자.

L53I	→	◎	→	★	→	?
		2143		(+2, −1, +2, −1)		

지금까지의 개념 내용들을 모두 이해했다면 문제 풀이가 크게 어렵지 않을 거라 생각한다.

			5LI3		7KK2	
L53I	→	◎	→	★	→	?
		2143		(+2, −1, +2, −1)		

위 문제를 순차적으로 풀어보자.
L53I가 ◎(2143)을 지나가게 되면 5LI3이 된다. 이런 위치를 바꾸는 규칙들은 반복 연습을 한다면 눈으로 보는 것만으로도 풀이할 수 있게 될 것이다.

그 다음으로는 5LI3이 ★(+2, −1, +2, −1)을 지나게 될 때의 결괏값을 구하면 된다.

5 → 7
L → K
I → K
3 → 2

이 연산을 수행하게 되면 위와 같은 결과(7KK2)를 얻을 수 있다.
따라서 이 문제의 정답은 7KK2이다.

CHAPTER 2

연습문제 풀이

일정한 규칙으로 문자를 나열할 때, 다음 빈칸에 들어갈 알맞은 문자는?

ㅑ ㅓ ㅗ ㅠ ( )

① ㅑ ② ㅕ
③ ㅛ ④ ㅣ

풀이 STEP

[Step 1] 꼬인 관계 여부 확인

우선 각 문자들을 숫자로 치환하여 문제를 풀어준다.
치환 결과를 확인해 보면 다음 숫자 수열로 표현할 수 있고, 이제부터는 이 숫자 수열을 가지고 ( ) 안의 값(숫자)을 추론한 후 문자로 치환하여 답을 구하면 된다.

2 3 5 8 ( )

이제 Step 1의 물음에 답해보자. 위 수열은 꼬인 관계인가?
➔ No! 각 수열의 전, 후 관계를 확인한다.

[Step 2] 주어진 수열의 요소 간 관계 파악하기

[2-1] 수열의 전, 후 관계 확인하기

각 항들의 차이를 확인해 보면 +1, +2, +3의 규칙을 갖고 있다. 그러므로 ( )의 값은 12(8+4)인 것을 추론할 수 있다. 이 값(12)을 문자로 치환하면 'ㅑ'로 정답은 1번이다.

규칙으로 수·문자를 나열할 때, 다음 빈칸에 들어갈 알파벳으로 알맞은 것은?

A B A	L B W	D B ( )

① F
② G
③ H
④ I
⑤ J

풀이 STEP

위 문제에서는 처음부터 군 수열임을 알려주었다. (Step을 확인할 필요 없다)
그렇다면 우리는 각 알파벳들을 숫자로 치환하여 문제를 풀면 된다.

1 2 1	12 2 23	4 2 ( )

군 수열 같은 경우 다음과 같은 케이스들을 확인해야 한다.
1) 첫 번째 & 두 번째 연산=세 번째
2) 첫 번째 & 세 번째 연산=두 번째
연산의 규칙을 찾는 것은 난이도가 높기 때문에, 만약 정답이 나오지 않는다면 다른 문제로 넘어가길 바란다.
이 문제 같은 경우 두 번째 그룹이 힌트가 될 수 있다. 첫 번째 그룹(1 2 1)은 가능한 연산의 경우의 수가 많다. 그러므로 두 번째 그룹(12 2 23)을 활용하여 문제를 푼다.
이 경우 Case 1(첫 번째 & 두 번째 연산=세 번째)을 활용하면 되고, $12\times2-1$ 연산을 하게 되면 세 번째 항으로 23이 나오는 것을 확인할 수 있다. 이 규칙을 세 번째 그룹에 적용하게 되면 $4\times2-1=7$이며, 이 값을 알파벳으로 치환하게 되면 G이므로 정답은 2번이 된다.

규칙으로 문자를 나열할 때, 다음 괄호 안에 들어갈 알맞은 문자는?

ㄱ ㄷ ㄴ ( ) ㄹ ㅅ

① ㅈ ② ㅅ
③ ㅇ ④ ㅁ

풀이 STEP

[Step 1] 꼬인 관계 여부 확인

우선 각 문자들을 숫자로 치환하여 문제를 풀어준다.
치환 결과는 다음 숫자 수열로 표현할 수 있고, 이제부터는 이 숫자 수열을 가지고 ( ) 안의 값(숫자)을 추론한 후 문자로 치환하여 답을 구하면 된다.

1 3 2 ( ) 4 7

이제 Step 1의 물음에 답해보자. 위 수열은 꼬인 관계인가?
➔ Yes! 꼬여있는 관계로 홀수, 짝수 항 먼저 확인해 본다.

[Step 2] 주어진 수열의 요소 간 관계 파악하기

정답 ④

[2 - 1] 홀수, 짝수 항들의 관계 파악하기

- 홀 / 짝수 항들의 연산을 확인하자.
  - 홀수 항은 +1, +2 규칙을 가진다.
  - 짝수 항은 확인할 수 없다.
- 홀수 항은 규칙을 가지고 있을 경우 짝수 항도 규칙을 가질 가능성이 있다. 이때 ( )의 값을 구해보자.
  - 등비수열인 경우: 나눗셈 활용(7÷3=나누어 떨어지지 않기 때문에 등비수열 ×)
  - 등차수열인 경우: 뺄셈 활용(7−3=4, 연산 값이 짝수이면, 그 값의 절반(2)이 공차인 등차수열이 될 수 있다.)

따라서 ( )의 값은 5(3+2)라는 것을 추론할 수 있으며, 이 값을 한글로 치환하면 ㅁ이라는 것을 알 수 있다.

일정한 규칙으로 문자를 나열할 때, 다음 괄호 안에 들어갈 알맞은 문자를 고르면?

B　C　E　I　Q　(　)

① K　② B
③ G　④ D

풀이 STEP

[Step 1] 꼬인 관계 여부 확인

우선 각 알파벳들을 숫자로 치환하여 문제를 풀어준다.

2　3　5　9　17　(　)

이제 Step 1의 물음에 답해보자. 위 수열은 꼬인 관계인가?
➔ No! 수열의 전, 후 관계를 먼저 파악해 보자.

[Step 2] 주어진 수열의 요소 간 관계 파악하기

정답 ④

[2-1] 수열의 전, 후 관계 확인하기

각 항들의 전, 후 관계를 확인해 보면 +1, +2, +4, +8의 차이를 갖는 것을 알 수 있다. 그리고 이 연산들의 관계를 확인해 보면 ×2씩 차이가 나고 있다. 따라서 17 다음 연산은 +16(8×2)가 되는 것이 확인된다. 따라서 위 괄호에 들어갈 숫자는 17+16=33이 되며, 33에 대치되는 값은 G이다.

이때 알파벳은 26까지 밖에 없으므로 7(33−26)의 값을 찾아주면 된다. 따라서 정답은 G이다.

일정한 규칙으로 문자를 나열할 때, 다음 빈칸에 들어갈 알맞은 문자는?

b g e j ( ) m k p

① h ② I
③ l ④ n
⑤ o

풀이 STEP

[Step 1] 꼬인 관계 여부 확인

우선 각 알파벳들을 숫자로 치환하여 문제를 풀어준다.

2 7 5 10 ( ) 13 11

이제 Step 1의 물음에 답해보자. 위 수열은 꼬인 관계인가?
➔ Yes! 수열의 전, 후 관계를 먼저 파악해 보자.

[Step 2] 주어진 수열의 요소 간 관계 파악하기

정답 ①

[2 - 1] 홀수, 짝수 항들의 관계 파악하기

- 짝수 항: 각 항들 간의 +3 차이가 나는 규칙을 가지고 있다.
- 홀수 항: 1항(2)에서 3항(5)으로 갈 +3의 연산이 발생하는 것 확인할 수 있으며, ( ) 안에도 +3 연산을 수행하게 되면 ( )의 값은 8로 홀수 항 규칙에 어떠한 모순도 발생하지 않는다.

그러므로 위 문제의 정답은 H(8)이다.

다음 중 규칙이 다른 하나를 고르면?

① OMKI
② 하타차아
③ 지이비미
④ RPNL
⑤ 리류료려

풀이 STEP

3번을 제외한 나머지 문자들은 n항－2＝n＋1항의 규칙을 갖는다.

※ 다음 도식에서 기호들은 일정한 규칙에 따라 문자를 변화시킨다. ?에 들어갈 알맞은 문자를 고르시오(단, 규칙은 가로와 세로 중 한 방향으로만 적용된다). **[7~9]**

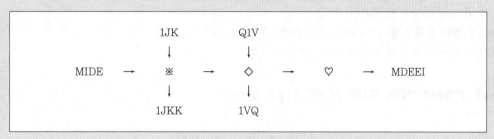

```
          1JK      Q1V
           ↓        ↓
MIDE  →    ※   →    ◇   →   ♡   →   MDEEI
           ↓        ↓
          1JKK     1VQ
```

07

5KD → ♡ → ※ → ?

① 55KD
② KDD5
③ KD55
④ DK55
⑤ 55DK

08

WBS → ◇ → ♡ → ?

① BSS
② SBW
③ SWB
④ WSB
⑤ SWS

09

? → ※ → ◇ → G255L

① LG25
② LG52
③ 2LG5
④ 5LG2
⑤ L52G

풀이 STEP

정답: ④ / ④ / ①

- ◇: 맨 앞의 문자를 맨 뒤로 보낸다.
- ※: 맨 뒤의 문자를 맨 뒤에 하나 더 만든다.
- ♡: 맨 앞의 문자와 맨 뒤의 문자의 순서를 바꾼다.

[Step 1] 입출력 사이에 도식이 한 개인 도식을 찾는다!

L53I	→	※	→	1JKK
Q1V	→	◇	→	1VQ

※ 도식의 경우 세 번째 문자가 맨 뒤의 문자가 한 번 더 반복해서 나오는 규칙이다. 따라서 1233으로 적을 수 있다. 그러나 이때 주의해야 할 점은 문제에서 주어진 문자의 숫자가 세 개 ~ 다섯 개로 다양하기 때문에 세 번째 위치의 문자가 반복된다고 생각할 수 있다는 것이다. 마지막 문자가 맨 마지막에 추가된다는 것에 주의하자.

이와 같이 ◇ 도식의 경우 1번 위치의 문자가 맨 뒤로 가는 규칙을 나타낸다. 그렇기 때문에 '231'이라고 표시할 수 있다.

※ 도식과 마찬가지로 주어진 문자의 숫자가 세 개 ~ 다섯 개로 다양하기 때문에 1번이 세 번째 위치에 온다고 생각할 수 있으나, 1번 문자가 맨 마지막에 위치한다는 것에 주의하도록 하자.

- ※ 도식: 1233 (맨 뒤 문자 한번 더 추가)
- ◇ 도식: 231 (첫 번째 문자가 맨 마지막으로 이동)

[Step 2] 나머지 도형의 도식을 추론한다!

MIDE	→	※	→	◇	→	♡	→	MDEEI
		1233	MIDEE	231	IDEEM			

♡ 도식을 확인하기 위해서는 IDEEM ➔ MDEEI로 변하는 규칙을 찾으면 된다. 이때 52341로 적을 수 있으나 문제의 문자 수가 다 다른 것을 고려할 때 맨 '앞, 뒤 문자 교환(4231)'으로 ♡ 규칙을 정의하는 것이 옳다.

이렇게 문자의 개수가 다양한 경우 도식으로 표현하기 어려운 경우도 존재한다. 하지만 글로 도식의 규칙을 작성하는 것보다 숫자를 활용하는 것이 문제 풀이 속도를 높이는 데 더 도움이 될 것이다.

- ※ 도식: 1233(맨 뒤 문자 한번 더 추가)
- ◇ 도식: 231(첫 번째 문자를 맨 뒤로)
- ♡ 도식: 4231(앞, 뒤 문자 교환)

[7번] ➔ ④

5KD	→	♡	→	※	→	?
		4231	DK5	1233	DK55	

[8번] ➔ ④

WBS	→	◇	→	♡	→	?
		231	BSW	4231	WSB	

[9번] ➔ ①

?	→	※	→	◇	→	G255L
LG25		1233	LG255	231		231

※ 다음 도식에서 기호들은 일정한 규칙에 따라 문자를 변화시킨다. ?에 들어갈 알맞은 문자를 고르시오(단, 규칙은 가로와 세로 중 한 방향으로만 적용된다). **[10~12]**

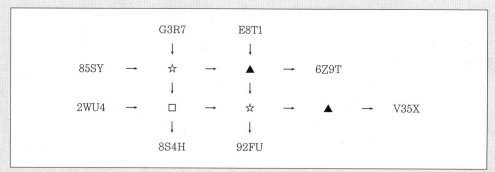

		G3R7		E8T1				
		↓		↓				
85SY	→	☆	→	▲	→	6Z9T		
		↓		↓				
2WU4	→	□	→	☆	→	▲	→	V35X
		↓		↓				
		8S4H		92FU				

10

4HQ1 → ☆ → ▲ → ?

① M45S　② M35P
③ K35P　④ I25R
⑤ I52R

11

6D3R → □ → ☆ → ?

① E4P9　② B3F7
③ R6H8　④ S4E7
⑤ P94E

12

7ET9 → ▲ → □ → ?

① T79E　② E97T
③ 7E9T　④ T97E

풀이 STEP

위 문제처럼 하나의 도식의 규칙을 바로 찾을 수 없고, Case별로 추론해야 하는 경우 다음과 같은 Step으로 문제를 풀어야 한다.
정답: ④ / ④ / ④

[Step 1] 순서를 바꾸는 도식을 찾는다!

위 문제의 입출력 결과를 확인했을 때 순서를 바꾸는 도식으로만 구성된 것은 찾을 수 없다. 순서 규칙을 찾을 수 없는 문제는 도식 추리 유형 중 가장 어려운 난이도에 속하며, 이때 '값+위치' 도식들을 통해 값 변경 & 위치 변경 도식을 찾아야 한다.

[Step 2] 값+위치 변경으로 구성된 도식을 찾는다!

85SY → ☆ → ▲ → 6Z9T

G3R7 → ☆ → □ → 8S4H

위 두 개의 도식을 확인해 보면 각 요소의 배치가 변화하였고, 각 숫자는 똑같이 +1씩 증가하고 있다. 이때 공통적으로 ☆이 배치되어 있기 때문에 ☆을 숫자 연산을 하는 도식으로 추론할 수 있다. 따라서 ▲, □ 도식은 문자의 위치를 변화시키는 도식이라고 추론한다.

[Step 3] 값을 변경하는 도식의 규칙이 무엇인지 추론한다!

AS – IS	To – Be
8, 5	6,9
S, Y	Z, T

먼저 ☆ 도식의 규칙을 예상해 보면 각 요소의 값들이 모두 1씩 증가하고 있다는 것이 눈에 띈다. 이때 8 ➔ 6, 5 ➔ 9 같은 식으로 짝을 지을 수 있으나, 이는 도식 규칙의 일관성이 없기 때문에 모두 1씩 증가한다고 추론하는 것이 더 합리적이다. (5 ➔ 6 / 8 ➔ 9 / S ➔ T / Y ➔ Z)

이제 ☆ 도식을 추론했으니 나머지 도식들도 어렵지 않게 규칙들을 찾을 수 있다.

85SY	→	☆	→	▲	→	6Z9T
		+1, +1, +1, +1	96TZ	2413		
G3R7	→	☆	→	□	→	8S4H
		+1, +1, +1, +1	H4S8	4321		

결과처럼 각 도식들을 정리해 보면 다음과 같은 도식을 추론할 수 있다.

- ☆ 도식: +1, +1, +1, +1
- ▲ 도식: 2413
- □ 도식: 4321

풀이 STEP

- ☆ 도식: +1, +1, +1, +1
- ▲ 도식: 2413
- □ 도식: 4321

정답: ④ / ④ / ①

[10번] ➔ ④

4HQ1	→	☆	→	▲	→	?
		+1, +1, +1, +1	5IR2	2413		I25R

[11번] ➔ ④

6D3R	→	□	→	☆	→	?
		4321	R3D6	+1, +1, +1, +1		S4E7

[12번] ➔ ①

7ET9	→	▲	→	□	→	?
		2413	E97T	4321		T79E

※ 다음 도식에서 기호들은 일정한 규칙에 따라 문자를 변화시킨다. ?에 들어갈 알맞은 문자를 고르시오(단, 규칙은 가로와 세로 중 한 방향으로만 적용된다). **[13~15]**

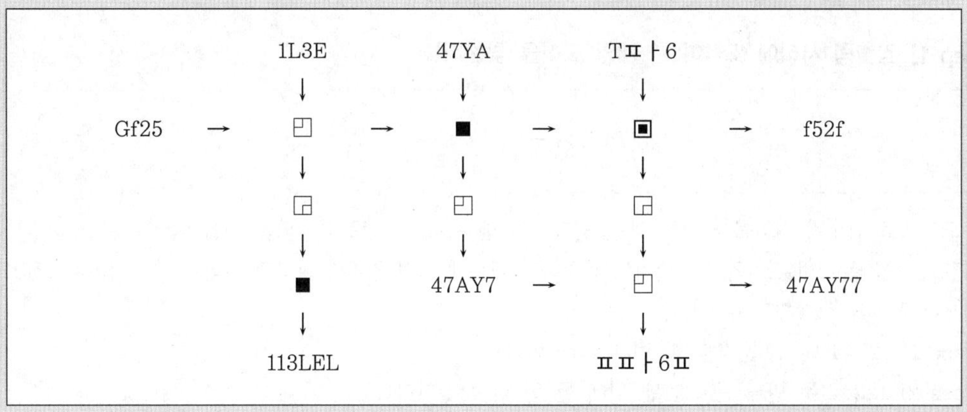

13

ㅁㅌㅓMㅑ → ▣ → ◰ → ?

① ㅌㅕMㅑㅕ
② Mㅓㅌㅕㅓ
③ ㅌㅓMㅑㅓ
④ ㅌㅏNㅑㅓ
⑤ ㅌㅓNㅑㅏ

14

ㅅㅇㄴ → ? → ◰ → ㅅㅅㅇㄴㅅ

① ■
② ◰
③ ◲
④ ▣
⑤ ■ → ◰

15

ㅏㅡㅕㅓㅑ → ■ → ▣ → ◲ → ?

① ㅡㅓㅓㅕㅑ
② ㅡㅡㅓㅕㅑ
③ ㅡㅡㅓㅕㅕ
④ ㅡㅏㅓㅕㅑ

풀이 STEP

정답: ③ / ③ / ②

[Step 1] 입출력 사이에 도식이 한 개인 도식을 찾는다!

47AY7 → ◰ → 47AY77

◰ 도식으로 입출력 결과를 확인해 보면 숫자 7이 맨 뒤에 추가로 작성되는 것을 알 수 있다. 그런데 이 '7'이라는 숫자는 2번 위치와 5번 위치에 위치하기 때문에 어떤 위치가 반복된 것인지 알 수 없다. 그러므로 두 가지 경우를 생각해볼 수 있다.

- Case 1) 12344(맨 뒤 문자를 한 번 더 작성한다)
- Case 2) 12342(두 번째 문자를 맨 뒤에 한 번 더 작성한다)

이 두 가지 Case 중 어떤 것이 나오는지 다른 도식을 보며 확인한다.

47YA → ■ → ◰ → 47AY7

위 도식의 출력 결과를 보면 47AY7에서 두 번째 문자 '7'이 맨 마지막에 반복된 것을 확인할 수 있다. 그러므로 ◰ 도식의 규칙은 두 번째 경우인 12342로 확정지을 수 있다. 이렇게 하나의 도식이 여러가지 경우를 나타낼 시 다른 조건들을 확인하여 경우의 수를 최소화하도록 하자.

- ◰: 12342 (두 번째 문자를 2번 맨 뒤에 작성한다)

[Step 2] 나머지 도형의 도식을 추론한다!

47YA → ■ → ◰ → 47AY7

47AY 12342

Step 1에서 ◰(12342) 도식을 찾았으므로 ◰ 이전의 도식을 쉽게 찾을 수 있다.
그 후 47YA ➔ ■ ➔ 47AY 도식의 값을 구하면 된다. 도식을 찾는 방법은 앞에 도식 표시 방법을 토대로 이해하도록 하자.

- ■: 1243 (세 번째와 네 번째 순서 바꾸기) or (맨 뒤 & 맨 뒤의 앞 문자) 바꾸기

만약 문자의 개수가 모두 네 개였다면 1243으로 적고 끝낼 수 있었을 것이다. 그러나 위 문제에서는 문자의 개수가 네 개부터 여섯 개로 다양하기 때문에 단순히 세 번째와 네 번째 문자가 교환되는 것이 아닌, 맨 뒤와 맨 뒤의 앞 문자가 바뀌는 것으로 해석할 수 있다.
이 두 가지 경우는 위의 조건을 보고 모두 확인할 수 없으므로 다른 경우를 보며 확정지어 주도록 하자.

이제 나머지 도형의 도식(▣, ◲)을 찾으면 된다.

1L3E → ◰ → ◲ → ■ → 113LEL

12342 1L3EL 11L3EL or 113LLE

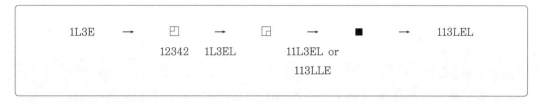

■ 도식이 두 가지 경우로 나올 수 있으므로, 두 가지 경우를 적어주는 것이 실수를 줄일 수 있는 좋은 방법이다. 이때 ◲의 전후를 살펴보면 1이라는 숫자가 증가한 것을 확인할 수 있다. 그러므로 숫자가 증가하는 것 외에 변화가 없는 11L3EL(도식 1243)이 ■의 도식이라는 것을 추론할 수 있고, 이에 따라 ◲ 도식을 '11234'로 추론할 수 있다.

이때 어떤 독자들은 "맨 앞에 1이 추가되고 뒤에 문자 배치도 바뀌는 규칙이 나올 수 있는 것 아닌가?"라고 의문을 품을 수 있다. 물론 충분히 가능한 일이다. 하지만 시험의 특성상 그런 많은 경우의 수를 가지고 있는 문제라면 수험생을 정확히 평가할 수 없다. 그렇기 때문에 그러한 경우의 수는 과감하게 버리고 문제를 풀어 보도록 하자.

- ■: 1243
- ◲: 11234 (맨 앞에 문자를 하나 추가한다)

Gf25 → ◰ → ■ → ▣ → f52f

Gf25f 1243 Gf52f

▣ 도식의 전후를 확인하면 맨앞에 G가 사라진 것을 알 수 있다.

- ◰: 12342(두 번째 문자를 맨 뒤에 한 번 더 작성한다)
- ■: 1243(세 번째와 네 번째 순서 바꾸기)
- ◲: 11234(맨 앞에 문자를 하나 추가한다)
- ▣: 234(맨 앞 문자 삭제)

[13번] ➔ ③

ㅁㅌㅓMㅑ → ▣ → ◰ → ?

234 ㅌㅓMㅑ 12342 ㅌㅓMㅑㅓ

[14번] ➔ ③

ㅅㅇㄴ	→	?	→	◰	→	ㅅㅅㅇㄴㅅ
			ㅅㅅㅇㄴ	12342		

ㅅㅇㄴ ➔ ? ➔ ㅅㅅㅇㄴ로 맨 앞에 문자가 추가되었으므로 ?에는 ▣ 도식이 들어가야 한다.

[15번] ➔ ②

ㅏㅡㅕㅓㅑ	→	■	→	▣	→	◲	→	?
		1243	ㅏㅡㅓㅕㅑ	234	ㅡㅓㅕㅑ	11234		ㅡㅡㅓㅕㅑ

※ 다음 도식에서 기호들은 일정한 규칙에 따라 문자를 변화시킨다. ?에 들어갈 알맞은 문자를 고르시오. **[16~18]**

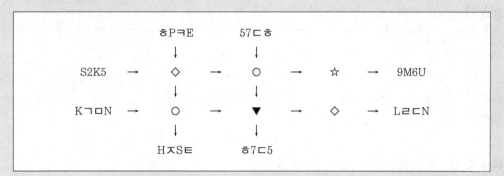

		ㅎPㅋE		57ㄷㅎ				
		↓		↓				
S2K5	→	◇	→	○	→	☆	→	9M6U
		↓		↓				
KㄱㅁN	→	○	→	▼	→	◇	→	LㄹㄷN
		↓		↓				
		HㅈSㅌ		ㅎ7ㄷ5				

16

ㄴVㅂQ → ☆ → ○ → ?

① YㄷVㅈ
② ZㄹUㅇ
③ UㅅZㄷ
④ YㅅUㄹ
⑤ ZㅂVㅅ

17

ㅇㄹ28 → ▼ → ○ → ?

① ㅍ3ㅇ9
② 8ㄹ2ㅇ
③ ㅍ3ㅈ9
④ 82ㄹㅇ
⑤ ㅍ9ㅅ3

18

? → ◇ → ☆ → 4ㅅ7ㅌ

① 5ㅎ8ㅁ
② 4ㅍ9ㅁ
③ 4ㅎ8ㅁ
④ 5ㅍ9ㅁ

풀이 STEP

정답: ③ / ② / ①

[Step 1] 순서를 바꾸는 도식을 찾는다!

57ㄷㅎ → ○ → ▼ → ㅎ7ㄷ5

위 도식을 확인했을 때 도식(○, ▼)의 전, 후 관계에는 각 값들의 변화가 없다. 그러므로 ○, ▼ 도식은 위치를 바꾸는 도식인 것을 추론할 수 있다.

[Step 2] 값+위치 변경으로 구성된 도식을 찾는다!

ㅎPㅋE → ◇ → ○ → HㅈSㅌ

도식(◇, ○)을 지나게 되면 각 요소 값들이 달라진 것을 확인할 수 있다. 그리고 Step 1에서 ○ 도식은 위치를 바꾸는 도식으로 선정했기 때문에 ◇ 도식은 각 값을 바꾸는 도식이라는 것을 추론할 수 있다.

[Step 3] 값을 변경하는 도식의 규칙이 무엇인지 추론한다!

그러면 이제 ◇ 도식이 어떤 연산을 하는 규칙인지 찾아야 한다.
주어진 문제에서 다음과 같이 한글, 알파벳으로 나눠 본다.

- 한글: ㅎ(14), ㅋ(11) ➔ ㅈ(9), ㅌ(12)
- 알파벳: P(16), E(5) ➔ H(8), S(19)

알파벳 & 한글의 순번의 차이가 일관성 있는 것을 변화한 것으로 판단한다.
즉, ㅎ(14) ➔ ㅌ(12) / ㅋ(11) ➔ ㅈ(9)로 변화한 것이다.
따라서 ◇ 도식은 −2, +3, −2, +3으로 도출할 수 있다.

[Step 4] 나머지 도식의 규칙들을 찾는다!

ㅎPㅋE	→	◇	→	○	→	HㅈSㅌ
		−2+3−2+3	ㅌSㅈH	4321		4321

◇ 도식을 확인했으니 나머지 도식 ○은 위 방법을 통해서 확인할 수 있다.

이제 ☆, ▼ 두 가지 도식을 확인해 보자.

S2K5 →	◇ −2, +3, −2, +3	→ Q5I8	○ 4321	→ 8I5Q	☆ +1, +4, +1, +4	→ 9M6U

- ◇ 도식: −2, +3, −2, +3
- ○ 도식: 4321
- ☆ 도식: +1, +4, +1, +4
- ▼ 도식: 1324

[16번] ➔ ③

ㄴVㅂQ →	☆ +1, +4, +1, +4	→ ㄷZㅅU	○ 4321	→ ? UㅅZㄷ

[17번] ➔ ②

ㅇㄹ28 →	▼ 1324	→ ㅇ2ㄹ8	○ 4321	→ ? 8ㄹ2ㅇ

[18번] ➔ ①

? →	◇ −2, +3, −2, +3	→	☆ +1, +4, +1, +4	→ 4ㅅ7ㅌ

위처럼 숫자 연산이 연속으로 나오는 경우에는 각 연산값들을 합산하여 한 번에 처리할 수 있다.
즉, 이 문제처럼 ◇(−2, +3, −2, +3) & ☆(+1, +4, +1, +4) 계산 연산이 반복된 경우 한 번에 계산이 가능하다.

➔ ◇+☆=−1, +7, −1, +7

따라서 다음과 같은 연산을 한 번만 진행하면 된다. 이때 ?의 값은 역방향이기 때문에 연산 부호를 바꿔주는 것에 유의하도록 하자.

? ➔ (−1, +7, −1, +7) ➔ 4ㅅ7ㅌ

해당 연산을 진행하면 ?의 값은 5ㅎ8ㅁ이다.

Thinking Box

연산 도식을 수행할 때 문자보다는 숫자를 연산하는 것이 더 쉽다는 것을 느꼈을 것이다. 만약 위 문제처럼 보기의 숫자가 다 다를 경우, 문자 요소들은 고려하지 않고 숫자(4, 7) 요소들만 계산해 주면 풀이 시간을 단축시킬 수 있다.

※ 다음 도식에서 기호들은 일정한 규칙에 따라 문자를 변화시킨다. ?에 들어갈 알맞은 문자를 고르시오(단, 규칙은 가로와 세로 중 한 방향으로만 적용된다). **[19~21]**

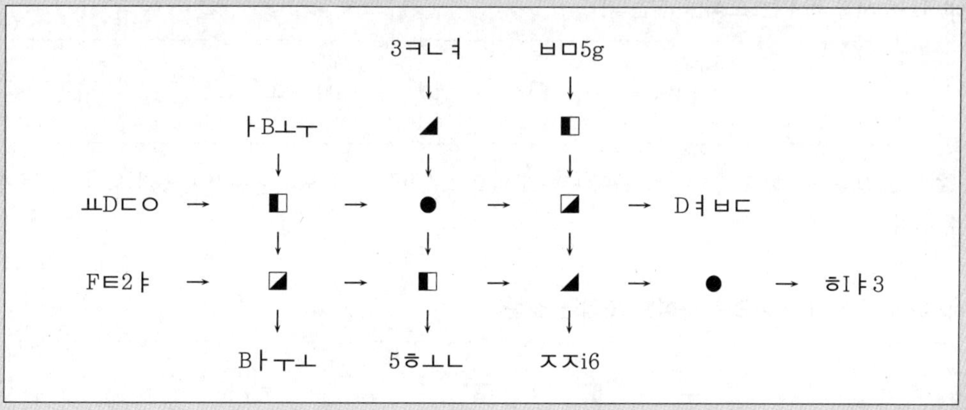

19

ㄹㅗㅣv → ? → ◧ → ㅇㅠwㅑ

① ◢
② ◧
③ ◪
④ ●
⑤ ◢ → ◪

20

ㅠxㅅㄴ → ◧ → ● → ◪ → ?

① xㅛㅅㅎ
② ㅛxㅅㅎ
③ yㅛㅎㅅ
④ xㅛㅎㅅ
⑤ yㅎㅛㅅ

21

Qㅋㅕㅊ → ● → ◢ → ? → ㅎSㅕㅋ

① ◢
② ◧
③ ◪
④ ●

풀이 STEP

정답: ① / ④ / ③

[Step 1] 순서를 바꾸는 도식을 찾는다!

ㅏBㅗㅜ → ◧ → ◪ → Bㅏㅜㅗ

◧, ◪ 두 도식을 연산해도 각 요소 값들이 변화가 없으므로, 이 두 개 도식은 순서 바꾸기 도식이라는 것을 알 수 있다.

[Step 2] 값+위치 변경으로 구성된 도식을 찾는다!

ㅏBㅗㅜ → ◧ → ◪ → ◢ → ㅈㅈi6

입출력의 각 요소 값들이 다르기 때문에 ◧, ◪, ◢ 연산에 계산을 하는 도식이 있다는 것을 추론할 수 있다. 그리고 Step 1에서 ◧, ◪ 도식은 순서를 바꾸는 도식으로 추론했으므로, ◢이 계산하는 연산임을 알 수 있다.

[Step 3] 값을 변경하는 도식의 규칙이 무엇인지 추론한다!

ㅂㅁ5g	→	◧	→	◪	→	◢	→	ㅈㅈi6
			2143		ㅁㅂg5	+4, +3, +2, +1		

Step 1에서 ◧, ◪을 순차적으로 지나가게 되면 각 요소의 배치가 2143으로 바뀌는 것을 알 수 있다. 이를 활용하여 위 연산을 수행하면 ◢ 도식의 값을 추론할 수 있다.
이때 ◧+◪ 도식과 ◪+◧ 도식의 결괏값이 다르다는 것에 유의하자.

- ◧+◪=2143
- ◢: +4, +3, +2, +1

[Step 4] 나머지 도식의 규칙들을 찾는다!

이제 순차적으로 각 도식들을 추론하도록 한다.

3ㅋㄴㅕ	→	◢	→	●	→	◧	→	?5ㅎㅗㄴ
		+4, +3, +2, +1	7ㅎㄹㅗ			순서바꾸기		

● 연산의 전후를 확인하면 각 요소의 값이 바뀌는 것을 확인할 수 있다. 따라서 ● 연산은 숫자 계산을 하는 연산이고 각 요소 값의 변화는 다음과 같다.

AS – IS	To – Be
7	5
ㅎ, ㄹ	ㅎ, ㄴ
ㅗ	ㅗ

이 표를 바탕으로 ● 연산을 추론해 보면 숫자는 −2 연산 / 모음은 유지 / 자음은 'ㅎ' 유지 & 'ㄹ' −2 연산인 것을 확인할 수 있다.
따라서 ● 연산은 −2, 0, −2, 0이다.

이제 나머지 도식(◧, ◪)을 순차적으로 구해보자. 이제 한 개의 도식만 모르는 경우만 남았기 때문에, 다음 결과를 보면 어렵지 않게 나머지 도식들을 확인할 수 있다.

3ㅋㄴㅕ → ◢ (+4, +3, +2, +1) → 7ㅎㄹㅗ → ● (−2, +0, −2, +0) → 5ㅎㄴㅗ → ◧ (1243) → ?5ㅎㅗㄴ

ㅏBㅗㅜ → ◧ (1243) → ㅏBㅜㅗ → ◪ (2134) → Bㅏㅜㅗ

- ◢ 연산: +4, +3, +2, +1
- ● 연산: −2, 0, −2, 0
- ◧ 연산: 1243
- ◪ 연산: 2134

PART 4 도식추리

[19번] ➔ ①

ㄹㅗㅣv	→	?	→	◧	→	ㅇㅠwㅑ
			ㅇㅠㅑw	1243		1243

(+4, +3, +2, +1) 연산이 필요하므로 정답은 ◢(①)이다.

[20번] ➔ ④

ㅠxㅅㄴ	→	◧	→	●	→	◪	→	?
		1243	ㅠxㄴㅅ	−2, +0, −2, +0	ㅛxㅎㅅ	2134		xㅛㅎㅅ

도식 연산결과 xㅛㅎㅅ(④)이다.

[21번] ➔ ③

Qㅋㅕㅊ	→	●	→	◢	→	?	→	ㅎSㅕㅋ
		−2,+0,−2,+0	Oㅋㅑㅊ	+4,+3, +2, +1	Sㅎㅕㅋ	2134		

'2134' 연산이 필요하므로 정답은 ◪(③)이다.

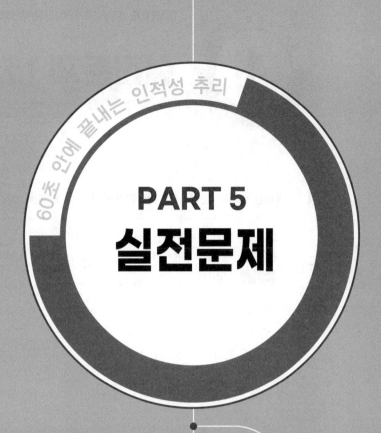

60초 안에 끝내는 인적성 추리

PART 5
실전문제

CHAPTER 1

실전문제 1회

01 **제시된 명제가 참일 때, 다음 빈칸에 들어갈 명제로 가장 적절한 것은?**

명제 1 어떤 한국 아이들은 태권도를 잘한다. 명제 2 수학을 못하는 어떤 사람도 태권도를 잘하지 않는다. 결론 그러므로 ________________

① 수학을 잘하는 사람은 한국 아이들이다.
② 태권도를 잘하는 사람은 한국 아이들이다.
③ 수학을 잘하지 않는 사람은 한국 아이들이 아니다.
④ 한국 아이들 중에는 수학을 잘하는 학생이 있다.
⑤ 한국 아이들은 수학을 잘하지 않는다.

02 **마지막 명제가 참일 때, 다음 빈칸에 들어갈 명제로 가장 적절한 것은?**

명제 1 직관적인 사람은 게임에 재능이 있다. 명제 2 어떤 직관적인 사람은 운동능력이 뛰어나다. 결론 ________________

① 운동능력이 뛰어난 사람은 게임에 재능이 있다.
② 게임에 재능이 있는 사람은 운동능력이 뛰어나다.
③ 운동 능력이 있는 사람 중 게임에 재능이 있는 사람이 있다.
④ 게임에 재능이 있는 사람 중에 운동 능력이 뛰어나지 않은 사람이 있다.
⑤ 운동에 재능이 있는 사람은 게임에 재능이 없다.

03 A ~ D 4명은 각각 1명의 자녀를 두고 있는 아버지이다. 4명의 아이 중 2명은 아들이고, 2명은 딸이다. 아들의 아버지인 2명만 사실을 말할 때, 다음 중 올바른 결론은?

- A : B와 C의 아이는 아들이다.
- B : C의 아이는 딸이다.
- C : D의 아이는 딸이다.
- D : A와 C의 아이는 딸이다.

① A의 아이는 아들이다.
② B의 아이는 딸이다.
③ C의 아이는 아들이다.
④ D의 아이는 아들이다.
⑤ D와 A의 아이는 딸이다.

Thinking Box

옥선생 출제 문제!
128p에서 다룬 대표 예제를 혼자 힘으로 다시 풀어보세요!

04 일남, 이남, 삼남, 사남, 오남 5형제가 둘러앉아 마피아 게임을 하고 있다. 이중 1명은 경찰, 1명은 마피아이고, 나머지는 시민이다. 다음 5명의 진술 중 2명의 진술이 거짓일 때 옳은 것을 고르면? (단, 모든 사람은 진실 또는 거짓만 말한다)

- 일남 : 저는 시민입니다.
- 이남 : 저는 경찰이고, 오남이는 마피아예요.
- 삼남 : 일남이는 마피아예요.
- 사남 : 확실한 건 저는 경찰은 아니에요.
- 오남 : 사남이는 시민이 아니고, 저는 경찰이 아니에요.

① 일남이가 마피아, 삼남이가 경찰이다.
② 오남이가 마피아, 이남이가 경찰이다.
③ 이남이가 마피아, 사남이가 경찰이다.
④ 사남이가 마피아, 오남이가 경찰이다.
⑤ 사남이가 마피아, 삼남이가 경찰이다.

05 **K공단에서 A ~ D부서에 한 명씩 신입사원을 선발하였다. 지원자는 총 5명이었으며, 선발 결과에 대해 다음과 같이 진술하였다. 이 중 1명의 진술만 거짓으로 밝혀졌을 때, 다음 중 항상 옳은 것은?**

- 지원자 1 : 지원자 2가 A부서에 선발되었다.
- 지원자 2 : 지원자 3은 A 또는 D부서에 선발되었다.
- 지원자 3 : 지원자 4는 C부서가 아닌 다른 부서에 선발되었다.
- 지원자 4 : 지원자 5는 D부서에 선발되었다.
- 지원자 5 : 나는 D부서에 선발되었는데, 지원자 1은 선발되지 않았다.

① 지원자 1은 B부서에 선발되었다.
② 지원자 2는 A부서에 선발되었다.
③ 지원자 3은 D부서에 선발되었다.
④ 지원자 4는 B부서에 선발되었다.

06 **경찰은 어떤 테러범의 아지트를 알아내 급습했다. 테러범의 아지트에는 방이 3개 있는데, 그중 2개의 방에는 지역특산물과 폭발물이 각각 들어 있고, 나머지 1개의 방은 비어 있다. 단, 폭발물이 들어 있는 방의 안내문은 위장하기 위해 안내문의 내용을 거짓으로 붙여 놓았다는 사실을 알았다. 진입하기 전 건물을 확인한 결과 각 방에는 다음과 같은 안내문이 붙어 있었고, 안내문 중 단 하나만 참이라고 할 때, 가장 올바른 결론은 무엇인가?**

- 방 A의 안내문 : 방 B에는 폭발물이 들어 있다.
- 방 B의 안내문 : 이 방은 비어 있다.
- 방 C의 안내문 : 이 방에는 지역특산물이 들어 있다.

① 방 A에는 반드시 지역특산물이 들어 있다.
② 방 B에는 지역특산물이 들어 있을 수 있다.
③ 폭발물을 피하려면 방 B를 택하면 된다.
④ 방 C에는 반드시 폭발물이 들어 있다.
⑤ 방 C에는 지역특산물이 들어 있을 수 있다.

07 **체육의 날을 맞이하여 기획개발팀 4명은 다른 팀 사원들과 각각 15회씩 배드민턴 경기를 하였다. 팀원들은 다음과 같은 점수 계산 방법에 따라 각자 자신의 경기 결과를 종합하여 결과를 발표하였다. 다음 내용을 참고하여 기획개발팀의 팀원 중 거짓을 말한 사람을 고르면?**

> • 점수 계산 방법 : 각 경기에서 이길 경우 7점, 비길 경우 3점, 질 경우 −4점을 받는다.
> • 각자 15회의 경기 후 자신의 합산 점수를 다음과 같이 발표하였다.
> 'A팀장 93점, B대리 90점, C대리 84점, D연구원 79점'

① A팀장
② B대리
③ C대리
④ D연구원
⑤ 거짓말한 사람 없음

08 **L사는 6층 건물의 모든 층을 사용하고 있으며, 건물에는 기획부, 인사 교육부, 서비스개선부, 연구·개발부, 해외사업부, 디자인부가 각 층별로 위치하고 있다. 다음 〈조건〉을 참고할 때 항상 옳은 것은?(단, 6개의 부서는 서로 다른 층에 위치하며, 3층 이하에 위치한 부서의 직원은 출근 시 반드시 계단을 이용해야 한다)**

> 〈조건〉
>
> • 기획부의 문 대리는 해외사업부의 이 주임보다 높은 층에 근무한다.
> • 인사 교육부는 서비스개선부와 해외사업부 사이에 위치한다.
> • 디자인부의 김 대리는 오늘 아침 엘리베이터에서 서비스개선부의 조 대리를 만났다.
> • 6개의 부서 중 건물의 옥상과 가장 가까이에 위치한 부서는 연구·개발부이다.
> • 연구·개발부의 오 사원이 인사 교육부 박 차장에게 휴가 신청서를 제출하기 위해서는 4개의 층을 내려와야 한다.
> • 건물 1층에는 회사에서 운영하는 커피숍이 함께 있다.

① 출근 시 엘리베이터를 탄 디자인부의 김 대리는 5층에서 내린다.
② 디자인부의 김 대리가 서비스개선부의 조 대리보다 먼저 엘리베이터에서 내린다.
③ 인사 교육부와 커피숍은 같은 층에 위치한다.
④ 기획부의 문 대리는 출근 시 반드시 계단을 이용해야 한다.

09 **다음 〈조건〉에 따라 교육부, 행정안전부, 보건복지부, 농림축산식품부, 외교부 및 국방부에 대한 국정감사 순서를 정한다고 할 때, 항상 옳은 것은?**

〈조건〉

- 행정안전부에 대한 감사는 농림축산식품부와 외교부에 대한 감사 사이에 한다.
- 국방부에 대한 감사는 보건복지부나 농림축산식품부에 대한 감사보다 늦게 시작되지만, 외교부에 대한 감사보다 먼저 시작한다.
- 교육부에 대한 감사는 아무리 늦어도 보건복지부 또는 농림축산식품부 중 적어도 어느 한 부서에 대한 감사보다는 먼저 시작되어야 한다.
- 보건복지부는 농림축산식품부보다 먼저 감사를 시작한다.

① 교육부는 첫 번째 또는 두 번째에 감사를 시작한다.
② 보건복지부는 두 번째로 감사를 시작한다.
③ 농림축산식품부보다 늦게 감사를 받는 부서의 수가 일찍 받는 부서의 수보다 적다.
④ 국방부는 행정안전부보다 감사를 일찍 시작한다.

10 **6명의 학생이 아침, 점심, 저녁을 먹는데, 메뉴는 김치찌개와 된장찌개뿐이다. 주어진 조건이 모두 참일 때, 옳지 않은 것은?**

- 아침과 저녁은 다른 메뉴를 먹는다.
- 점심과 저녁에 같은 메뉴를 먹은 사람은 4명이다.
- 아침에 된장찌개를 먹은 사람은 3명이다.
- 하루에 된장찌개를 한 번만 먹은 사람은 3명이다.

① 아침에 된장찌개를 먹은 사람은 모두 저녁에 김치찌개를 먹었다.
② 된장찌개는 총 9그릇이 필요하다.
③ 저녁에 된장찌개를 먹은 사람들은 모두 아침에 김치찌개를 먹었다.
④ 점심에 된장찌개를 먹은 사람은 아침이나 저녁 중 한 번은 된장찌개를 먹었다.
⑤ 김치찌개는 총 10그릇이 필요하다.

11 **짱구, 철수, 유리, 훈이, 맹구는 어떤 문제에 대한 해결 방안으로 A ~ E 중 각각 하나씩을 제안하였다. 다음 내용이 모두 참일 때, 제안자와 그 제안이 바르게 연결된 것은?(단, 모두 서로 다른 하나의 제안을 제시하였다)**

- 짱구와 훈이는 B를 제안하지 않았다.
- 철수와 짱구는 D를 제안하지 않았다.
- 유리는 C를 제안하였으며, 맹구는 D를 제안하지 않았다.
- 맹구는 B와 E를 제안하지 않았다.

① 짱구 A, 맹구 B
② 짱구 A, 훈이 D
③ 철수 B, 짱구 E
④ 철수 B, 훈이 E
⑤ 짱구 B, 훈이 D

Thinking Box

옥선생 출제 문제!
169p에서 다룬 대표 예제를 혼자 힘으로 다시 풀어보세요!

12 **(가) ~ (마)의 학생들이 영어, 수학, 국어, 체육 수업 중 두 개의 수업을 듣는다고 할 때, 다음 중 (마) 학생이 듣는 수업으로 적절한 것은?**

- (가)와 (나) 학생은 영어 수업만 같이 듣는다.
- (나) 학생은 (다), (마) 학생과 수학 수업을 함께 듣는다.
- (다) 학생은 (라) 학생과 체육 수업을 함께 듣는다.
- (가)는 (라), (마) 학생과 어떤 수업도 같이 듣지 않는다.

① 영어, 수학
② 영어, 국어
③ 수학, 체육
④ 영어, 체육

[13~16] 다음 도식에서 기호들은 일정한 규칙에 따라 문자를 변화시킨다. ?에 들어갈 알맞은 문자를 고르시오(단, 규칙은 가로와 세로 중 한 방향으로만 적용된다).

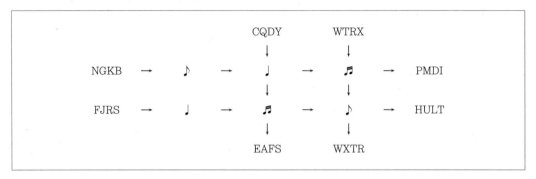

				CQDY		WTRX		
				↓		↓		
NGKB	→	♪	→	♩	→	♬	→	PMDI
				↓		↓		
FJRS	→	♩	→	♬	→	♪	→	HULT
				↓		↓		
				EAFS		WXTR		

13

ㅂㄹㅈㄱ →♬ → ♩ → ?

① ㅅㅅㅋㄱ
② ㄹㄹㅋㄱ
③ ㅂㅂㅋㄷ
④ ㅁㅁㅋㄱ
⑤ ㄴㄴㅋㄷ

14

ㅍㅌㅇㅅ →♪ → ♬ → ?

① ㅊㅌㄷㅋ
② ㅋㅈㅁㅍ
③ ㅋㅁㅈㅂ
④ ㅋㅈㅊㅍ
⑤ ㅋㅁㅊㅌ

15

ㄱㄴㅎㅍ → ♩ → ♪ → ?

① ㄱㄹㅍㅎ
② ㄷㅅㅅㅎ
③ ㄴㅍㅎㄴ
④ ㄱㅍㅎㄱ
⑤ ㄱㅊㅍㅎ

16

I ㅋAR → ♬ → ♩ → ♩ → ?

① HHQT
② GGCR
③ RRFT
④ HHCR
⑤ GGBT

[17~20] 일정한 규칙으로 수를 나열할 때, 다음 빈칸에 들어갈 알맞은 숫자를 고르시오.

17

0 3 5 10 17 29 48 ( )

① 55
② 60
③ 71
④ 79
⑤ 82

18

3 −10 −4 −7 10 −1 ( ) 8

① 4
② −12
③ 8
④ −18

19

6 50 18 10 54 ( ) 162

① 2
② 1
③ 32
④ 18

20

1 3 11 43 171 ( )

① 232
② 459
③ 683
④ 855

CHAPTER 2

실전문제 2회

01 제시된 명제가 참일 때, 다음 빈칸에 들어갈 명제로 가장 적절한 것은?

명제 1 살을 빼는 어떤 사람은 닭가슴살을 먹는다.
명제 2 ______________________________
결론 닭가슴살을 먹지 않는 사람은 헬스 트레이너가 아니다

① 헬스 트레이너는 살을 빼는 사람이다.
② 살 빼는 사람은 헬스 트레이너이다.
③ 헬스 트레이너는 살빼는 사람이 아니다.
④ 헬스 트레이너 중 닭가슴살을 먹는 사람이 있다.
⑤ 살 빼지 않는 사람 중에는 헬스 트레이너가 있다.

02 마지막 명제가 참일 때, 다음 빈칸에 들어갈 명제로 가장 적절한 것은?

명제 1 과음을 하는 사람은 대학생이다.
명제 2 ______________________________
결론 어떤 출근하는 사람 과음하지 않는다.

① 출근하는 사람은 대학생이다.
② 출근하는 사람 중에는 대학생인 사람이 있다.
③ 어떤 출근하는 사람은 대학생이 아니다.
④ 어떤 대학생은 출근하는 사람이다.
⑤ 모든 대학생은 출근하는 사람이다.

03 H기업의 직원인 A ~ E 5명이 자신들의 직급에 대하여 이야기하고 있다. 이들은 각각 사원, 대리, 과장, 차장, 부장이다. 1명의 말만 진실이고 나머지 사람들의 말은 모두 거짓이라고 할 때, 다음 중 진실을 말한 사람은?(단, 직급은 사원 – 대리 – 과장 – 차장 – 부장 순이며, 모든 사람은 진실 또는 거짓만 말한다)

- A : 나는 사원이고, D는 사원보다 직급이 높아.
- B : E가 차장이고, 나는 차장보다 낮은 직급이지.
- C : A는 과장이 아니고, 사원이야.
- D : E보다 직급이 높은 사람은 없어.
- E : C는 부장이고, B는 사원이야.

① A　② B
③ C　④ D
⑤ E

PART 5 실전문제 풀이

04 경찰은 용의자 5명을 대상으로 수사를 벌이고 있다. 범인을 검거하기 위해 경찰은 용의자 5명을 심문하였다. 이들 5명은 아래와 같이 진술하였는데 이 중 2명의 진술은 참이고, 3명의 진술은 거짓이라고 할 때, 범인을 고르면?(단, 범행 현장에는 범죄자와 목격자가 있고, 범죄자는 목격자가 아니며, 모든 사람은 참이나 거짓만 말한다)

- A : 나는 범인이 아니고, 나와 E만 범행 현장에 있었다.
- B : C와 D는 범인이 아니고, 목격자는 2명이다.
- C : 나는 B와 함께 있었고, 범행 현장에 있지 않았다.
- D : C의 말은 모두 참이고, B가 범인이다.
- E : 나는 범행 현장에 있었고, A가 범인이다.

① A　② B
③ C　④ D
⑤ E

05 어느 모임에서 지갑 도난 사건이 일어났다. 여러 가지 증거를 근거로 혐의자는 A～E로 좁혀졌다. A～E 중 한 명이 범인이고, 그들의 진술은 다음과 같다. 각각의 혐의자들이 말한 세 가지 진술 중에 두 가지는 참이지만, 한 가지는 거짓이라고 밝혀졌다. 지갑을 훔친 사람은 누구인가?

- A : 나는 훔치지 않았다. C도 훔치지 않았다. D가 훔쳤다.
- B : 나는 훔치지 않았다. D도 훔치지 않았다. E가 진짜 범인을 알고 있다.
- C : 나는 훔치지 않았다. E는 내가 모르는 사람이다. D가 훔쳤다.
- D : 나는 훔치지 않았다. E가 훔쳤다. A가 내가 훔쳤다고 말한 것은 거짓말이다.
- E : 나는 훔치지 않았다. B가 훔쳤다. C와 나는 오랜 친구이다.

① A
② B
③ C
④ D
⑤ E

06 어느 날 사무실에 도둑이 들었다. CCTV를 확인해보니 흐릿해서 잘 보이지는 않았지만 도둑이 2명이라는 것을 확인했고, 사무실 직원들의 알리바이와 해당 시간대에 사무실에 드나든 사람들을 조사한 결과 피의자는 A～E 5명으로 좁혀졌다. 거짓을 말하는 사람이 1명이라고 할 때, 다음의 진술을 통해 거짓을 말한 사람을 고르면?(단, 모든 사람은 참이나 거짓만을 말한다)

- A : B는 확실히 범인이에요. 제가 봤어요.
- B : 저는 범인이 아니구요, E는 무조건 범인입니다.
- C : A가 말하는 건 거짓이니 믿지 마세요.
- D : C가 말하는 건 진실이에요.
- E : 저와 C가 범인입니다.

① A
② B
③ C
④ D
⑤ E

07 국제영화제 행사에 참석한 H는 A ~ F영화를 다음 〈조건〉에 맞춰 5월 1일부터 5월 6일까지 하루에 한 편씩 보려고 한다. 다음 중 항상 옳은 것은?

> 〈조건〉
>
> - F영화는 3일과 4일 중 하루만 상영된다.
> - D영화는 C영화가 상영된 날 이틀 후에 상영된다.
> - B영화는 C, D영화보다 먼저 상영된다.
> - 첫째 날 B영화를 본다면, 5일에 반드시 A영화를 본다.

① A영화는 C영화보다 먼저 상영될 수 없다.
② C영화는 E영화보다 먼저 상영된다.
③ D영화는 5일 상영작이나 폐막작으로 상영될 수 없다.
④ B영화는 1일 또는 2일에 상영된다.
⑤ E영화는 개막작이나 폐막작으로 상영된다.

08 각각 다른 심폐기능 등급을 받은 A ~ E 5명 중 등급이 가장 낮은 2명의 환자에게 건강관리 안내문을 발송하려 한다. 심폐기능 측정 결과가 다음과 같을 때, 발송 대상자로 옳게 짝지어진 것은?

> 〈심폐기능 측정 결과〉
>
> - E보다 심폐기능이 좋은 환자는 2명 이상이다.
> - E는 C보다 한 등급 높다.
> - B는 D보다 한 등급 높다.
> - A보다 심폐기능이 나쁜 환자는 2명이다.

① B, C
② B, D
③ B, E
④ C, D
⑤ C, E

09 각 지역본부 대표 8명이 다음 〈조건〉에 따라 원탁에 앉아 회의를 진행한다고 할 때, 경인 지역본부 대표의 맞은편에 앉은 사람을 올바르게 추론한 것은?

〈조건〉

- 서울, 부산, 대구, 광주, 대전, 경인, 춘천, 속초 대표가 참여하였다.
- 서울 대표는 12시 방향에 앉아 있다.
- 서울 대표의 오른쪽 두 번째 자리에는 대전 대표가 앉아 있다.
- 부산 대표는 경인 대표의 왼쪽에 앉는다.
- 광주 대표의 양 옆자리는 대전 대표와 부산 대표이다.
- 광주 대표와 대구 대표는 마주 보고 있다.
- 속초 대표의 양 옆자리는 서울 대표와 대전 대표이다.

① 대전 대표
② 부산 대표
③ 대구 대표
④ 속초 대표
⑤ 서울 대표

10 자선 축구대회에 한국, 일본, 중국, 미국 대표팀이 초청되었다. 각 팀은 다음 〈조건〉에 따라 월요일부터 금요일까지 서울, 수원, 인천, 대전 경기장을 돌아가며 사용한다고 할 때, 옳지 않은 것은?

〈조건〉

- 각 경기장에는 한 팀씩 연습하며 연습을 쉬는 팀은 없다.
- 모든 팀은 모든 구장에서 적어도 한 번 이상 연습을 해야 한다.
- 외국에서 온 팀의 첫 훈련은 공항에서 가까운 수도권 지역에 배정한다.
- 이동거리 최소화를 위해 각 팀은 한 번씩 경기장 한 곳을 두 번 연속해서 사용해야 한다.
- 미국은 월요일, 화요일에 수원에서 연습을 한다.
- 목요일에 인천에서는 아시아 팀이 연습을 할 수 없다.
- 금요일에 중국은 서울에서, 미국은 대전에서 연습을 한다.
- 한국은 인천에서 연속으로 연습을 한다.

① 목요일, 금요일에 연속으로 같은 지역에서 연습하는 팀은 없다.
② 수요일에 대전에서는 일본이 연습을 한다.
③ 대전에서는 한국, 중국, 일본, 미국의 순서로 연습을 한다.
④ 한국은 화요일, 수요일에 같은 지역에서 연습을 한다.
⑤ 미국과 일본은 한 곳을 연속해서 사용하는 날이 같다.

11 A ~ D 4명이 다음 〈조건〉에 따라 구두를 샀다고 할 때, A는 주황색 구두를 포함하여 어떤 색의 구두를 샀는가?(단, 빨간색 – 초록색, 주황색 – 파란색, 노란색 – 남색은 보색 관계이다)

〈조건〉

- 세일하는 품목은 빨간색, 주황색, 노란색, 초록색, 파란색, 남색, 보라색으로 각 한 켤레씩 남았다.
- A는 주황색을 포함하여 두 켤레를 샀다.
- C는 빨간색 구두를 샀다.
- B, D는 파란색을 좋아하지 않는다.
- C, D는 같은 수의 구두를 샀다.
- B는 C가 산 구두와 보색 관계인 구두를 샀다.
- D는 B가 산 구두와 보색 관계인 구두를 샀다.
- 모두 한 켤레 이상씩 샀으며, 네 사람은 세일품목을 모두 샀다.

① 노란색
② 초록색
③ 파란색
④ 남색
⑤ 보라색

12 환경부의 인사실무 담당자는 환경정책과 관련된 특별위원회를 구성하는 과정에서 외부 환경전문가를 위촉하려 한다. 현재 거론되고 있는 외부 전문가는 A ~ F 6명으로, 인사실무 담당자는 다음 〈조건〉에 따라 외부 환경전문가를 위촉해야 한다. 만약 B가 위촉되지 않는다면, 총 몇 명의 환경전문가가 위촉되는가?

〈조건〉

- 만약 A가 위촉되면, B와 C도 위촉 되어야 한다.
- 만약 A가 위촉되지 않는다면, D가 위촉 되어야 한다.
- 만약 B가 위촉되지 않는다면, C나 E가 위촉 되어야 한다.
- 만약 C와 E가 위촉되면, D는 위촉되지 않는다.
- 만약 D나 E가 위촉되면, F도 위촉 되어야 한다.

① 1명
② 2명
③ 3명
④ 4명
⑤ 5명

[13~16] 다음 도식에서 기호들은 일정한 규칙에 따라 문자를 변화시킨다. ?에 들어갈 알맞은 문자를 고르시오(단, 규칙은 가로와 세로 중 한 방향으로만 적용된다).

		HGDN		CNBR		GYLM
		↓		↓		↓
SMWH	→	◇	→	☆	→	▼
		↓		↓		↓
DPGF	→	☆	→	▼	→	◇
		↓		↓		↓
		EPKK		DEPV		YMGL

13

ㅅㅇㅍㄱ → ◇ → ▼ → ?

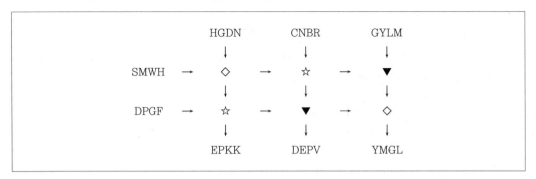

① ㅍㅇㅅㄱ
② ㅍㅅㄱㅇ
③ ㅍㅈㅅㄴ
④ ㅍㄷㅇㅂ
⑤ ㅍㅅㄴㅈ

14

ㅂㅅㅎㅈ → ☆ → ◇ → ?

① ㅂㄴㅊㅍ
② ㄷㅋㅈㅅ
③ ㄷㅍㅅㅈ
④ ㅇㅈㅍㅊ
⑤ ㄷㅅㅍㅈ

15

ㅎㄷㅈㅇ → ▼ → ☆ → ?

① ㅂㅍㄷㅈ
② ㄱㅌㅍㅂ
③ ㄱㅋㅂㅌ
④ ㄴㅌㅎㅈ
⑤ ㄱㅂㅋㅌ

16

ㄱㅅㅁㄷ → ☆ → ◇ → ▼ → ?

① ㄴㅇㅂㄹ
② ㄱㄷㅅㅁ
③ ㄷㅁㅅㄱ
④ ㅇㄴㅅㅈ
⑤ ㅇㅅㅈㄴ

[17~18] 일정한 규칙으로 수를 나열할 때, 다음 빈칸에 들어갈 알맞은 숫자를 고르시오.

17

13 19 30 51 87 ( )

① 140
② 143
③ 150
④ 153
⑤ 160

18

4 $\frac{1}{2}$ $\frac{1}{2}$ $\frac{8}{6}$ $\frac{3}{8}$ 2 $\frac{7}{9}$ 3 ( )

① $\frac{3}{7}$
② $\frac{4}{7}$
③ $\frac{5}{7}$
④ $\frac{3}{9}$
⑤ $\frac{5}{9}$

[19~20] 일정한 규칙으로 수를 나열할 때, 다음 빈칸에 들어갈 알맞은 숫자를 고르시오.

19

12 34 ( ) 298 892 2,674

① 90
② 100
③ 110
④ 120
⑤ 130

20

0.7 0.9 1.15 1.45 1.8 ( )

① 2.0
② 2.1
③ 2.15
④ 2.2
⑤ 2.5

CHAPTER 3

실전문제 3회

01 제시된 명제가 참일 때, 다음 빈칸에 들어갈 명제로 가장 적절한 것은?

명제 1	월드컵에 출전하는 어떤 나라는 축구를 좋아한다.
명제 2	____________________
결론	유럽에 있는 어떤 나라는 월드컵에 출전한다.

① 유럽에 있는 어떤 나라는 축구를 좋아한다.
② 유럽에 있는 모든 나라들은 축구를 좋아한다.
③ 유럽에 있는 나라들은 축구를 좋아하지 않는다.
④ 축구를 좋아하는 모든 나라는 월드컵에 출전한다.
⑤ 축구를 좋아하는 어떤 사람은 유럽에 있는 나라 사람이 아니다.

02 마지막 명제가 참일 때, 다음 빈칸에 들어갈 명제로 가장 적절한 것은?

명제 1	영업 사원은 전국으로 출장을 간다.
명제 2	____________________
결론	영업 사원은 말하기 능력이 뛰어나다.

① 말하기 능력이 뛰어나지 않은 사람은 전국으로 출장을 가지 않는다.
② 모든 전국으로 출장을 가는 사람은 말하기 능력이 뛰어난 것은 아니다.
③ 전국으로 출장을 가는 사람 중에는 말하기 능력이 뛰어난 사람이 있다.
④ 말하기 능력이 뛰어난 사람은 전국으로 출장을 간다.
⑤ 말하기 능력이 뛰어난 사람 어떤 사람은 전국으로 출장을 간다.

03 A ~ E 중에서 오직 한 사람만이 거짓말을 하고 있다. 다음 중 거짓말을 하고 있는 사람은?

- A : B는 거짓말을 하고 있지 않다.
- B : C의 말이 참이면 D의 말도 참이다.
- C : E는 거짓말을 하고 있다.
- D : B의 말이 거짓이면 C의 말은 참이다.
- E : A의 말이 참이면 D의 말은 거짓이다.

① A ② B
③ C ④ D
⑤ E

PART 5 실전문제 풀이

04 P회사에 입사한 신입사원 A ~ E는 각각 2개 항목의 물품을 신청하였다. 5명의 신입사원 중 2명의 진술이 거짓일 때, 다음 중 신청 사원과 신청 물품이 바르게 연결된 것은?

신입사원이 신청한 항목은 4개이며, 항목별 신청 사원의 수는 다음과 같다.
- 필기구 : 2명
- 의자 : 3명
- 복사용지 : 2명
- 사무용 전자제품 : 3명

- A : 나는 필기구를 신청하였고, E는 거짓말을 하고 있다.
- B : 나는 의자를 신청하지 않았고, D는 진실을 말하고 있다.
- C : 나는 의자를 신청하지 않았고, E는 진실을 말하고 있다.
- D : 나는 필기구와 사무용 전자제품을 신청하였다.
- E : 나는 복사용지를 신청하였고, B와 D는 거짓말을 하고 있다.

① A – 복사용지 ② B – 사무용 전자제품
③ C – 필기구 ④ E – 필기구

05 **다음 〈조건〉을 바탕으로 했을 때, 5층에 있는 부서로 올바른 것은?(단, 한 층에 한 부서씩 있다)**

〈조건〉

- 기획조정실의 층수에서 경영지원실의 층수를 빼면 3이다.
- 보험급여실은 경영지원실 바로 위층에 있다.
- 급여관리실은 빅데이터 운영실보다는 아래층에 있다.
- 빅데이터 운영실과 보험급여실 사이에는 두 층이 있다.
- 경영지원실은 가장 아래층이다.

① 빅데이터 운영실 ② 보험급여실
③ 경영지원실 ④ 기획조정실
⑤ 급여관리실

06 **A ~ C 세 사람은 각각 킥보드, 자전거, 오토바이 중에 한 대를 소유하고 있고, 이름을 쌩쌩이, 날쌘이, 힘찬이로 지었다. 다음 〈조건〉을 참고할 때, '소유주 – 이름 – 이동수단'을 순서대로 바르게 나열한 것은?**

〈조건〉

- A가 가진 것은 힘찬이와 부딪힌 적이 있다.
- B가 가진 자전거는 쌩쌩이와 색깔이 같지 않고, 날쌘이와 색깔이 같다.
- C의 날쌘이는 오토바이보다 작다.
- 이동수단의 크기는 자전거 > 오토바이 > 킥보드 순이다.

① A – 날쌘이 – 오토바이
② A – 쌩쌩이 – 킥보드
③ B – 날쌘이 – 자전거
④ C – 힘찬이 – 자전거
⑤ C – 날쌘이 – 킥보드

07 귀하가 근무하는 ○○공사는 출근할 때 카드 또는 비밀번호를 입력하여야 한다. 오늘 귀하는 카드를 집에 두고 출근하여 비밀번호로 근무지에 출입하려고 하였으나, 비밀번호가 잘 기억이 나지 않아 현재 매우 당혹스럽다. 네 개의 숫자로 구성된 비밀번호에 대하여 다음 사실이 기억났다면, 귀하가 추론할 수 있는 내용으로 옳지 않은 것은?

- 비밀번호를 구성하고 있는 각 숫자는 소수가 아니다.
- 6과 8 중에서 단 하나만이 비밀번호에 들어간다.
- 비밀번호는 짝수로 시작한다.
- 비밀번호의 각 숫자는 큰 수부터 차례로 나열되어 있다.
- 같은 숫자는 두 번 이상 들어가지 않는다.

① 비밀번호는 짝수이다.
② 비밀번호의 앞에서 두 번째 숫자는 4이다.
③ 주어진 정보를 모두 만족하는 비밀번호는 모두 세 개이다.
④ 비밀번호는 1을 포함하지만, 9는 포함하지 않는다.
⑤ 주어진 정보를 모두 만족하는 비밀번호 중 가장 작은 수는 6410이다.

08 ○○공사 기획팀은 신입사원 입사로 인해 자리 배치를 바꾸려고 한다. 다음 자리 배치표와 〈조건〉을 참고하여 자리를 배치하였을 때, 배치된 자리와 직원의 연결로 옳은 것은?

〈자리 배치표〉

출입문				
1 – 신입사원	2	3	4	5
6	7	8 – A사원	9	10

- 기획팀 팀원 : A사원, B부장, C대리, D과장, E차장, F대리, G과장

〈조건〉

- B부장은 출입문과 가장 먼 자리에 앉는다.
- C대리와 D과장은 마주보고 앉는다.
- E차장은 B부장과 마주보거나 B부장의 옆자리에 앉는다.
- C대리는 A사원 옆자리에 앉는다.
- E차장 옆자리에는 아무도 앉지 않는다.
- F대리와 마주보는 자리에는 아무도 앉지 않는다.
- D과장과 G과장은 옆자리 또는 마주보고 앉지 않는다.
- 빈자리는 2자리이며 옆자리 또는 마주보는 자리이다.

① 2 – G과장
② 3 – B부장
③ 5 – E차장
④ 6 – F대리
⑤ 9 – C대리

09 **기획부 직원 A ~ E 5명이 다음 〈조건〉에 따라 야근을 한다고 할 때, 수요일에 야근하는 사람은?**

〈조건〉

- 사장님이 출근할 때는 모든 사람이 야근을 한다.
- A가 야근할 때 C도 반드시 해야 한다.
- 사장님은 월요일과 목요일에 출근을 한다.
- B는 금요일에 야근을 한다.
- E는 화요일에 야근을 한다.
- 수요일에는 한 명만 야근을 한다.
- 월요일부터 금요일까지 한 사람당 3번 야근한다.

① A
② B
③ C
④ D
⑤ E

10 **A ~ F 6명이 달리기 시합을 하고 난 뒤 나눈 다음 대화를 보고, 항상 참이 아닌 것을 고르면?**

- A : C와 F가 내 앞에서 결승선에 들어가는 걸 봤어.
- B : D는 간발의 차로 바로 내 앞에서 결승선에 들어갔어.
- C : 나는 D보다는 빨랐는데, 1등은 아니야.
- D : C의 말이 맞아. 정확히 기억은 안 나는데 나는 3등 아니면 4등이었어.
- E : 내가 결승선에 들어오고, 나중에 D가 들어왔어.
- F : 나는 1등은 아니지만 꼴등도 아니었어.

① 제일 먼저 결승선에 들어온 사람은 E이다.
② 제일 나중에 결승선에 들어온 사람은 A이다.
③ C는 F보다 순위가 높다.
④ B는 C보다 순위가 낮다.
⑤ D가 3등이면 F는 5등이다.

11 재무팀 A과장, 개발팀 B부장, 영업팀 C대리, 홍보팀 D차장, 디자인팀 E사원은 봄, 여름, 가을, 겨울에 중국, 일본, 러시아 중 한 나라로 출장을 간다. 다음 주어진 〈조건〉을 바탕으로 항상 옳은 것을 고르면?(단, A ~ E는 중국, 일본, 러시아 중 반드시 한 국가에 출장을 가며, 아무도 가지 않은 국가와 계절은 없다)

〈조건〉

- 중국은 2명이 출장을 가고, 각각 여름 혹은 겨울에 출장을 간다.
- 러시아에 출장 가는 사람은 봄 혹은 여름에 출장을 간다.
- 재무팀 A과장은 반드시 개발팀 B부장과 함께 출장 간다.
- 홍보팀 D차장은 혼자서 봄에 출장을 간다.
- 개발팀 B부장은 가을에 일본에 출장을 간다.

① 홍보팀 D차장은 혼자서 중국으로 출장을 간다.
② 영업팀 C대리와 디자인팀 E사원은 함께 일본으로 출장을 간다.
③ 재무팀 A과장과 개발팀 B부장은 함께 중국으로 출장을 간다.
④ 영업팀 C대리가 여름에 중국 출장을 가면, 디자인팀 E사원은 겨울에 중국 출장을 간다.

12 A ~ F 6명이 동시에 가위바위보를 해서 아이스크림 내기를 했는데, 결과가 다음과 같았다. 내기에서 이긴 사람을 모두 고르면?(단, 비긴 경우는 없었다)

- 6명이 낸 것이 모두 같거나, 가위·바위·보 3가지가 모두 포함되는 경우 비긴 것으로 한다.
- A는 가위를 내지 않았다.
- B는 바위를 내지 않았다.
- C는 A와 같은 것을 냈다.
- D는 E에게 졌다.
- F는 A에게 이겼다.
- B는 E에게 졌다.

① A, C
② E, F
③ B, D
④ A, B, C
⑤ B, D, F

[13~15] 다음 도식에서 기호들은 일정한 규칙에 따라 문자를 변화시킨다. ?에 들어갈 알맞은 문자를 고르시오(단, 규칙은 가로와 세로 중 한 방향으로만 적용된다).

		4875				
		↓				
		♡				
		↓				
		○		2583		
		↓		↓		
3264	→	☆	→	○	→	7341
		↓		↓		
		9366		8325		

13

5873 → ○ → ☆ → ?

① 1460
② 8267
③ 4782
④ 1633
⑤ 6212

14

6573 → ☆ → ♡ → ?

① 6708
② 4115
③ 2847
④ 8111
⑤ 5349

15

0291 → ○ → ♡ → ?

① 2109
② 2091
③ 2190
④ 2019
⑤ 2910

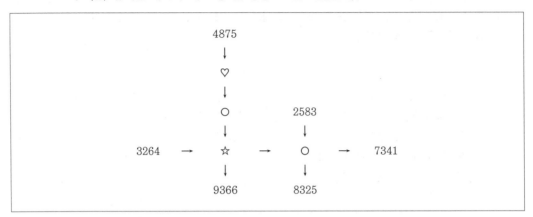

[16~20] 일정한 규칙으로 수를 나열할 때, 다음 빈칸에 들어갈 알맞은 숫자를 고르시오.

16

$$\frac{1}{6} \quad \frac{2}{6} \quad -\frac{1}{2} \quad \frac{7}{6} \quad -\frac{5}{2} \quad 2 \quad (\quad) \quad \frac{17}{6}$$

① $\frac{13}{2}$

② $-\frac{13}{2}$

③ $\frac{15}{2}$

④ $-\frac{15}{2}$

⑤ $-\frac{17}{2}$

17

$$-2 \quad -0.4 \quad -2.8 \quad 0.4 \quad -3.6 \quad (\quad)$$

① −2.1

② −1.3

③ −0.9

④ 1.2

⑤ 0.4

18

$$3 \quad -10 \quad -4 \quad -7 \quad 10 \quad -1 \quad (\quad) \quad 8$$

① 4

② 12

③ 8

④ 18

19

$$\frac{7}{5} \quad \frac{21}{20} \quad \frac{1}{20} \quad \frac{3}{80} \quad (\quad) \quad -\frac{231}{320}$$

① $-\frac{76}{80}$

② $-\frac{77}{80}$

③ $-\frac{78}{80}$

④ $-\frac{79}{80}$

20

10　3　7　−4　11　−15　(　)

① 22

② 24

③ 26

④ 28

CHAPTER 4 정답 및 해설

1회 정답

01	02	03	04	05	06	07	08	09	10
④	③	④	⑤	④	①	③	④	①	⑤
11	12	13	14	15	16	17	18	19	20
③	③	②	⑤	④	②	④	④	②	③

01 ④

[Step 1 ~ 2]

벤다이어그램 세 개를 그려준 후 각 요소들을 적어준다.

벤다이어그램의 요소 네이밍을 맞춰주기 위하여, 먼저 명제 2의 내용에 대우를 취해준다.

이때 명제 2는 "모든 A는 B다" 형식이기 때문에 대우를 취해 줄 수 있다는 것을 이해하자.

그러면 각 요소 세 가지는 한국 아이들, 태권도 O, 수학 O로 표시할 수 있다.

[Step 3]

주어진 전제의 내용을 벤다이어그램에 표시를 해준다. (소거, 체크)

명제 1, 2의 내용을 벤다이어그램에 표시하면 다음과 같다. 이때 "어떤 A는 B다"의 형식은 체크 표시, "모든 A는 B다"의 형식은 소거라는 것을 이해하도록 하자.

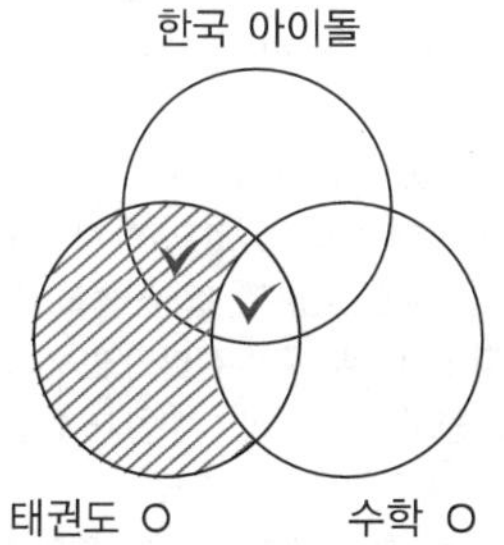

[Step 4]

보기 확인하며 정답 체크

위 벤다이어그램을 보고 보기 4번은 반드시 참이라는 것을 확인할 수 있다.

02 ③

[Step 1 ~ 2]

벤다이어그램 세 개를 그려준 후 각 요소들을 적어준다.

각 요소들의 내용은 직관적인 사람, 개임 재능 O, 운동능력 O으로 벤다이어그램에 네이밍을 작성해 준다.

[Step 3]

주어진 전제의 내용을 벤다이어그램에 표시를 해준다. (소거, 체크)

명제 1, 2의 내용을 벤다이어그램에 표시하면 다음과 같다. 이때 "어떤 A는 B다"의 형식은 체크 표시, "모든 A는 B다"의 형식은 소거라는 것을 이해하도록 하자.

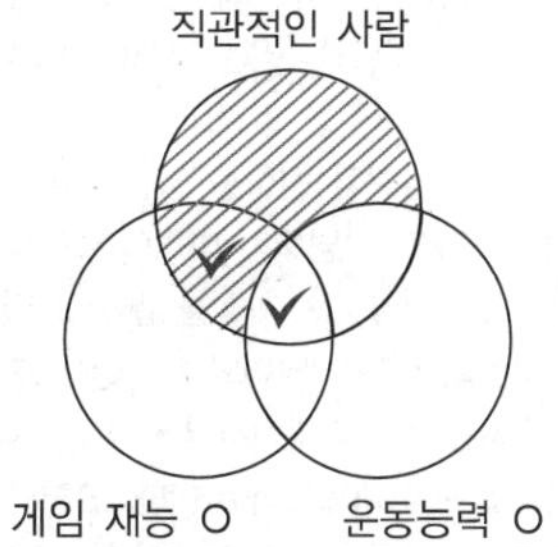

[Step 4]

보기 확인하며 정답 체크

① 운동능력이 뛰어난 사람은 게임에 재능이 있다.
  ➔ 참이 되기 위해선 '어떤 운동능력이 뛰어난 사람은 게임에 재능이 있다.'로 수정해야 한다.

② 게임에 재능이 있는 사람은 운동능력이 뛰어나다.
  ➔ 참이 되기 위해선 '어떤 게임에 재능이 있는 사람은 운동능력이 뛰어나다.'로 수정해야 한다.

③ 운동 능력이 있는 사람 중 게임에 재능이 있는 사람이 있다. ➔ (참)

④ 게임에 재능이 있는 사람 중에 운동 능력이 뛰어나지 않은 사람이 있다.
  ➔ 위 벤다이어그램으로는 파악할 수 없다.

⑤ 운동에 재능이 있는 사람은 게임에 재능이 없다.
  ➔ 위 벤다이어그램으로는 파악할 수 없다.

03 ④

우선 A의 아이가 아들이라고 하면 A의 진술에 따라 B, C의 아이도 아들이므로, 이것은 아들이 두 명밖에 없다는 조건에 모순된다. 그러므로 A의 아이는 딸이다. 다음으로 C의 아이가 아들이라고 하면 C의 대답에서 D의 아이는 딸이 되므로, B의 아이는 아들이어야 한다. 그런데 이것은 B의 대답과 모순된다(아들의 아버지인 B가 거짓말을 한 것이 되므로). 따라서 C의 아이도 딸이다.

즉 아들의 아버지는 B와 D이다.

➔ 보기를 정답으로 가정하여 조건들을 확인해 보는 연습을 하자. 4번 보기의 경우 D의 아이가 아들이라고 가정했다면 D의 진술은 참이 되고 A, C의 진술은 거짓이라는 것을 추론할 수 있다.

04 ⑤

기존 문제 풀이

일남이와 삼남이의 발언에 모순이 있으므로, 일남이와 삼남이 중 적어도 한 명은 거짓을 말하고 있는 것이다. 만약 일남이와 삼남이가 모두 거짓말을 하고 있다면 일남이는 경찰이고(시민, 마피아 ×), 자신이 경찰이라고 말한 이남이의 말이 거짓이 되면서 거짓말을 한 사람이 세 명 이상이 되므로 조건에 부합하지 않는다. 따라서 일남이는 경찰이 아니며, 일남이나 삼남이 중에 한 명만 거짓을 말한다.

- 일남이가 거짓, 삼남이가 진실을 말한 경우
  일남이는 마피아이고, 오남이가 마피아라고 말한 이남이의 말은 거짓이므로, 이남이는 거짓을 말하고 있고 이남이는 경찰이 아니다. 즉, 남은 사남이와 오남이는 모두 진실을 말해야 한다. 두 사람의 말을 종합하면 사남이는 경찰도 아니고 시민도 아니게 되므로 마피아여야 한다. 그러나 이미 일남이가 마피아이고 마피아는 한 명이라고 했으므로 모순이다.
- 일남이가 진실, 삼남이가 거짓을 말한 경우
  일남이는 시민이고, 이남·사남·오남 중 한 명은 거짓, 다른 두 명은 진실을 말한다. 만약 오남이가 거짓을 말하고 이남이와 사남이가 진실을 말한다면 이남이는 경찰, 오남이는 마피아이고 사남이는 시민이어야 하는데, 오남이의 말이 거짓이 되려면 오남이가 경찰이 되므로 모순이다. 또한, 만약 사남이가 거짓을 말하고 이남이와 오남이가 진실을 말한다면 이남이와 사남이가 모두 경찰이므로 역시 모순된다.
  즉, 이남이가 거짓, 사남이와 오남이가 진실을 말한다.

따라서 사남이는 경찰도 시민도 아니므로 마피아이고, 이남이와 오남이가 모두 경찰이 아니므로 삼남이가 경찰이다.

옥선생 풀이

[Step 1]

문제를 읽고 조건들을 파악한다.

- 거짓 / 진실 : 거짓 두 명 / 진실 세 명

[Step 2]

가정 대상을 선정한다.

주어진 보기(1 ~ 5번)를 가정했을 때 주어진 진술들이 거짓 두 명, 진실 세 명일 때 그 가정은 정확하게 된 것으로 정답으로 체크할 것이다.

[Step 3]

가정과 조건의 모순 여부를 파악한다.

5번 보기를 가정했을 때 모순이 발생하지 않은 것을 확인할 수 있으므로 정답은 5번이다. 나머지 보기들은 모두 주어진 조건(거짓 두 명, 진실 세 명)에 모순되므로 정답이 될 수 없다.

구분	1번 보기 가정	2번 보기 가정	3번 보기 가정	4번 보기 가정	5번 보기 가정
일남 진술	F	T	T	T	T
이남 진술	F	T	F	F	F
삼남 진술	T	F	F	F	F
사남 진술	T	F	F	T	T
오남 진술	F	F	T	F	T

05 ④

지원자 4의 진술이 거짓이면 지원자 5의 진술도 거짓이고, 지원자 4의 진술이 참이면 지원자 5의 진술도 참이다. 즉, 1명의 진술만 거짓이므로 지원자 4, 5의 진술은 참이다. 그러면 지원자 1과 지원자 2의 진술이 모순이다.

- 지원자 1의 진술이 참인 경우
  지원자 2는 A부서에 선발되었고, 지원자 3은 B 또는 C부서에 선발되었다. 이때, 지원자 3의 진술에 따라 지원자 4가 B부서, 지원자 3이 C부서에 선발되었다.
  ∴ A부서 : 지원자 2, B부서 : 지원자 4, C부서 : 지원자 3, D부서 : 지원자 5
- 지원자 2의 진술이 참인 경우
  지원자 3은 A부서에 선발되었고, 지원자 2는 B 또는 C부서에 선발되었다. 이때, 지원자 3의 진술에 따라 지원자 4가 B부서, 지원자 2가 C부서에 선발되었다.
  ∴ A부서 : 지원자 3, B부서 : 지원자 4, C부서 : 지원자 2, D부서 : 지원자 5

따라서 지원자 4는 항상 B부서에 선발된다.

옥선생 풀이

[Step 1]

문제를 읽고 조건들을 파악한다.

- 거짓 / 진실 : 거짓 한 명 / 진실 네 명

[Step 2]

가정 대상을 선정한다.

• 이 문제의 경우 주어진 진술 한 가지를 가정하여 문제를 푼다.

[Step 3]

가정과 조건의 모순 여부를 파악한다.

조건들을 하나씩 거짓으로 가정하고 문제를 풀어보자! (모순 주의)

지원자 1의 진술부터 거짓으로 가정했을 때 각 지원자들이 어떤 팀에 배치되는지 표로 표현하여 문제를 풀 수 있다. 이때 지원자 1, 2의 진술을 가정했을 때에는 모순이 발생하지 않으나, 지원자 3, 4, 5의 진술을 거짓으로 가정했을 때는 모순이 발생하는 것을 확인할 수 있다.

구분	지원자 1	지원자 2	지원자 3	지원자 4	지원자 5
부서명 (지원자 1 가정)	×	C	A	B	D
부서명 (지원자 2 가정)	×	A	C	B	D
부서명 (지원자 3 가정)	모순 발생				
부서명 (지원자 4 가정)					
부서명 (지원자 5 가정)					

위 표를 참고하면 항상 옳은 보기는 4번인 것을 확인할 수 있다.

06 ①

[Step 1]

문제를 읽고 조건들을 파악한다.

• 진실 두 개 / 거짓 한 개

[Step 2]

가정 대상을 선정한다.

• 각 안내문(A ~ C)이 참일 때를 가정하여 방에 들어가 있는 물건을 확인한다.

[Step 3]

가정과 조건의 모순 여부를 파악한다.

구분	A방	B방	C방
방 A의 안내문 참	지역특산물	폭발물	비어있음
방 B의 안내문 참	지역특산물	비어있음	폭발물
방 C의 안내문 참	모순 발생		

각 방의 안내문을 참으로 가정했을 때 위 표와 같이 물건이 들어있는 것을 알 수 있으며, C의 경우에는 모순이 발생한다는 것을 알 수 있다.

07 ③

7번 문제 같은 경우 이 책에서 다루지 않은 유형의 문제이다. 이와 같은 유형은 추리영역 뿐만 아니라 수리영역에서도 나오곤 하기 때문에 풀이 방법에 대해 차근차근 알아가 보도록 하자. 실제 시험에서는 새로운 유형이 출제될 수 있으며, 이런 유형의 경우 논리적 사고를 평가하는 문항들이 많이 존재한다. 그렇기 때문에 문제 풀이를 할 때 단순히 문제를 맞춘다고 생각하기 보다는 문제의 접근 방식에 대해 한 번씩 생각해 보길 바란다.

기획개발팀 팀원 한 명이 15경기에서 모두 이긴 경우, 105점을 받는다.

여기에서 이긴 경기 대신 비긴 경기 혹은 진 경기가 있는 경우, 최고점인 105점에서 비긴 경기 한 경기당 4점씩 감소하며, 진 경기가 있는 경우 진 경기 한 경기당 11점씩 감소한다. 따라서 가능한 점수는 105−{4(비긴 경기 수)+11(진 경기 수)}뿐이다.

이에 따라 팀원들의 경기 성적을 구체적으로 나타내면 다음과 같다.

팀원	이긴 경기	비긴 경기	진 경기
A팀장(93점)	12	3	0
B대리(90점)	13	1	1
D연구원(79점)	12	1	2

이때 최고 점수에서 발표한 점수의 차이의 값을 '4(비긴 경기 수)+11(진 경기 수)'로 나눌 수 있는지 확인해야 한다.

각 직원의 차이를 계산해보면 A팀장 12, B대리 15, C대리 21, D연구원 26인 것을 확인할 수 있다.

그리고 이 값들을 4(비긴 경기 수)+11(진 경기 수) 값들로 확인해 보면 다음과 같다.

• A팀장: $12=4\times3$
• B대리: $15=4+11$
• C대리: 21=불가능
• D연구원: $26=4+11\times2$

따라서 발표한 점수가 위 수식으로 도출 불가능한 점수인 사람은 C대리뿐이다.

08 ④

[Step 1]

사람 인원 파악 후 표기하기

• 6층 & 여섯 팀으로 각 층당 한 팀이 배치되어 있다는 것을 확인해야 한다.

[Step 2]

조건 도식화하기

주어진 조건들을 도식화하면 다음과 같고, 이때 단순히 도식화 작업을 진행하기 보다는 각 조건들의 숨은 뜻들을 생각하며 문제를 풀어야 좀 더 빠르고 정확하게 문제를 해결할 수 있다.

조건	도식화
기획부의 문 대리는 해외사업부의 이 주임보다 높은 층에 근무한다.	해외사업부(이주임)<기획부(문대리)
인사 교육부는 서비스개선부와 해외사업부 사이에 위치한다.	서비스 개선<인사<해외사업부 or 해외사업부<인사<서비스 개선
디자인부의 김 대리는 오늘 아침 엘리베이터에서 서비스개선부의 조 대리를 만났다.	디자인부(김 대리), 서비스부(조 대리) ➔ 의미: 디자인부, 서비스부는 4～6층 사이에 있다. 전제 조건에서 1～3층은 계단을 이용해야 한다고 명시하였다.
6개의 부서 중 건물의 옥상과 가장 가까이에 위치한 부서는 연구·개발부이다.	6층=연구 개발부
연구 개발부의 오 사원이 인사 교육부 박 차장에게 휴가 신청서를 제출하기 위해서는 4개의 층을 내려와야 한다.	인사 교육부(박 차장)=2층 ➔ 4층이 아닌 4개의 층을 내려와야 한다는 점에 유의하자.
건물 1층에는 회사에서 운영하는 커피숍이 함께 있다.	1층=커피샵

[Step 3]

표에 도식 작성하기

주어진 조건에 따라 부서별 위치를 정리하면 다음과 같다.

구분	경우 1	경우 2
1층	해외사업부	해외사업부
2층	인사 교육부	인사 교육부
3층	기획부	기획부
4층	디자인부	서비스개선부
5층	서비스개선부	디자인부
6층	연구·개발부	연구·개발부

[Step 4]

정답 고르기

위 표로 확인했을 때 3층에 위치한 기획부의 직원은 출근 시 반드시 계단을 이용해야 하므로 보기 ④는 항상 옳다.

① 경우 1일 때 김 대리는 출근 시 엘리베이터를 타고 4층에서 내린다.

② 경우 2일 때 디자인부의 김 대리는 서비스개선부의 조 대리보다 엘리베이터에서 나중에 내린다.

③ 커피숍과 같은 층에 위치한 부서는 해외사업부이다.

09 ①

[Step 1]

사람 인원 파악 후 표기하기

• 부서 여섯 개

[Step 2]

조건 도식화하기

주어진 조건들을 도식화 하면 다음 표와 같이 표현할 수 있다.

조건	도식화
행정안전부에 대한 감사는 농림축산식품부와 외교부에 대한 감사 사이에 한다.	외교부<행정안전부<농림축산 식품부 or 농림축산식품부<행정안전부<외교부
국방부에 대한 감사는 보건복지부나 농림축산식품부에 대한 감사보다 늦게 시작되지만, 외교부에 대한 감사보다 먼저 시작한다.	보건농림<국방부<외교부(보건, 농림의 우선순위는 알 수 없다)
교육부에 대한 감사는 아무리 늦어도 보건복지부 또는 농림축산식품부 중 적어도 어느 한 부서에 대한 감사보다는 먼저 시작되어야 한다.	교육<농림축산식품부 or 보건복지부
보건복지부는 농림축산식품부보다 먼저 감사를 시작한다.	보건복지부<농림축산 식품부

조건들을 단순히 도식화하기보다는 각 도식의 숨은 의미&도식의 공통된 부분을 하나의 도식으로 만들면 문제를 좀 더 쉽고 빠르게 풀 수 있다.

위 4가지 조건들을 하나의 도식으로 만들게 되면 다음과 같다.

보건복지부<농림축산식품교육부

그렇다면 이 하나의 도식을 보고 문제를 풀어보도록 하자.

[Step 3]

표에 도식 작성하기

이 조건들을 만족하는 경우의 수는 4가지가 존재한다.

(첫 번째가 '보건복지부'인 경우 ➔ 두 개 / '교육부'인 경우 ➔ 두 개)

구분	첫 번째	두 번째	세 번째	네 번째	다섯 번째	여섯 번째
경우 1	교육	보건	농림	행정	국방	외교
경우 2	교육	보건	농림	국방	행정	외교
경우 3	보건	교육	농림	행정	국방	외교
경우 4	보건	교육	농림	국방	행정	외교

[Step 4]

정답 고르기

이 4가지 경우의 수를 확인했을 때 교육부는 항상 첫 번째 또는 두 번째에 감사를 시작하는 것을 확인할 수 있다. 그러므로 정답은 1번이다.

따라서 교육부는 항상 첫 번째 또는 두 번째에 감사를 시작한다.

오답분석

② 경우 3, 4에서는 보건복지부는 첫 번째로 감사를 시작한다.
③ 농림축산식품부보다 늦게 감사를 받는 부서는 3개, 일찍 받는 부서는 2개로, 늦게 감사를 받는 부서의 수가 많다.
④ 경우 1, 3에서는 국방부가 행정안전부보다 감사를 늦게 받는다.

10 ⑤

[Step 1]

문제의 조건 확인 후 표의 가로 & 세로 축 구상하기

가로축: 6명의 학생 / 세로축: 아침, 점심, 저녁

구분	A	B	C	D	E	F
아침						
점심						
저녁						

[Step 2]

조건 도식화하기

주어진 조건들을 도식화하면 다음 표와 같이 표현할 수 있다.

조건	도식화
아침과 저녁은 다른 메뉴를 먹는다.	아침 ≠ 저녁
점심과 저녁에 같은 메뉴를 먹은 사람은 4명이다.	점심=저녁 ➔ 4명
아침에 된장찌개를 먹은 사람은 3명이다.	아침: 된장찌개 3명 & 김치찌개 3명
하루에 된장찌개를 한 번만 먹은 사람은 3명이다.	하루 된장찌개 1번 : 3명

[Step 3]

표에 도식 작성하기

이제 이 도식을 바탕으로 Step 1에서 작성한 표의 빈칸을 작성해 보자.

① 가장 먼저 확인할 수 있는 3번 조건(아침: 된장, 김치찌개 3명)을 적어준다.
② 1번 조건(아침≠저녁)을 적용하여 저녁 메뉴를 선정한다.
③ 2번 조건(점심=저녁 ➔ 4명)을 활용하여 점심 메뉴를 적는다. 이때 점심과 저녁이 같은 메뉴를 먹을 수 있는 경우의 수는 (김치 3개 & 된장 1개), (김치 2개 & 된장 2개), (김치 1개 & 된장 3개) 이렇게 볼 수 있다.
④ 이 3가지 Case 중 하루 된장찌개를 한 번만 먹는 경우의 수는 (김치 2개 & 된장 2개)인 경우이다.

구분	A	B	C	D	E	F
아침	된장찌개	된장찌개	된장찌개	김치찌개	김치찌개	김치찌개
점심	김치찌개	김치찌개	된장찌개	된장찌개	된장찌개	김치찌개
저녁	김치찌개	김치찌개	김치찌개	된장찌개	된장찌개	된장찌개

[Step 4]

정답 고르기

주어진 조건을 표로 정리하면 다음과 같으므로, 김치찌개는 총 9그릇이 필요하다.

➔ 5번 오답

11 ③

[Step 1]

문제의 조건 확인 후 표의 가로 & 세로 축 구상하기

• 나오는 사람: 5명(철수 짱구 등)
• 제안: 5개(A ~ E)

구분	A	B	C	D	E
짱구					
철수					
유리					
훈이					
맹구					

[Step 2]

조건 도식화하기

이 문제같은 경우 별도의 도식이 필요하지 않다. 그 이유는 주어진 조건들이 도식 필요 없이 Step 1에 작성한 표에 모두 표현 가능하기 때문이다. 그렇기 때문에 풀이 시간을 단축하기 위하여 도식화 하지 않고, 주어진 표에 직접 작성하도록 한다.

[Step 3]

표에 도식 작성하기

주어진 도식을 작성하게 되면 다음과 같이 작성할 수 있다. 이때 조건들을 차근차근 표에 적용하게 되면 어렵지 않게 문제를 풀 수 있을 것이다. 이때 주의해야 할 점은 문제 말미에 있는 '단, 모두 서로 다른 하나의 제안을 제시하였다'라는 말이다. 즉, 행과 열에는 O가 반드시 하나만 존재해야 한다는 것이다. 그러므로 만약 O 표시를 했다면 O가 포함된 행과 열에 × 표시를 반드시 해주도록 하자.

구분	A	B	C	D	E
짱구	×	×	×	×	O
철수	×	O	×	×	×
유리	×	×	O	×	×

훈이	×	×	×	○	×
맹구	○	×	×	×	×

[Step 4]

정답 고르기

제안자와 그 제안의 내용은 다음과 같고, 제안이 바르게 연결된 것은 3번이다.

짱구 – E

철수 – B

유리 – C

훈이 – D

맹구 – A

12 ③

[Step 1]

문제의 조건 확인 후 표의 가로 & 세로축 구상하기

• 5명(가 ~ 마)

• 과목: 4개(영어, 수학 등)

구분	(가)	(나)	(다)	(라)	(마)
영어					
수학					
국어					
체육					

[Step 2]

조건 도식화하기

이 문제 같은 경우, 문제 풀이에 능숙해졌다면 도식 없이 단순히 머리로 문제를 풀어도 된다.

우선 2, 3번 조건들은 주어진 Step 1번에 바로 표기할 수 있는 조건이기 때문에 조건 1, 4에 대해서만 도식화를 해보자.

조건 1: 가≠나(가=나(영어)는 표에 표시)

조건 4: 가≠라 & 마

➔ 가 & 나가 영어만 같이 듣는 다는 것은 나머지에 대해선 전혀 겹치면 안 된다는 것을 의미한다. 그러므로 가 & 나 영어에 둘 다 ○친 후 '가≠나'이 조건들을 적용하면 된다.

도식화하는 것은 개인의 취향 차이이기 때문에 본인이 이해하기 가장 좋은 방법을 선택하길 바란다.

[Step 3]

표에 도식 작성하기

구분	(가)	(나)	(다)	(라)	(마)
영어	○	○	×	×	×
수학	×	○	○	×	○
국어	○	×	×	×	×
체육	×	×	○	○	○

(조건 1, 4에 유의하며 표를 완성시켜보자.)

[Step 4]

정답 고르기

위 표를 확인했을 때 마가 듣고 있는 수업은 '수학 & 체육'이다. 그러므로 정답은 3번이다.

[13-16]

[Step 1]

순서를 바꾸는 도식을 찾는다.

주어진 문제에서 다음 도식을 통해 ♬, ♪은 순서를 바꾸는 도식이라는 것을 확인할 수 있다.

WTRX → ♬ → ♪ → WXTR

[Step 2]

값+위치 변경으로 구성된 도식을 찾는다.

값+위치 변경 도식으로 구성된 배열들은 이 문제에서 2가지를 찾을 수 있다.

① FJRS → ♩ → ♬ → ♪ → HULT

③ CQDY → ♩ → ♬ → EAFS

[Step 3]

값을 변경하는 도식의 규칙이 무엇인지 추론한다.

어떤 것을 가지고 문제를 풀든 정답은 구할 수 있다. 그러나 더 쉬운 방법은 1번이다. 그 이유는 우리는 ♬+♪ 도식의 결과를 쉽게 구할 수 있기 때문이다. (Step 1 참고)

• (♬+♪) 규칙: 1423

우리는 1번 Case에서 ♬+♪ 규칙을 알고 있기 때문에, ♩규칙은 어렵지 않게 구할 수 있다.

• ♩규칙: +2, +2, +2, +2

[Step 4]

나머지 도식의 규칙들을 찾는다.

하나의 규칙(♩)을 구했다면 나머지는 구하는 방법이 간단하다.

CQDY → ♩ → ♬ → EAFS

WTRX → ♬ → ♪ → WXTR

이 순서대로 도식의 규칙을 하나씩(♬, ♪) 구하면 된다.

각 도식의 규칙을 추론해 보면 다음과 같다.

• ♪ : 1243(세 번째와 네 번째 문자 자리 바꾸기)

• ♬ : 1432(두 번째와 마지막 문자 자리 바꾸기)

• ♩ : 각 자릿수에서 +2, +2, +2, +2

13 ②

ㅂㄹㅈㄱ → ♬ → ♩ → ?

(1432) ㅂㄱㅈㄹ (+2, +2, +2, +2) ㄹㅅㅋㄷ

14 ⑤

ㅍㅌㅇㅅ → ♪ → ♬ → ?

(1243) ㅍㅌㅅㅇ (1432) ㅍㅇㅅㅌ

15 ④

ㄱㄴㅎㅍ → ♩ → ♪ → ?

(+2, +2, +2, +2) ㄷㄹㄴㄱ (1243) ㄷㄹㄴㄱ

16 ②

Iㅋ AR → ♬. → ♩ → ♩ → ?

(1432) IRAㅋ (+4, +4, +4, +4) MVEㄱ

17 ④

[Step 1]

꼬인 관계 여부 확인

- 꼬인 관계인가? No!! ➔ 각 요소의 전후 관계를 파악하자.

[Step 2]

각 항들의 관계 파악하기

[2-1 각 요소 전후 관계 확인]

각 항들의 차이를 확인해 보면 3, 2, 5, 7, 12, 19의 차이가 발생하는 것을 확인할 수 있다. 그리고 차이들을 하나의 수열로 확인 해보면 피보나치 수열을 이루고 있다는 것을 알 수 있다. 따라서 ( )의 값은 이전 항(48)에서 31(12+19) 차이가 나는 값이다. 그러므로 이 문제의 답은 79(48+31), 4번이다.

18 ④

[Step 1]

꼬인 관계 여부 확인

- 꼬인 관계인가? Yes!! ➔ 홀수, 짝수 항들의 관계를 파악해 보자.

[Step 2]

각 항들의 관계 파악하기

[2-1 홀수, 짝수 항들의 관계 파악하기]

- 홀수 항: -7, +14, ?
- 짝수 항: +3, +6, +9

홀/짝수 항들의 관계를 파악했을 때 홀수 항의 경우 각 항의 차이들 간에 ×(-2) 규칙이 존재하고, 짝수 항은 각 항의 차이들 간에 +3인 규칙이 존재한다. 그러므로 다섯 번째 항(10)과 일곱 번째 항 차이는 +14×(-2)=-28인 것을 추론할 수 있으며 ( )의 값은 10-28=-18인 것을 추론할 수 있다.

19 ②

[Step 1]

꼬인 관계 여부 확인

- 꼬인 관계인가? Yes!! ➔ 홀수, 짝수 항들의 관계를 파악해 보자.

[Step 2]

각 항들의 관계 파악하기

[2-1 홀수, 짝수 항들의 관계 파악하기]

- 홀수 항: ×3 차이
- 짝수 항: 2항&4항 간의 규칙은 /5 or -40 연산을 갖고 있다.

이 문제를 풀 때 짝수 항의 규칙을 확인할 수 있는 것이 1개(2, 4항) 밖에 없기 때문에 규칙이 존재하는지 파악하기 어렵다. 이럴 때는 짝수 항들의 규칙을 파악해 보자. 이때 짝수 항의 경우 ×3 규칙을 갖고 있다.
짝수 항들이 규칙을 갖고 있기 때문에 홀수 항도 규칙을 갖고 있을 가능성이 높다. 반드시 그런 것은 아니지만, 그럴 가능성이 높다는 것이며, 만약 홀수 항의 규칙을 찾지 못했다면 우리는 다음 Step으로 넘어가면 된다.

그렇다면 짝수 항의 규칙을 한 번 확인해 보자.
짝수 항을 확인했을 때 나눗셈 연산(/5) or 뺄셈 연산(-40)인 것을 알 수 있다.
그러므로 ( ) 값으로 적절한 값은
나눗셈 연산의 경우 ➔ 10/5=2
뺄셈 연산의 경우 ➔ 10-40=-30이다.
이 값들을 보기에서 확인하면, 보기 1번에 '2'가 존재하는 것을 알 수 있다. 따라서 정답은 1번이다.

20 ③

[Step 1]

꼬인 관계 여부 확인

- 꼬인 관계인가? No!! ➔ 각 요소의 전후 관계 확인

[Step 2]

각 항들의 관계 파악하기

[2-1 각 요소 전후 관계 확인]

각 항들의 차이를 확인하면, 2, 8, 32, 128의 차이를 갖는 것을 알 수 있다. 이 값들을 하나의 수열로 봤을 때 각 항들에 ×4 연산을 하게 되면 다음 항이 되는 것을 알 수 있다. 그러므로 ( ) 값은 171+(128×4)이 되며, 그 값은 '683'이 되는 것을 추론할 수 있다.

이때 풀이 속도를 빠르게 하기 위해서 일의 자리 숫자만 계산해주면 상대적으로 빠르게 정답을 고를 수 있다. 일의 자리수만 계산을 하게 되면 1+2=3이 되므로 3번이 정답이라는 것을 알 수 있다.

2회 정답

01	02	03	04	05	06	07	08	09	10
①	③	④	①	②	①	④	⑤	④	②
11	**12**	**13**	**14**	**15**	**16**	**17**	**18**	**19**	**20**
③	③	②	③	③	④	②	①	②	④

01 ①

[Step 1]

주어진 명제가 '(모든 or 어떤) A는 B다' 형식으로 구성됐는지 판단한다.

주어진 명제 1의 내용은 '어떤 A는 B다'의 형식을 갖추고 있으며, 전제 찾기 문제이므로 주연 / 부주연 방법을 통해서 해결한다.

[Step 2 ~ 3]

전제 & 결론 각 요소마다 도식(□, △, ○)을 표현한다.

- □: 닭가슴살을 먹지 않는 사람
- △: 살을 빼는 사람
- ○: 헬스 트레이너

[Step 4 ~ 5]

결론, 전제의 긍정(+), 부정(−) 여부를 확인한다.

- 명제 1: 살을 빼는 사람이 아니다. ➔ 부정(−)
- 결론: 헬스 트레이너가 아니다. ➔ 부정(−)

다음 표의 조건에 의해 명제 2의 술어부는 긍정(+) 요소를 갖게 된다.

구분	CASE 1	CASE 2	CASE 3	CASE 4
전제 1	긍정(+)	긍정(+)	부정(−)	부정(−)
전제 2	긍정(+)	부정(−)	긍정(+)	×
결론	긍정(+)	부정(−)	부정(−)	긍정(+)

[Step 6]

명제의 각 요소에 주연 / 부주연을 표현한다.

주연 / 부주연의 요소를 확인해 보면 결론의 주어 부분을 제외한 모든 요소는 주연이다.

주연이 되기 위해서는 다음 표와 같은 조건이 필요하다.

구분	주어부	술어부
주연	모든	부정
부주연	어떤	긍정

주연인 경우에는 체크 표시를 통해 표현한다.

[Step 7]

결론에 주연인 도식(□, ○)은 전제에서도 반드시 주연이어야 한다.

결론의 동그라미 요소는 주연이므로 명제 2의 동그라미 요소도 반드시 주연이여야 한다.

[Step 8]

적어도 한 개 이상 주연인 도식(△)이 있어야 한다.

명제 1에서 △도식은 주연이므로 Step 7번은 스킵하고 넘어가도 된다.

이렇게 모든 조건을 표시했다면 다음과 같을 것이다.

명제 1: 닭가슴살을 먹지 않는 사람은 살을 빼는 사람이 아니다. (−)
명제 2:
결론: 어떤 닭가슴살을 먹지 않는 사람은 헬스 트레이너가 아니다. (+)

➔ 따라서 이에 충족하는 정답은 1번(헬스 트레이너는 살을 빼는 사람이다)이다.

(각 Step을 진행하면서 계속해서 소거를 진행하며 문제 풀이 시간을 단축해보자)

02 ③

[Step 1]

주어진 명제가 '(모든 or 어떤) A는 B다' 형식으로 구성됐는지 판단한다.

주어진 결론 내용은 '어떤 A는 B다의 형식을 갖추고 있으며, 전제 찾기 문제이므로 주연 / 부주연 방법을 통해서 해결한다.

[Step 2 ~ 3]

전제 & 결론 각 요소마다 도식(□, △, ○)을 표현한다.

- □: 출근하는 사람
- △: 대학생이다.
- ○: 과음 한다.

[Step 4 ~ 5]

결론, 전제의 긍정(+), 부정(−) 여부를 확인한다.

- 명제 1: 과음을 하는 사람은 대학생이다. ➔ 긍정(+)
- 결론: 어떤 출근하는 사람은 과음하지 않는다. ➔ 부정(−)

다음 표의 조건에 의해 명제 2의 술어부는 부정(−) 요소를 갖게 된다.

구분	CASE 1	CASE 2	CASE 3	CASE 4
전제1	긍정(+)	긍정(+)	부정(−)	부정(−)
전제2	긍정(+)	부정(−)	긍정(+)	×
결론	긍정(+)	부정(−)	부정(−)	긍정(+)

➔ 이때 보기를 확인해 보면 3번을 제외한 나머지는 모두 긍정 요소를 갖고 있으므로 정답은 3번인 것을 추론할 수 있다.

연습을 위하여 나머지 Step도 확인해 보자.

[Step 6]

명제의 각 요소에 주연 / 부주연을 표현한다.

다음 표를 참고하여 각 요소의 주연 부주연을 확인해 보자.

구분	주어부	술어부
주연	모든	부정
부주연	어떤	긍정

주어진 문제에서는 명제1의 주연, 결론의 술어 부분이 주연인 것을 확인할 수 있으며, 해당 내용을 빗금으로 표시해준다.

[Step 7]

결론에 주연인 도식(□, ○)은 전제에서도 반드시 주연이어야 한다.

결론의 동그라미 요소는 주연이지만, 명제 1의 동그라미 요소도 주연이므로 별도의 점검 없이 넘어간다.

[Step 8]

적어도 한 개 이상 주연인 도식(△)이 있어야 한다.

명제 1에서 △도식은 주연이므로 Step 7번은 스킵하고 넘어가도 된다.

명제 1: 과음을 하는 사람은 대학생이다. (+)
명제 2:
결론: 어떤 출근하는 사람은 과음하지 않는다. (−)

03 ④

[Step 1]

문제를 읽고 조건들을 파악한다.

- 직원: 다섯 명 / 직급: 사원, 대리, 과장, 차장, 부장 ➔ 다섯 명 모두 직급이 다르다
- 진실(T) 한 명, 거짓(F) 네 명

[Step 2]

가정 대상을 선정한다.

주어진 보기(A ~ E)를 진실을 말하는 사람으로 가정하여 문제를 푼다.

[Step 3]

가정과 조건의 모순 여부를 파악한다.

구분	A	B	C	D	E
D가정	과장	차장	대리	사원	부장

이때 유의해야 할 점은 B의 진술이다. B의 진술 중 “나는 차장보다 낮은 직급이지”라는 발언이 거짓이라면 “나는 차장보다 낮은 직급이지 않다.”가 되므로 B는 차장 or 부장이 된다. 이 점에 유의하여 푼다면 어렵지 않게 정답을 고를 수 있다.

만약 주어진 문제에서 모순 조건들을 파악할 수 있다면 더 빨리 문제를 풀 수 있다. 이때 A&C가 모순관계를 지니기 때문에 둘 다 거짓을 의미하며, B, D, E만을 진실(T)가정하여 문제를 푼다면 풀이 시간을 더 단축할 수 있을 것이다. 하지만 모순을 찾는 것은 항상 가능한 부분이 아니기 때문에, 모순을 바로 확인하지 못했다면 보기를 하나씩 가정하여 문제를 풀도록 하자.

04 ①

[Step 1]

문제를 읽고 조건들을 파악한다.

- 용의자 다섯 명
- 두 명 진실(T), 세 명 거짓(F)
- 범인은 목격자가 아님

[Step 2]

가정 대상을 선정한다.

보기(A ~ E)를 범인으로 가정하여 문제를 푼다.

[Step 3]

가정과 조건의 모순 여부를 파악한다.

구분	A 진술	B 진술	C 진술	D 진술	E 진술
A 범인	F	T	F	F	T

A가 범인일 때 주어진 진술들이 진실 / 거짓인지를 판단한다. 이때 진실이 두 개, 거짓이 세 개라면 모순이 발생하지 않는다고 판단하고 정답으로 표시하면 된다.

정답 보기인 1번을 확인해 보면,

- A진술: “A: 나는 범인이 아니고”라는 구절에 의해 거짓(F)인 것을 파악할 수 있다.
- B진술: A가 범인이기 때문에 진실(T)라는 것과 목격자는 2명이라는 것을 파악할 수 있다.
- C진술: D조건에 의하여 거짓(F)
- D진술: “B가 범인이다”라는 발언에 의해 거짓(F)인 것을 알 수 있고, “C의 말은 모두 참”이라는 내용에 의하여 C의 진술 또한 거짓(F)이라는 것을 확인할 수 있다.
- E진술: “A가 범인이다”라는 조건에 의하여 진실(T)이라는 것을 알 수 있다.

위 내용들을 정리해보면 진실: 2명 / 거짓: 3명이라는 것을 알 수 있고 이는 모순에 해당되지 않는다. 따라서 가정이 정확하다는 것을 의미하고, 범인은 A인 것을 알 수 있다.

05 ②

[Step 1]

문제를 읽고 조건들을 파악한다.

- 혐의자: 다섯 명, 범인: 한 명
- 진술 중 두 개는 진실, 한 개는 거짓

[Step 2]

가정 대상을 선정한다.

보기(A ~ E)를 범인으로 가정하여 문제를 푼다.

[Step 3]

가정과 조건의 모순 여부를 파악한다.

구분	A 진술	B 진술	C 진술	D 진술	E 진술
B 범인	TTF	FTT	TTF	TFT	TTF

[B를 범인으로 가정할 때]

A, D 진술은 어렵지 않게 진실 / 거짓 내용을 확인할 수 있을 것이다. 이때 확인하기 어려운 부분은 B의 세 번째 진술, C의 두 번째 진술, E의 세 번째 진술이다.

B의 세 번째 진술의 참 / 거짓을 확인하기 위해서는 E의 진술을 확인하여야 가능하며, E의 진술 중 "B가 훔쳤다"라는 내용이 있으므로 B의 세 번째 진술은 진실(T)이 되는 것을 알 수 있다.

C의 두 번째 진술과 E의 세 번째 진술은 서로 상반된 내용이다. 그러므로 서로 다른 T / F값을 가지게 되며, C의 두 번째 진술이 T / E의 세 번째 진술이 거짓이면 모순에 상반되지 않게 된다. 따라서 B가 범인일 때 모순이 발생하지 않으며 정답은 2번이라는 것을 알 수 있다.

06 ①

[Step 1]

문제를 읽고 조건들을 파악한다.

- 피의자 다섯 명, 도둑 두 명
- 거짓말 한 명, 진실 네 명

[Step 2]

가정 대상을 선정한다.

주어진 진술들을 거짓으로 가정하여 문제를 푼다.

[Step 3]

가정과 조건의 모순 여부를 파악한다.

구분	A 진술	B 진술	C 진술	D 진술	E 진술
A진술일 거짓일 때 범인			○		○

A가 거짓을 말한다고 진술할 때 도둑은 C, E로 확정 지을 수 있으며, 모순 또한 존재하지 않는다. 따라서 정답은 1번으로 추론할 수 있다.

07 ④

[Step 1]

사람 인원 파악 후 표기하기

- 영화 수: 6개(A ~ F)
- 6일간 영화 하루 한편(5/1 ~ 6일)
- 6일간 볼 수 있는 영화를 다음 표와 같이 작성한다.

구분	1일	2일	3일	4일	5일	6일
경우 1						

[Step 2]

조건 도식화하기

- F영화는 3일과 4일 중 하루만 상영된다.
  ➔ 표에 직접 표기, F(×)
- D영화는 C영화가 상영된 날 이틀 후에 상영된다.
  ➔ C __ D
- B영화는 C, D영화보다 먼저 상영된다.
  ➔ B<C & B<D
- 첫째 날 B영화를 본다면, 5일에 반드시 A영화를 본다.
  ➔ if B(1) ➔ A(5)

조건 2, 3은 한 번에 표기할 수 있으므로 B<C __ D로 표현할 수 있다.

[Step 3]

표에 도식 작성하기

- #1) Step 2에서의 조건 1번 내용을 가장 먼저 표기
- #2) 가장 먼저 조건 2를 표기한다. C __ D 조건이 배치될 수 있는 경우의 수는 C가 2 ~ 4일에 배치되는 경우만 존재한다.
- #3) F는 3, 4일만 존재할 수 있으므로 F값을 모두 작성한다.
- #4) 조건 3, 4를 적용하여 B의 위치를 작성한다.
  먼저 B가 1번에 있는 경우를 확인해 보자, 경우 4, 5번은 네 번째 조건에 의해서 1번 위치에 올 수 없으므로 경우 1, 6에서만 B가 1일에 위치할 수 있다.
  경우 2 ~ 3은 B가 2일에도 위치할 수 있는 Case를 의미한다.
- #5) 남은 영화(E & F)들을 작성한다.

조건	F(×) (#1)	F(×) (#1)			F(×) (#1)	F(×) (#1)
구분	1일	2일	3일	4일	5일	6일
경우 1	B(#4)	E(#5)	F(#3)	C(#2)	A(#4)	D(#2)
경우 2	E(#5)	B(#4)			(#5)	
경우 3	F(#5)	B(#4)			E(#5)	
경우 4	E(#5)	B(#4)	C(#2)	F(#3)	D(#2)	A(#5)
경우 5	A(#5)	B#4)				E(#5)
경우 6	B(#4)	C(#2)	F(#3)	D(#2)	A(#4)	E(#5)

[Step 4]

정답 고르기

주어진 조건을 정리하면 다음과 같다.

따라서 B영화는 어떠한 경우에도 1일 또는 2일에 상영된다.

08 ⑤

[Step 1]

사람 인원 파악 후 표기하기

- 다섯 명(A ~ E)
- 등급 순위(1등급 ~ 5등급)

등급	1등급	2등급	3등급	4등급	5등급
환자					

[Step 2]

조건 도식화하기

① E보다 심폐기능이 좋은 환자는 2명 이상이다.
➔ 표에 직접 표시 (#1)

② E는 C보다 한 등급 높다. ➔ EC

③ B는 D보다 한 등급 높다. ➔ BD

④ A보다 심폐기능이 나쁜 환자는 2명이다.
➔ 표에 직접 표시 (#2)

[Step 3]

표에 도식 작성하기

- #1) E보다 심폐기능이 좋은 환자는 2명이상이므로 E는 1, 2등급이 될 수 없다.
- #2) 조건 4에서 A보다 심폐기능이 나쁜 환자는 2명이라고 했으므로 A는 3등급이다.
- #3) 조건 2, 3을 통해 남은 위치를 파악해야 한다. 이때 #1에 의하여 E는 1, 2등급이 될 수 없으므로 BD는 1, 2등급에 배치되고 EC는 4, 5등급에 배치된다.

	E(×) #1	E(×) #1			
등급	1등급	2등급	3등급	4등급	5등급
환자	B(#3)	D(#3)	A(#2)	E(#3)	C(#3)

[Step 4]

정답 고르기

가장 낮은 등급(4 ~ 5)을 가진 사람은 E, C로 정답은 5번이다.

09 ④

[Step 1]

원탁 모양 그리기

- 여덟 명의 지역 대표가 있으므로 선분 네 개를 그어 원탁 모양을 표현한다.

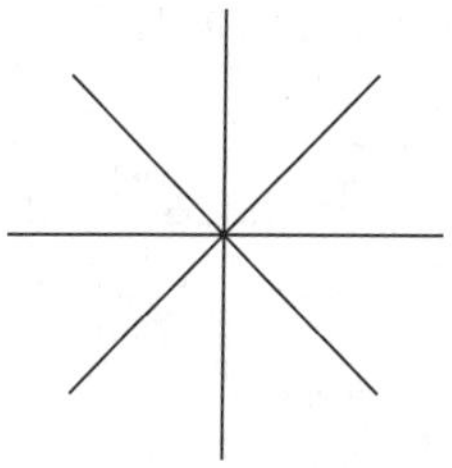

[Step 2]

조건 도식화하기

- 조건 1: 서울, 부산, 대구, 광주, 대전, 경인, 춘천, 속초 대표가 참여하였다. ➔ 도식 없음
- 조건 2: 서울 대표는 12시 방향에 앉아 있다. ➔ 원탁에 직접 표기
- 조건 3: 서울 대표의 오른쪽 두 번째 자리에는 대전 대표가 앉아 있다. ➔ 원탁에 직접 표기
- 조건 4: 부산 대표는 경인 대표의 왼쪽에 앉는다. ➔ 부산 경인
- 조건 5: 광주 대표의 양 옆자리는 대전 대표와 부산 대표이다.
  ➔ 대전 광주 부산 or 부산 광주 대전
- 조건 6: 광주 대표와 대구 대표는 마주 보고 있다.
  ➔ 광주 ⇔ 대구
- 조건 7: 속초 대표의 양 옆자리는 서울 대표와 대전 대표이다.
  ➔ 서울 속초 대전 or 대전 속초 서울

이때 조건 중 하나의 조건으로 만들 수 있는 것은 합치는 것이 좋으며, 조건 4, 5는 하나의 도식으로 합칠 수 있다.
➔ 대전 광주 부산 경인

[Step 3]

원탁 모양에 조건 적용하기

주어진 도식을 원탁에 표기하여 보자.

- #1) 먼저 조건 2(#1)에 내용을 원탁에 직접 표기하자. 조건 2에 따르면 서울 대표는 12시에 위치하고 있다. 그러므로 12시 방향에 서울을 표시해주자.
- #2) 조건 3에 따르면 서울 대표의 오른쪽에 대전 대표가 있으므로 대전 대표를 원탁에 표시한다.
- #3) 조건 7에 의하면 속초는 대전과 서울 사이에 있으므로 속초의 위치를 11시 방향인 것으로 원탁에 표시한다.
- #4) 조건 6에 따르면 대구와 광주는 마주보고 있어야 하며, 마주볼 수 있는 조건은 광주 대구가 1시, 7시에 위치하는 경우다. (서로 교환 가능) 이때 2가지 Case를 모두 작성해도 되고, 만약 풀이 과정이 숙련되었다면 바로 다음 조건을 확인해 보자.
- #5) 조건 5에 의하면 광주는 대전 옆에 위치해야 하므로 광주는 7시에 위치하게 된다. 그리고 조건 4, 5에 의해 대전 – 광주 – 부산 – 경인 순으로 배치하게 된다.
- #6) 남은 대표는 춘천이므로 춘천은 3시 방향에 위치하게 된다.

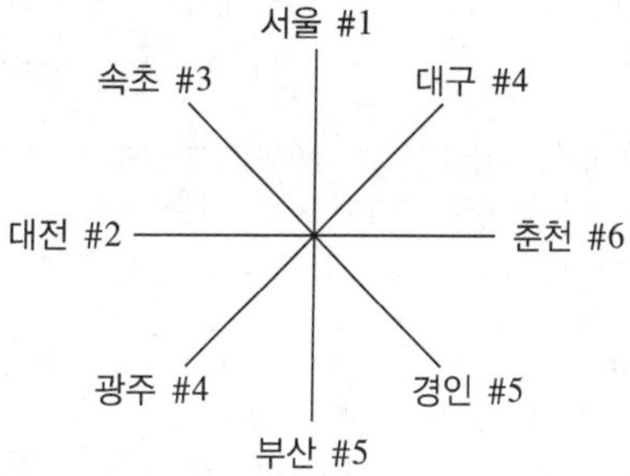

[Step 4]

정답 고르기

서울 대표를 기준으로 하여 시계 방향으로 '서울 – 대구 – 춘천 – 경인 – 부산 – 광주 – 대전 – 속초' 순서로 앉아있다. 따라서 경인 대표의 맞은편에 앉은 사람은 속초 대표이다.

10 ②

[Step 1]

문제의 조건 확인 후 표의 가로&세로축 구상하기

5일간(월 – 금) 4개의 나라가 4개의 경기장을 돌아가면서 연습게임을 진행한다.

➔ 가로축: 요일 / 세로축: 지역으로 설정하여 문제를 풀 수 있다.

구분	월요일	화요일	수요일	목요일	금요일
서울					
수원					
인천					
대전					

[Step 2]

조건 도식화하기

주어진 조건들은 특별한 도식화 할 필요 없이 바로 표에 직접 표기하도록 하자.

[Step 3]

표에 도식 작성하기

- #1: 조건3에 의해 한국은 월요일 대전에서 연습한다.
- #2: 조건5에 의해 미국은 월, 화요일에 수원에서 연습한다.
- #3: 조건6에 의해 미국은 목요일에 인천에서 연습한다.
- #4: 조건7에 의해 금요일에 중국은 서울, 미국은 대전에서 연습한다.
- #5: 조건8에 의해 한국은 화, 수요일에 인천에서 연습한다.

주어진 조건들은 모두 표기하였다. 이제 이 도식들을 토대로 남은 빈칸을 채워야 하고, 만약 채울 수 없다면 보기를 활용해야 한다.

주어진 조건을 활용했을 때 하나의 열에 2개의 나라는 나올 수 없으므로, 미국은 수요일에 서울에서 연습이 가능하며, 한국은 목요일 서울, 금요일 수원인 것을 파악할 수 있다. (#6)
그리고 조건 4에 의해서 각 팀은 구장을 반드시 2번 연속 사용해야하므로 일본은 월, 화요일에 서울에서 연습을 하게 되고, 중국은 화, 수에 대전에서 연습하게 된다. (#7)
이제 남은 빈칸은 한 열에 네 나라가 존재한다는 조건을 활용하여 채워주도록 한다. (#8)

구분	월요일	화요일	수요일	목요일	금요일
서울	일본(#7)	일본(#7)	미국(#6)	한국(#6)	중국(#4)
수원	미국(#2)	미국(#2)	일본(#8)	중국(#8)	한국(#6)
인천	중국(#8)	한국(#5)	한국(#5)	미국(#3)	일본(#8)
대전	한국(#1)	중국(#7)	중국(#7)	일본(#8)	미국(#4)

[Step 4]

정답 고르기

위 표를 확인해 보면 대전에서는 한국 – 중국 – 일본 – 미국 순으로 연습하는 것을 확인할 수 있다.

11 ③

[Step 1]

문제의 조건 확인 후 표의 가로&세로 축 구상하기

네 명(A – D)이 존재하며 A는 주황색 구두를 샀음
보색 관계: 빨간색 – 초록색, 주황색 – 파란색, 노란색 – 남색

[Step 2]

조건 도식화하기

- 조건 1: 각 1켤레씩 남았다. (도식화 하지 않고 머릿속에 기억해 둔다.)
- 조건 2: A는 주황을 포함하여 두 켤레 샀다. ➔ 표에 직접 표기 (#1)
- 조건 3: C는 빨간색 구두 샀다 ➔ 표에 직접 표기 (#2)
- 조건 4: B, D는 파란색 좋아하지 않는다. ➔ 표에 직접 표기 (#3)
- 조건 5: C, D는 같은 수 구두를 샀다. ➔ C, D는 1개 or 2개를 살 수 있다.
- 조건 6: B&C 보색관계 ➔ B=초록 (#4)
- 조건 7: B&D 보색관계 ➔ B&D 보색 (#5)
- 조건 8: 7개 구두 모두 샀다. (도식화 하지 않고 머릿속에 기억해 둔다.)

이때 조건 5의 조건만을 봤을 때는 C, D의 개수를 확정지을 수 없었으나, 조건 5 ~ 7에 조건을 활용하면 C, D는 1개씩 구두를 샀다는 것을 추론 가능하다. 이를 활용하여 문제를 풀어보자.

[Step 3]

표에 도식 작성하기

위 조건들을 활용하여 다음 표 #1 ~ #5까지 확인할 수 있으며, 주어진 조건들을 활용하여 남은 빈칸들을 작성하면 된다. 주어진 조건에 의하면 남은 색의 구두는 파란색, 보라색이며, 조건 4(#3)에 의해 B는 파란색을 구매할 수 없으므로 A가 파란색 구두를 갖게 된다. 그리고 C, D는 하나의 구두만 구매하므로 보라색은 B가 구매한다고 추론할 수 있다. (#6)

2개(#1)	파란색×(#3)		파란색×(#3)
A	B	C	D
주황색(#1)	초록색(#4)	빨간색(#2)	남색 / 노란색(#5)
파란색(#6)	노란색 / 남색(#5)		
	보라색(#6)		

[Step 4]

정답 고르기

위 표를 고려하였을 때 A는 주황색과 파란색 구두를 구매했으므로 정답은 3번 파란색이다.

12 ③

위 문제는 삼단논법 명제 문제를 변형한 유형이다. 이런 유형의 문제는 조건들을 모두 도식화 하여 정답을 확인할 수 있다. 주어진 조건들을 도식화하면 다음과 같이 표현할 수 있다.

조건 1) A ➔ B&C
조건 2) ~A ➔ D
조건 3) ~B ➔ C or E
조건 4) C&E ➔ ~D
조건 5) D or E ➔ F

그리고 이 도식들을 하나의 도식으로 묶어주는 게 좋으며, 문제에서는 B가 위촉되지 않았을 때를 물었으므로 ~B를 중심으로 도식을 작성하면 된다.

먼저 조건 1, 2, 4, 5를 합쳐줄 수 있다. (조건 1, 4 대우 활용)

1) ~B or C ➔ ~A ➔ D ➔ ~C or ~E
2) ➔ F
3) ➔ C or E

이때 주의해야 할 점은 ~B일 때, ~C or ~E인 경우와 C or E 인 경우가 동시에 나오는 것이다. 이 도식의 뜻은 C와 E 중 한 개만 존재한다는 것을 의미한다는 것에 유의하자.

이 도식을 바탕으로 B가 위촉되지 않을 때(~B) 위촉된 환경 전문가를 확인하면 D, F는 반드시 위촉되며 C와 E 중 한 명이 위촉되는 것을 파악할 수 있다.

따라서 정답은 3명으로 정답은 3번이다.

[13-16]

[Step 1]

순서를 바꾸는 도식을 찾는다.

주어진 문제에서 다음 도식을 통해 ▼, ◇은 순서를 바꾸는 도식이라는 것을 확인할 수 있다.

GYLM → ▼ → ◇ → YMGL

[Step 2]

값+위치 변경으로 구성된 도식을 찾는다.

값+위치 변경 도식으로 구성된 배열들은 이 문제에서 2가지 찾을 수 있다.

- 1번)

CNBR → ☆ → ▼ → DEPV

- 2번)

HGDN → ◇ → ☆ → EPKK

[Step 3]

값을 변경하는 도식의 규칙이 무엇인지 추론한다.

어떤 것을 가지고 문제를 풀던지 정답은 구할 수 있으며, 이번 풀이에서는 1번을 가지고 풀이를 해보도록 한다.

C(3), N(14), B(2), R(18) ➔ D(4), E(5), P(16), V(22)

주어진 문자를 확인했을 때 ☆도식은 +1, +2, +3, +4 규칙을 갖고 있는 것으로 추론할 수 있다.

- ☆ 규칙 : +1 +2 +3 +4

[Step 4]

나머지 도식의 규칙들을 찾는다.

하나의 규칙(☆)을 구했다면 나머지는 구하는 방법은 간단하다.

CNBR → ☆ → ▼ → DEPV
HGDN → ◇ → ☆ → EPKK

이 순서대로 도식의 규칙을 하나씩(▼, ◇) 구하면 된다.

추론해 보면 각 도식의 규칙은 다음과 같다.

- ▼ : 1234 → 1324
- ☆ : 각 자릿수 +1, +2, +3, +4
- ◇ : 1234 → 3412

13 ②

ㅅㅇㅍㄱ → ◇ → ▼ → ?

3412 ㅍㄱㅅㅇ 1324 ㅍㅅㄱㅇ

14 ③

ㅂㅅㅎㅈ → ☆ → ◇ → ?

+1, +2, +3, +4 ㅅㅈㄷㅍ 3412 ㄷㅍㅅㅈ

15 ③

? → ▼ → ☆ → ㄱㅋㅂㅌ

ㅎㄷㅈㅇ 1324 ㅎㅈㄷㅇ +1, +2, +3, +4

16 ④

? → ☆ → ◇ → ▼ → ㅇㄴㅅㅈ

+1, +2, +3, +4 ㄴㅈㅇㅅ 3412 ㅇㅅㄴㅈ 1324

17 ②

[Step 1]

꼬인 관계 여부 확인

- 꼬인 관계인가? No!! ➔ 각 요소의 전후 관계 확인

[Step 2]

각 항들의 관계 파악하기

[2-1 각 요소 전후 관계 확인]

각 항들의 관계를 확인해 보면 6, 11, 21, 36의 관계를 포착할 수 있다. 이때 얼핏 보면 이 항의 관계들이 수열 관계를 이루고 있지 않은 것처럼 보이지만, +5, +10, +15의 규칙

을 갖고 있는 수열을 갖고 있다. 따라서 6항(87)과 7항의 값의 차이는 56(36+20)인 것을 알 수 있고 (　) 값은 87+56=143으로 보기 2번이 정답인 것을 알 수 있다.

13	→	19	→	30	→	51	→	87	→	(143)
	6	→	11	→	21	→	36	→	56	
		5		10		15		20		

18 ①

[Step 1]

꼬인 관계 여부 확인

• 꼬인 관계인가? Yes !! ➔ 홀수, 짝수 항들의 관계 파악하기

[Step 2]

주어진 수열의 요소 간 관계 파악하기

[2－1] 홀수, 짝수 항들의 관계 파악하기

홀 / 짝 수의 특별한 규칙을 찾을 수 없다.

[2－2] 수열의 전, 후 관계 확인하기

특별한 규칙을 찾을 수 없다.

[Step 3]

앞에 두 수의 연산 조합으로 바로 뒤 항이 나오는 경우

특별한 규칙을 찾을 수 없다.

[Step 4]

군 수열 확인

위 스텝을 진행했는데 답을 구할 수 없다면 주어진 수열은 군 수열이다. 문제에서는 총 9개의 수열을 가지고 있으며, 이를 3개의 군으로 나눌 수 있다. 이제 1, 2번 군을 바탕으로 (　) 의 값을 구해야 한다. 첫 번째 군 4, 1/2, 1/2의 규칙을 확인해 보자. 대부분의 연산은 2개의 값으로 하나의 값을 만들어 낸다. 그렇기 때문에 (첫 번째×두 번째)의 역수는 세 번째 요소라는 것을 어렵지 않게 찾을 수 있다.

이를 다르게 표현해보면 각 요소의 곱셈은 1이 된다는 것이다. 이런 식으로 표현하게 되면 좀 더 쉽게 정답을 구할 수 있으니 틈틈이 연습을 해보도록 하자.

19 ②

[Step 1]

꼬인 관계 여부 확인

• 꼬인 관계인가? No !! ➔ 수열의 전, 후 관계 확인하기

[Step 2]

주어진 수열의 요소 간 관계 파악하기

[2－1] 수열의 전, 후 관계 확인하기

주어진 수열의 전, 후 관계를 확인해 보면 다음과 같은 규칙을 갖고 있는 것은 확인할 수 있다.

➔ +22, ?, ?, +594, +1782

각 항들의 차이 규칙을 확인해 보면 네 번째, 다섯 번째 항이 ×3 연산을 이루고 있다. 그렇기 때문에 ?의 값은 66, 198이고, (　)의 값은 34+66=100인 것을 확인할 수 있다. 따라서 정답은 2번이다.

20 ④

[Step 1]

꼬인 관계 여부 확인

• 꼬인 관계인가? No !! ➔ 수열의 전, 후 관계 확인하기

[Step 2]

주어진 수열의 요소 간 관계 파악하기

[2－1] 수열의 전, 후 관계 확인하기

각 수열의 전후 관계를 확인하면, +0.2, +0.25, +0.3, +0.35, …씩 더해지는 것을 알 수 있다. 그러므로 (　)와 1.8의 차이는 0.4 가 되며, (　) 값은 2.2로 정답은 4번이다.

3회 정답

01	02	03	04	05	06	07	08	09	10
④	①	⑤	②	①	⑤	③	③	④	③
11	12	13	14	15	16	17	18	19	20
④	②	②	③	④	③	④	④	②	③

01 ④

[Step 1]

주어진 명제가 '(모든 or 어떤) A는 B다' 형식으로 구성됐는지 판단한다.

주어진 명제 1과 결론의 내용은 '어떤 A는 B다'의 형식을 갖추고 있으며, 전제 찾기 문제이므로 주연 / 부주연 방법을 통해서 해결한다.

[Step 2 ~ 3]

전제 & 결론 각 요소마다 도식(□, △, ○)을 표현한다.

- □: 유럽에 있는 나라
- △: 축구를 좋아한다.
- ○: 월드컵에 출전한다.

[Step 4 ~ 5]

결론, 전제의 긍정(+), 부정(−) 여부를 확인한다.

- 명제 1: 월드컵에 출전하는 어떤 나라는 축구를 좋아한다.
  ➔ 긍정(+)
- 결론: 유럽에 있는 어떤 나라는 월드컵에 출전한다.
  ➔ 긍정(+)

다음 표의 조건에 의해 명제 2의 술어부는 긍정(+) 요소를 갖게 된다.

구분	CASE 1	CASE 2	CASE 3	CASE 4
전제 1	긍정(+)	긍정(+)	부정(−)	부정(−)
전제 2	긍정(+)	부정(−)	긍정(+)	×
결론	긍정(+)	부정(−)	부정(−)	긍정(+)

➔ 이때 보기를 확인해 보면 3, 5번의 보기의 술어 부분은 부정이므로 정답 보기에서 소거한다.

[Step 6]

명제의 각 요소에 주연, 부주연을 표현한다. 다음 표를 참고하여 각 요소의 주연 부주연을 확인해 보자.

구분	주어부	술어부
주연	모든	부정
부주연	어떤	긍정

주어진 문제에서는 요소가 모두 부주연이므로 따로 표시하지 않는다.

[Step 7]

결론에 주연인 도식(□, ○)은 전제에서도 반드시 주연이어야 한다.

결론 도식에 주연이 없으므로 다음 Step으로 넘어간다.

[Step 8]

도식(△)은 적어도 1개 이상 주연이 있어야 한다.

명제 1의 △도식은 부주연이므로 명제 2에 오는 △도식은 반드시 주연이여야 한다. 그러므로 △도식이 주어부에 오면 "모든" 명제를 띄게 되고, 술어에 오게 되면 부정이 오게 될 것이다. 따라서 이 문제의 정답은 4번이다.

명제 1: 월드컵에 출전하는 어떤 나라는 축구를 좋아한다. (+)
명제 2: ______________________
결론: 유럽에 있는 어떤 나라는 월드컵에 출전한다. (+)

02 ①

[Step 1]

주어진 명제가 '(모든 or 어떤) A는 B다' 형식으로 구성됐는지 판단한다!

명제 1과 결론이 모두 '모든 A는 B다' 형식을 갖고 있고, 전제 찾기 문제이기 때문에 3단 논법으로 푼다.

[Step 2]

명제를 간단한 수식으로 표현한다!

- 명제 1: 영업 사원은 전국으로 출장간다. (영업사원 ➔ 출장○)
- 결론: 영업 사원은 말하기 능력이 뛰어나다. (영업사원 ➔ 말하기 ○)

[Step 3]

여러 개의 명제를 하나의 수식으로 표현한다!

- 명제 1: 영업사원 ➔ 출장 ○
- 명제 2:
- 결론: 영업사원 ➔ 말하기 ○

[Step 4]

간단히 표기된 수식을 보고 정답을 고르도록 한다!

명제 1 & 2를 바탕으로 결론을 도출하기 위해서는 "출장 ○ ➔ 말하기 ○"라는 명제가 필요하다. (보기에 대우로 출제 될 수 있음) 보기 1번을 보면 "출장 ○ ➔ 말하기 ○"의 대우 명제가 나온 것을 확인할 수 있다. 따라서 이 문제의 정답은 1번이다.

위 문제를 주연 / 부주연으로도 문제를 풀 수 있다. 그러나 옥선생의 경험상 명제가 "모든 A는 B다"의 형식을 갖추고 있다면 삼단논법을 활용하는 것이 풀이 속도를 높일 수 있는 가장 좋은 방법이다.

위 문제를 주연 / 부주연으로 풀이하고 싶은 독자는 다음 풀이를 참고하길 바란다.

[Step 5]

전제의 긍정(+), 부정(−) 여부를 확인한다!

명제 2에 의해서 명제 2의 술어 부분은 긍정(+)요소를 갖추고 있어야한다. 그러므로 보기 2번은 정답이 될 수 없다. 이때 1번 보기를 소거하면 안 된다는 것에 주의하자. 1번 보기의 술어 부분만 확인해 보면 "출장을 가지 않는다"로 부정 요소인 것처럼 보이나, 이 명제에 대우를 취해주게 되면 "전국으로 출장을 가지 않는 모든 사람은 말하기 능력이 뛰어나다"가 된다. 따라서 술어부의 긍정 요소를 갖추고 있다고 판단할 수 있다.

도식(△)은 적어도 1개 이상 주연이 있어야 하기 때문에, 명제 2에 있는 △요소(전국으로 출장을 간다)는 반드시 주연이여야 한다. 주연이 되기 위한 조건에 의하여 정답은 1번임을 알 수 있다.

명제 1: 영업사원은 전국으로 출장을 간다. (+)
명제 2: ______________________
결론: 영업사원은 말하기 능력이 뛰어나다. (+)

[주연 조건]
1) 주어부인 경우 ➔ 전국으로 출장을 가는 사람
2) 술어부인 경우 ➔ 전국으로 출장을 가지 않는다.

03 ⑤

[거짓말 문제 풀이]

[Step 1]

문제를 읽고 조건들을 파악한다.

• 진실(T): 네 명 / 거짓(F): 한 명

[Step 2]

가정 대상을 선정한다.

보기(거짓말을 하는 사람)를 가정한다.

[Step 3]

가정과 조건의 모순 여부를 파악한다.

거짓말을 하는 사람이 한 명이므로 거짓말하는 사람을 가정했을 때 모순이 발생하는지 여부를 확인해 보자.

구분	A 진술	B 진술	C 진술	D 진술	E 진술
A 거짓말	F				
B 거짓말	F(모순)	F			
C 거짓말	T		F	F(모순)	T
D 거짓말			T	F	F(모순)
E 거짓말	T	T	T	T	F

A가 거짓말을 하는 경우 A의 진술에서부터 모순이 발생한다.
B가 거짓말을 하는 경우 A의 진술에서 모순이 발생한다. (거짓말을 하는 사람이 한 명이라는 조건 위배)

C가 거짓말을 하는 경우 E의 진술은 참이고, E의 진술에 따라 D가 거짓이 되어 모순이 발생하게 된다. (거짓말을 하는 사람이 한 명이라는 조건 위배)

D가 거짓말을 하는 경우 C의 진술에 의해서 거짓말하는 사람이 한 명 더 추가된다.
(거짓말을 하는 사람이 한 명이라는 조건 위배)

이 외에도 모순되는 조건이 많으므로, 각자 모순되는 내용들을 찾아보길 바란다.

위 내용을 근거로 하면 E가 거짓말을 할 때만 모순이 발생하지 않으므로, E가 거짓말을 하는 가정이 옳다는 것을 파악할 수 있다. 그러므로 정답은 5번이다.

04 ②

[Step 1]

문제를 읽고 조건들을 파악한다.

• 신입사원 다섯 명(A ~ E) 각 2개씩 물품 신청 ➔ 총 10개라는 것을 생각해 두어야 한다.
• 진실(T): 세 명 / 거짓(F): 두 명

[Step 2]

가정 대상을 선정한다.

보기(사원 – 신청물품)를 가정하여 각 진술들의 모순이 발생하는지 확인한다.

[Step 3]

가정과 조건의 모순 여부를 파악한다.

보기를 가정하여 문제를 풀면 각 진술들의 모순을 파악할 수 없을 것이다. 우리는 Step 2의 가정을 수정해야 한다. 이때 우리가 취할 수 있는 가정은 각 진술들의 참 / 거짓 여부이다. 그러나 거짓 진술을 하는 사람이 두 명이기 때문에 점검해야 하는 Case가 많다. 그렇기 때문에 주어진 진술에서 점검해야 하는 Case를 최소화해보자.
이는 풀이 시간을 단축하는 데 크게 기여할 수 있다.

A ~ E 진술에 따르면 (A & C), (B & E)가 서로 상반된 내용을 말하고 있다. 그러므로 각 그룹에서 한 명씩은 거짓을 말하는 사람이 나온다는 의미이며, D는 항상 참이라는 것을 알 수 있다.
➔ D=필기구, 사무용 전자제품
이제 A & C, B & E그룹에서 거짓말하는 사람을 찾아보자. B의 진술을 확인해 보면 D는 진실을 말하고 있으므로, 이에 따라 E는 거짓을 진술한다고 판단할 수 있다. (B: 진실, E: 거짓)
그리고 이를 바탕으로 A & C발언을 보면, E는 거짓을 말하고 있으므로 A의 진술은 참, C진술은 거짓이라는 것을 알 수 있다. (A: 진실, C: 거짓)

이 내용을 바탕으로 사원들이 신청한 물품은 다음과 같다는 것을 확인할 수 있으며, B – 사무용 전자제품인 2번이 정답이라는 것을 알 수 있다.

항목	필기구	의자	복사용지	사무용 전자제품
신청 사원	A, D	A, C, E	B, C	B, D, E

05 ①

[Step 1]

사람 인원 파악 후 표기하기

- 5층(한 층에 한 부서씩 배치)

5층	
4층	
3층	
2층	
1층	

[Step 2]

조건 도식화하기

- 조건1) 기획조정실의 층수에서 경영지원실의 층수를 빼면 3이다.

➔

기획조정실
경영지원실

- 조건2) 보험급여실은 경영지원실 바로 위층에 있다.

보험급여실
경영지원실

- 조건3) 급여관리실은 빅데이터 운영실보다는 아래층에 있다.

빅데이터 운영실
V
경영지원실

- 조건4) 빅데이터 운영실과 보험급여실 사이에는 두 층이 있다.

보험 급여실		빅데이터 운영실
	or	
빅데이터 운영실		보험 급여실

- 조건5) 경영지원실은 가장 아래층이다. ➔ 표에 직접 표기

[Step 3]

표에 도식 작성하기

1층의 위치가 경영지원실인 것을 파악했다면 다음 표를 작성하는데 어렵지 않을 것이다.

5층	빅데이터 운영실
4층	기획조정실
3층	급여관리실
2층	보험급여실
1층	경영지원실

[Step 4]

정답 고르기

이 표를 바탕으로 5층에 있는 부서를 파악하면 '빅데이터 운영실'이라는 것을 알 수 있으므로 정답은 1번이다.

06 ⑤

[Step 1]

문제의 조건 확인 후 표의 가로 & 세로 축 구상하기

- 소유주: 세 명(A, B, C)
- 이름: 쌩쌩이, 날쌘이, 힘찬이
- 이동수단: 킥보드, 자전거, 오토바이

구분	킥보드	자전거	오토바이
A			
B			
C			

[Step 2]

조건 도식화하기

- 조건 1) A가 가진 것은 힘찬이와 부딪힌 적이 있다.
  ➔ A – 힘찬이(×)
- 조건 2) B가 가진 자전거는 쌩쌩이와 색깔이 같지 않고, 날쌘이와 색깔이 같다.
  ➔ B – 자전거 – 힘찬이
- 조건 3) C의 날쌘이는 오토바이보다 작다.
  ➔ C – 날쌘이 – 킥보드
- 조건 4) 이동수단의 크기는 자전거>오토바이>킥보드 순이다. ➔ 별도 도식 ×

[Step 3]

표에 도식 작성하기

위 조건들을 바탕으로 도식을 작성하면 다음과 같다.

- A – 쌩쌩이 – 오토바이
- B – 힘찬이 – 자전거
- C – 날쌘이 – 킥보드

구분	킥보드	자전거	오토바이
A			쌩쌩이
B		힘찬이	
C	날쌘이		

[Step 4]

정답 고르기

따라서 소유주와 이름, 이동수단을 순서대로 바르게 나열한 것은 ⑤이다.

07 ③

[Step 1]

사람 인원 파악 후 표기하기

비밀번호가 네 개의 숫자로 구성되어 있으므로 네 명의 순서 배열처럼 문제를 푼다.

첫 번째	두 번째	세 번째	네 번째

[Step 2]

조건 도식화하기

- 조건1) 비밀번호를 구성하고 있는 각 숫자는 소수가 아니다.
  ➔ 비밀번호 구성이 가능한 숫자는 6개(0, 1, 4, 6, 8, 9)이다.
- 조건2) 6과 8 중에서 단 하나만이 비밀번호에 들어간다.
  ➔ 6, 8 중 1개만 사용 가능
- 조건3) 비밀번호는 짝수로 시작한다.
  ➔ 첫 번째 자리 6 or 8 / 두 번째 ~ 네 번째 자리에는 6, 8 나올 수 없음
- 조건4) 비밀번호의 각 숫자는 큰 수부터 차례로 나열되어 있다.
  ➔ 조건 1에 나온 비밀번호 구성 숫자 중 9는 나올 수 없음 (조건 3에 의해 1의 자리는 6 or 8로 시작하기 때문)
- 조건5) 같은 숫자는 두 번 이상 들어가지 않는다.

[Step 3]

표에 도식 작성하기

조건 4에 의해서 두 번째 ~ 네 번째 배치되는 숫자는 4, 1, 0 뿐이다. 그리고 조건 2에 의하여 첫 번째 배치되는 숫자는 8, 6로 2개의 경우가 있다.

6 or 8

구분	첫 번째	두 번째	세 번째	네 번째
경우 1	8	4	1	0
경우 2	6	4	1	0

[Step 4]

정답 고르기

따라서 주어진 정보를 모두 만족하는 비밀번호는 8410과 6410으로 두 개다.

오답분석

① 두 비밀번호 모두 0으로 끝나므로 짝수이다.
② 두 비밀번호의 앞에서 두 번째 숫자는 4이다.
④ 두 비밀번호 모두 1을 포함하지만 9는 포함하지 않는다.
⑤ 두 비밀번호 중에서 작은 수는 6410이다.

08 ③

[Step 1]

문제의 조건 확인 후 표의 가로 & 세로 축 구상하기

주어진 조건을 확인하면 일곱 명(A – G)이 존재하며, 신입사원이 추가되어 총 여덟 명이 자리에 배치될 것이다.
주어진 그림을 활용하여 문제를 풀고, 총 열 자리가 존재하므로 두 자리가 비어있을 것을 예상해야 한다.

출입문				
1 – 신입사원	2	3	4	5
6	7	8 – A사원	9	10

[Step 2]

조건 도식화하기

- 조건 1) B부장은 출입문과 가장 먼 자리에 앉는다.
  ➔ B부장: 10번 (표에 직접 표기)
- 조건 2) C대리와 D과장은 마주보고 앉는다.
  ➔ C대리 ⇔ D과장
- 조건 3) E차장은 B부장과 마주보거나 B부장의 옆자리에 앉는다. ➔ E차장 ⇔ B부장 or (EB or BE)
- 조건 4) C대리는 A사원 옆자리에 앉는다.
  ➔ CA or AC
- 조건 5) E차장 옆자리에는 아무도 앉지 않는다.
  ➔ E차장의 옆자리가 다 비어있는 경우는 2가지다.
  – Case 1) E의 양쪽이 비어있는 경우 ➔ E는 3 or 4에 위치한다.
  – Case 2) E의 한쪽이 비어있는 경우 ➔ E는 5 or 6에 위치한다.
- 조건 6) F대리와 마주보는 자리에는 아무도 앉지 않는다.
  ➔ F ⇔ 공란
- 조건 7) D과장과 G과장은 옆자리 또는 마주보고 앉지 않는다. ➔ (DG or GD) & D ⇔ G → ×
- 조건 8) 빈자리는 2자리이며 옆자리 또는 마주보는 자리이다. ➔ 따로 도식화하지 않고 기억해두자.

[Step 3]

표에 도식 작성하기

- 첫 번째 조건 : B부장의 자리는 출입문과 가장 먼 10번 자리에 배치된다.
- 두 번째 조건 : C대리와 D과장은 마주봐야 하므로 2・7번 또는 4・9번 자리에 앉을 수 있다. (Case 분리)
- 세 번째 조건 : E차장은 B부장과 마주보거나 옆자리이므로 5번과 9번에 배치될 수 있지만, 다섯 번째 조건에 따라 옆자리가 비어있어야 하므로 5번 자리에 배치된다.
  ➔ Case 2번은 부합하지 않으므로 Case 1만 따진다.
- 다섯 번째 조건 : E차장 옆자리는 공석이므로 4번 자리는 아무도 앉을 수가 없어 C대리는 7번 자리에 앉고, D과장은 2번 자리에 앉아야 한다. (조건 4에 의해 A사원 옆은 C대리가 앉는다.)

• 여섯 번째 조건 : F대리는 마주보는 자리에 아무도 앉지 않아야 하므로 9번 자리에 배치되어야 한다. (#4)
• 일곱 번째 조건 : 과장끼리 마주보거나 나란히 앉을 수 없으므로 G과장은 3번 자리에 앉을 수 없고, 6번과 앉을 수 있다. (#5)

[Case 1]

출입문				
1 – 신입사원	2 – D과장(#2)	×	x	5 – E차장(#3)
6 – G과장(#5)	7 – C대리(#2)	8 – A사원	9 – F대리(#4)	10 – B부장(#1)

[Case 2]

출입문				
1 – 신입사원			4 – D과장(#2)	5 – E차장(#3)
		8 – A사원	9 – C대리(#2)	10 – B부장(#1)

[Step 4]

정답 고르기

위 표를 바탕으로 정답을 고르면 답은 3번이다.

09 ④

[Step 1]

문제의 조건 확인 후 표의 가로 & 세로 축 구상하기

직원: 다섯 명(A ~ E) / 5일(월 ~ 금) 출근

구분	월	화	수	목	금
A					
B					
C					
D					
E					

[Step 2]

조건 도식화하기

• 조건 1) 사장님이 출근할 때는 모든 사람이 야근을 한다.
➔ 별도의 도식 없이 풀이할 때 기억해둔다.
• 조건 2) A가 야근할 때 C도 반드시 해야 한다.
➔ A(O) ➔ C(O)
• 조건 3) 사장님은 월요일과 목요일에 출근을 한다.
➔ 월, 목 모든 사람 야근 (표에 직접 표기) #1
• 조건 4) B는 금요일에 야근을 한다.
➔ B 금요일 야근 (표에 직접 표기) #2
• 조건 5) E는 화요일에 야근을 한다.
➔ E 화요일 야근 (표에 직접 표기) #3
• 조건 6) 수요일에는 한 명만 야근을 한다.
➔ 수요일 야근 1명 (표에 직접 표기) #4
• 조건 7) 월요일부터 금요일까지 한 사람당 세 번 야근한다.
➔ 한 행당 야근자 세 명이라는 의미로 기억해두자. (#5)

[Step 3]

표에 도식 작성하기

Step 2에서 나타나는 모든 조건들을 표시하면 다음과 같다. (#1 ~ #5)

1명 야근(#4)

구분	월	화	수	목	금
A	O(#1)			O(#1)	
B	O(#1)	×(#5)	×(#5)	O(#1)	O(#2)
C	O(#1)			O(#1)	
D	O(#1)			O(#1)	
E	O(#1)	O(#3)	×(#5)	O(#1)	×(#5)

이제 활용하지 않은 조건 2를 활용하여 남은 위치를 모두 표시해보자. 이때 조건 2와 6의 내용을 고려했을 때 A가 수요일에 야근을 하게 된다면, C또한 수요일에 야근을 진행하게 되고 그러면 조건 6(#4)에 의해 모순이 발생한다. 그러므로 수요일은 D가 야근을 한다는 것을 추론할 수 있다.(#6)

1명 야근(#4)

구분	월	화	수	목	금
A	O(#1)		×(#6)	O(#1)	
B	O(#1)	×(#5)	×(#5)	O(#1)	O(#2)
C	O(#1)		×(#6)	O(#1)	
D	O(#1)	×(#6)	O(#6)	O(#1)	×(#6)
E	O(#1)	O(#3)	×(#5)	O(#1)	×(#5)

[Step 4]

정답 고르기

위 표를 활용했을 때 수요일에 야근하는 사람은 D이다. 그러므로 정답은 4번이다.

10 ③

[Step 1]

사람 인원 파악 후 표기하기

인원: 여섯 명(A ~ F)

구분	1등	2등	3등	4등	5등	6등
경우 1						

[Step 2]

조건 도식화하기

• 조건 1) A : C와 F가 내 앞에서 결승선에 들어가는 걸 봤어.

C	>	A
F		

• 조건 2) B : D는 간발의 차로 바로 내 앞에서 결승선에 들어갔어. ➔ DB

• 조건 3) C : 나는 D보다는 빨랐는데, 1등은 아니야.
C>D C ➔ 1(×), 표에 직접 표기(#1)

• 조건 4) D : C의 말이 맞아. 정확히 기억은 안 나는데 나는 3등 아니면 4등이었어.
D=3 or 4등, 표에 직접 표기(#2)

• 조건 5) E : 내가 결승선에 들어오고, 나중에 D가 들어왔어.
E>D

• 조건 6) F : 나는 1등은 아니지만 꼴등도 아니었어.
➔ F=1등 & 꼴찌 ×, 표에 직접 표기(#3)

[Step 3]

표에 도식 작성하기

Step 2에서 표에 직접 표기하지 않은 조건은 다음과 같다.

• 조건 1)

C	>	A
F		

• 조건 2) DB
• 조건 3) C>D
• 조건 5) E>D

가장 먼저 경우의 수를 최소화하기 위하여 조건 2의 내용을 표에 적용해주자. D가 표에 배치될 수 있는 경우의 수는 3등 or 4등이다. 각 Case별로 나누어 모든 경우의 수를 파악해보자.

먼저 D가 3등에 배치되는 경우, B는 조건 2에 의해 4등에 배치된다. 그리고 조건 3, 5에 의해서 C, E가 1, 2등에 배치될 수 있으나 C는 1등에 배치될 수 없으므로(#1) 1등은 E, 2등은 C로 배치된다. 그리고 조건 1에 의해서 F는 4등 A는 6등이다. (#경우 1)

D가 4등에 배치되는 경우, B는 5등에 배치되고 조건 1, 3, 5에 의해서 A는 6등에 배치된다. 그리고 조건 1, 3, 5 의 내용은 모두 독립적이므로 서로의 우선순위를 파악할 수 없다. 그러므로 경우의 수를 나누어 문제를 파악해 보자. 우선 #3에 의해서 F는 1등에 위치할 수 없으므로 F는 2, 3등에 배치될 수 있다. 그리고 남은 순위에 배치 가능한 E, C를 확인해 보면 C는 #1에 의해서 1등에 위치할 수 없다. 그러므로 E는 반드시 1등이여야 하고, 남는 위치(2 or 3)에 C가 배치되어야 한다. (경우 2, 3)

	1등	2등	3등	4등	5등	6등
	C(×) #1, D(×) #2 F(×), #3	D(×) #2			D(×) #2	D(×) #2, F(×) #3

구분	1등	2등	3등	4등	5등	6등
경우 1	E	C	D	B	F	A
경우 2	E	C	F	D	B	A
경우 3	E	F	C	D	B	A

[Step 4]

정답 고르기

따라서 경우 1, 2에서는 C가 F보다 순위가 높지만, 경우 3에서는 F가 C보다 순위가 높으므로 ③의 설명이 항상 참이 되는 것은 아니다.

오답분석

① E는 어떠한 경우에나 항상 1등으로 결승선에 들어온다.
② A는 어떠한 경우에나 항상 6등으로 결승선에 들어온다.
④ B는 어떠한 경우에나 C보다 순위가 낮다.
⑤ D가 3등인 경우는 경우 1로, 이 경우에 F는 5등이다.

11 ④

[Step 1]

문제의 조건 확인 후 표의 가로 & 세로 축 구상하기

• 인원: 다섯 명(A ~ E)
• 계절: 사계절(봄, 여름, 가을, 겨울)
• 국가: 세 개(중국, 일본, 러시아)
• 아무도 가지 않은 국가와 계절은 없다.

구분	중국	러시아	일본
봄			
여름			
가을			
겨울			

[Step 2]

조건 도식화하기

• 조건 1) 중국은 두 명이 출장을 가고, 각각 여름 혹은 겨울에 출장을 간다. ➔ 표에 직접 표기(#1)
• 조건 2) 러시아에 출장 가는 사람은 봄 혹은 여름에 출장을 간다. ➔ 표에 직접 표기(#2)
• 조건 3) 재무팀 A과장은 반드시 개발팀 B부장과 함께 출장 간다. ➔ A=B
• 조건 4) 홍보팀 D차장은 혼자서 봄에 출장을 간다.
➔ D=봄
• 조건 5) 개발팀 B부장은 가을에 일본에 출장을 간다.
➔ 표에 직접 표기(#3)

[Step 3]

표에 도식 작성하기

주어진 조건 중 표에 적용하지 않은 보기는 다음과 같다.

• 조건 3) A=B
• 조건 4) D=봄

이 조건들을 표에 적용하여 보자. 먼저 조건 3을 표에 대입해보면 A와 B는 같은 곳을 갔으므로 A 과장은 가을에 일본으로 출장을 간다. (#4)

조건 4를 적용하기 위하여 표를 확인해 보면 봄에 출장을 갈 수 있는 것은 러시아와 일본뿐이다. 그러나 일본에 D차장이 배치되면 러시아에 갈 수 있는 사람이 없다. 그러므로 D차장은 봄에 러시아에 출장을 가게 된다. (#5)

이제 표에 배치되지 않은 사람은 C대리와 E사원이다. 그런데 우리가 활용할 수 있는 조건은 없으므로 C와 E는 여름, 겨울에 중국으로 가는 Case 2개로 결정할 수 있다. (문제 조건에 의하여, 한 계절에 2명이 갈 수는 없음) (#6)

구분	중국 2명(#1)	러시아	일본
봄	×(#1)	홍보팀 D차장 (#5)	
여름	영업팀 C대리 (#6) (디자인팀 E사원) (#6)		
가을	×(#1)	×(#2)	재무팀 A과장(#4) 개발팀 B부장(#3)
겨울	디자인팀 E사원 (#6) (영업팀 C대리) (#6)	×(#2)	

[Step 4]

정답 고르기

이 표를 바탕으로 정답을 고르면 정답은 4번이라는 것을 추론할 수 있다.

오답분석

①・⑤ 홍보팀 D차장은 혼자서 러시아로 출장을 간다.

②・③ 함께 일본으로 출장을 가는 두 사람은 재무팀 A과장과 개발팀 B부장이다.

12 ②

[Step 1]

문제의 조건 확인 후 표의 가로 & 세로축 구상하기

- 인원: 여섯 명(A ~ F)
- 경우의 수: 세 개(가위, 바위, 보)
- 승부가 결정나기 위해서는 가위 / 바위 / 보 중 2개의 종류만 나와야 함에 유의하자.

	구분	A	B	C	D	E	F
Case 1	가위						
	바위						
	보						

[Step 2]

조건 도식화하기

- 조건 1) 여섯 명이 낸 것이 모두 같거나, 가위・바위・보 3가지가 모두 포함되는 경우 비긴 것으로 한다.
  ➔ 별도로 도식화하지 않고 이해하고 넘어가도록 한다.
- 조건 2) A는 가위를 내지 않았다.
  ➔ 표에 직접 표기 (#1)
- 조건 3) B는 바위를 내지 않았다.
  ➔ 표에 직접 표기 (#2)
- 조건 4) C는 A와 같은 것을 냈다.
  ➔ C=A
- 조건 5) D는 E에게 졌다.
  ➔ $D<E$ (이긴 사람을 큰 방향이라고 생각하고 도식화한다.)
- 조건 6) F는 A에게 이겼다.
  ➔ $A<F$
- 조건 7) B는 E에게 졌다.
  ➔ $B<E$

주어진 도식을 하나의 도식으로 표현하면 다음과 같다.

1) 조건 (4+6) ➔ $C=A<F$

2) 조건 (5+7) ➔ $B=D<E$

[Step 3]

표에 도식 작성하기

주어진 조건을 바탕으로 나올 수 있는 Case를 모두 확인해 보자.

우선 첫 번째로 A가 바위 or 보를 내는 경우를 나누어야 한다. (#3)

그 다음 우리가 확인해야 하는 것은 B와 D이다. 지금부터는 이해를 돕기 위해 경우의 수를 나누어 풀이를 해보자. 먼저 Case 1의 경우 B, D는 가위와 보를 낼 수 있다. 그러나 가위를 내게 되면 3가지(가위 / 바위 / 보)가 모두 나오게 되므로 이긴 사람을 찾을 수 없다. 그러므로 B와 D는 반드시 '보'를 내야 한다. (#4)

그리고 E는 B, D를 이겨야 하므로 반드시 가위를 내야 한다.(#5) 그러나 E가 가위를 내는 순간 가위 / 바위 / 보가 모두 배치되므로 이기는 사람이 존재하지 않게 되기 때문에, 이는 문제에서 원하는 Case라는 것을 파악할 수 있다.

우리는 이제 Case 2번에도 Case 1에서 적용한 방법을 반복해서 점검해보자. 먼저 B와 D는 가위 or 보를 낼 수 있다. (#4) 그러나 위에서 확인한 바와 B, D가 가위를 내게 되면 E는 바위를 내게 되어 3가지 종류(가위 / 바위 / 보)가 모두 나오게 되어 승부를 가를 수 없다. 그러므로 B, D는 보자기를 내야 하고 E는 가위를 내야만 한다. 완성된 표(Case2)를 확인해 보면 A ~ F가 낸 것들은 "가위, 보"만 존재하는 것을 확인할 수 있고, 가위를 낸 E, F가 아이스크림 내기에서 승리했다고 추론 가능하다.

	구분	A	B	C	D	E	F
Case 1	가위	×(#1)				○(#5)	
	바위	○(#3)	×(#2)	○(#3)			
	보		○(#4)		○(#4)		○(#3)
Case 2	가위	×(#1)				○(#4)	○(#3)
	바위		×(#2)				
	보	○(#3)	○(#4)	○(#3)	○(#4)		

[Step 4]

정답 고르기

위 표를 참고하면 E, F 만이 아이스크림 내기에서 이긴 것으로 추론할 수 있다. 그러므로 정답은 2번이다.

[13-15]

[Step 1]

입출력 사이에 도식이 1개인 도식을 찾는다.

2583 → ○ → 8325

위 도식을 통해 우리는 ○도식의 값을 추론할 수 있다. 만약 도식을 구할 수 없다면 예제 문제의 풀이 방법을 확인해 보기 바란다.

- ○ 도식: 3412

[Step 2]

나머지 도형의 도식을 추론한다.

도식확인 순서는 다음과 같다.

3264 → ☆ → ○ → 7341

4875 → ♡ → ○ → ☆ → 9366

이 순서대로 도식의 값을 확인해 보면 다음과 같이 각 도식을 확인할 수 있다.

- ○ 도식: 3412
- ☆ 도식: 각 자릿수 +1, −1, +1, −1
- ♡ 도식: 4321

13 ②

5873 → ○ → ☆ → ?

3412 7358 +1, −1, +1, −1 8267

14 ③

6573 → ☆ → ♡ → ?

+1, −1, +1, −1 7482 4321 2847

15 ④

? → ○ → ♡ → 2019

0291 3412 9102 4321 1234

16 ③

[Step 1]

꼬인 관계 여부 확인

꼬인 관계인가? Yes !! ➔ 홀수, 짝수 항들의 관계 파악하기

[Step 2]

주어진 수열의 요소 간 관계 파악하기

[2 − 1] 홀수, 짝수 항들의 관계 파악하기

- 홀수 항: ×(−3), ×(5) ➔ 다음 규칙은 ×(−3) or ×(−7)일 수 있다.
- 짝수 항: +5/6 +5/6 +5/6

이때 ( ) 값을 확인하기 위해선 이전 홀수 항(−5/2)에서 "×(−3) or ×(−7)" 연산을 수행해야 한다. 이때 연산 후 보기를 확인해 보면 ×(−7)의 연산 값은 존재하지 않고, ×(−3)의 연산 값인 15/2가 존재하는 것을 확인할 수 있다. 따라서 정답은 3번이다.

17 ④

[Step 1]

꼬인 관계 여부 확인

꼬인 관계인가? Yes !! ➔ 홀수, 짝수 항들의 관계 파악하기

[Step 2]

주어진 수열의 요소 간 관계 파악하기

[2 − 1] 홀수, 짝수 항들의 관계 파악하기

- 홀수 항: −0.8, −0.8, −0.9
- 짝수 항: +0.8 or ×(−1)

이때 ( ) 값은 이전 짝수 항에서 +0.8 or ×(−1)연산을 한 값이다. 보기의 값을 확인해 보면 +0.8연산을 한 값 1.2가 존재하므로 정답은 4번이다.

18 ④

[Step 1]

꼬인 관계 여부 확인

꼬인 관계인가? Yes !! ➔ 홀수, 짝수 항들의 관계 파악하기

[Step 2]

주어진 수열의 요소 간 관계 파악하기

[2－1] 홀수, 짝수 항들의 관계 파악하기

- 홀수 항: －7, ＋14, ?
- 짝수 항: ＋3, ＋6, ＋9

홀수 항들의 규칙을 확인했을 때 두 가지 경우를 생각할 수 있다.

- Case 1. －7, ＋14, －21 …
- Case 2. －7, ＋14, －28 …

우리는 이 2가지 케이스를 고려하여 ?의 값을 구할 수 있고, Case 2번일 때의 연산을 확인하면 보기 4번인 －18(10－28)이 나오는 것을 알 수 있다. 따라서 정답은 4번이다.

19 ②

[Step 1]

꼬인 관계 여부 확인

꼬인 관계인가? Yes !! ➔ 홀수, 짝수 항들의 관계 파악하기

[Step 2]

주어진 수열의 요소 간 관계 파악하기

[2－1] 홀수, 짝수 항들의 관계 파악하기

특별한 규칙을 찾을 수 없다.

[2－2] 수열의 전, 후 관계 확인하기

×(3/4), －1이 반복되는 수열을 갖고 있다. 그러므로 (　)의 값은 3/80－1＝－77/80인 것을 확인할 수 있다. 즉 이 문제의 정답은 2번이다.

20 ③

[Step 1]

꼬인 관계 여부 확인

꼬인 관계인가? Yes !! ➔ 홀수, 짝수 항들의 관계 파악하기

[Step 2]

주어진 수열의 요소 간 관계 파악하기

[2－1] 홀수, 짝수 항들의 관계 파악하기

- 홀수 항: －3, ＋4, ?
- 짝수 항: －7, －11

홀수 항 규칙을 확인했을 때 ?의 값은 －5라고 추론할 수 있다. 이를 통해 (　) 값을 계산해보면 11－5＝6이 된다. 그러나 해당 값은 보기에 존재하지 않으므로 다음 Step으로 넘어간다.

[2－2] 수열의 전, 후 관계 확인하기

각 수열의 전후 관계를 확인하면, －7, ＋4, －11, ＋15 순서의 차이를 갖고 있으며, 특별한 규칙을 찾기 어려우므로 다음 Step으로 넘어간다.

[Step 3]

앞에 두 수의 연산 조합으로 바로 뒤 항이 나오는 경우 주어진 문제의 N항과 N＋1항의 조합으로 N＋2항을 만들 수 있는 규칙을 찾아보자. 위 문제의 경우 (N항) －(N＋1항)의 연산을 하게 되면 (N＋2항)이 나오게 된다.

따라서 (　) 값은 (11)－(－15)＝26으로 보기 3번이 정답이다.

PART 5 실전문제 풀이

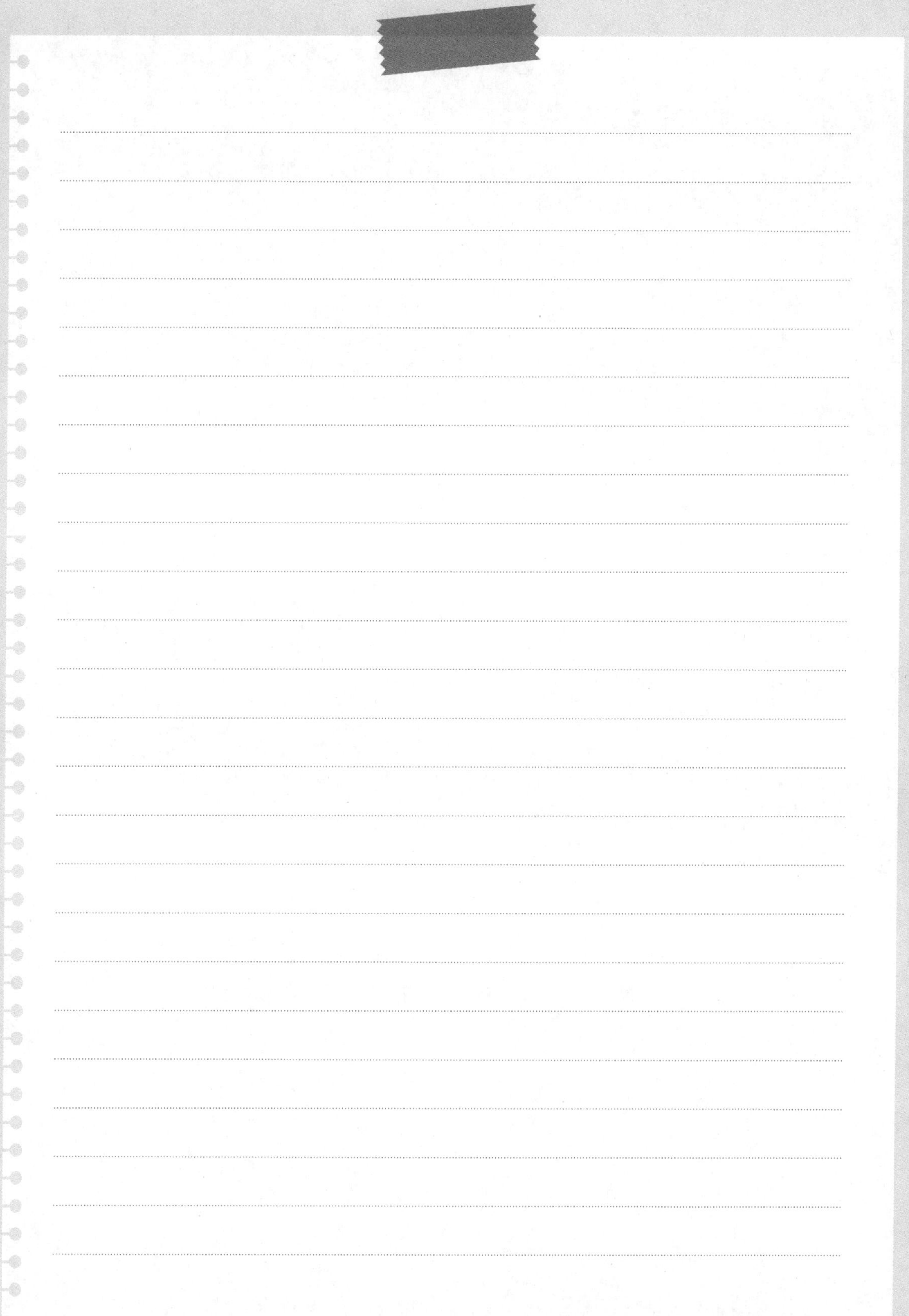

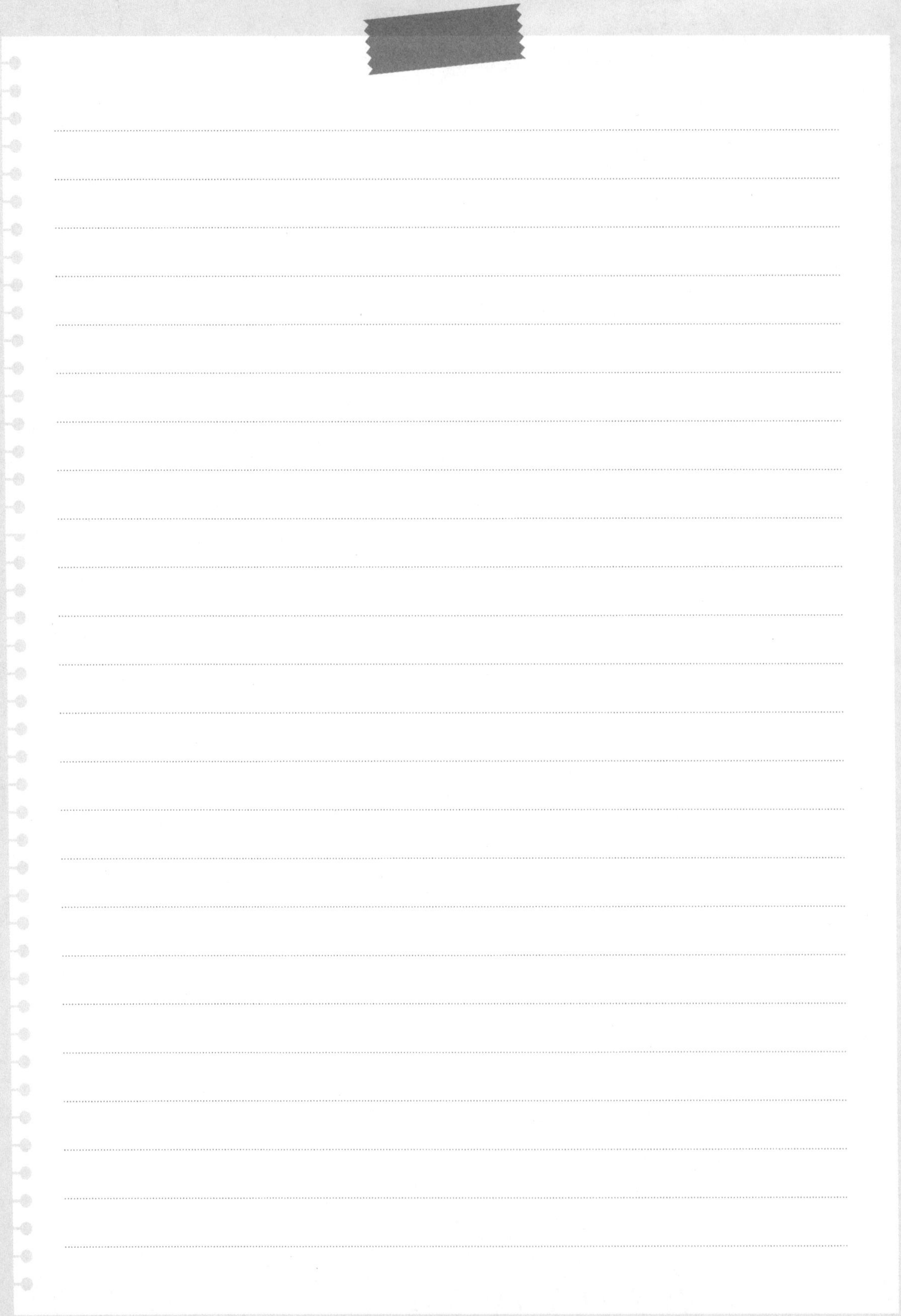

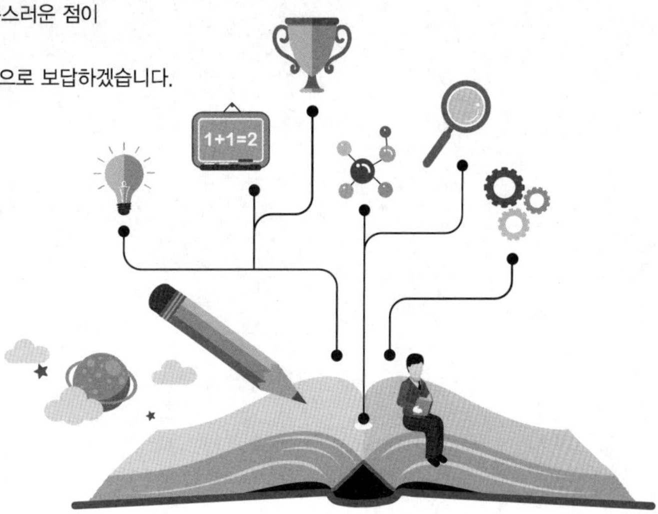

60초 안에 끝내는 인적성 추리

초 판 1 쇄	2023년 03월 20일 (인쇄 2022년 11월 04일)
발 행 인	박영일
책 임 편 집	이해욱
편 저	옥선생
편 집 진 행	강승혜 · 신주희
표지디자인	이미애
편집디자인	김지수 · 채현주
발 행 처	(주)시대고시기획
출 판 등 록	제 10-1521호
주 소	서울시 마포구 큰우물로 75 [도화동 538 성지 B/D] 9F
전 화	1600-3600
팩 스	02-701-8823
홈 페 이 지	www.sdedu.co.kr
I S B N	979-11-383-3618-5 (13320)
정 가	16,000원